A IMPUTAÇÃO SUBJETIVA NA IMPROBIDADE ADMINISTRATIVA

Dolo e culpa do agente público na Lei nº 8.429/92

Conselho Editorial
André Luís Callegari
Carlos Alberto Molinaro
César Landa Arroyo
Daniel Francisco Mitidiero
Darci Guimarães Ribeiro
Draiton Gonzaga de Souza
Elaine Harzheim Macedo
Eugênio Facchini Neto
Gabrielle Bezerra Sales Sarlet
Giovani Agostini Saavedra
Ingo Wolfgang Sarlet
José Antonio Montilla Martos
Jose Luiz Bolzan de Morais
José Maria Porras Ramirez
José Maria Rosa Tesheiner
Leandro Paulsen
Lenio Luiz Streck
Miguel Àngel Presno Linera
Paulo Antônio Caliendo Velloso da Silveira
Paulo Mota Pinto

Dados Internacionais de Catalogação na Publicação (CIP)

R484i   Ribeiro, Eduardo Kahler.
          Imputação subjetiva na improbidade administrativa : dolo e culpa do agente público na lei nº 8.429/92 / Eduardo Kahler Ribeiro. – Por-to Alegre : Livraria do Advogado, 2021.
          160 p. ; 25 cm.
          Inclui bibliografia.
          ISBN 978-65-86017-26-7

          1. Improbidade administrativa - Brasil. 2. Imputação subjetiva. 3. Administrador público - Dolo (Direito). 5. Administrador público - Culpa (Direito). I. Título.

CDU 343.35(81)

Índice para catálogo sistemático:
1. Improbidade administrativa : Brasil   343.35(81)

(Bibliotecária responsável: Sabrina Leal Araujo – CRB 8/10213)

Eduardo Kahler Ribeiro

A IMPUTAÇÃO SUBJETIVA NA IMPROBIDADE ADMINISTRATIVA

Dolo e culpa do agente público na Lei nº 8.429/92

Porto Alegre, 2021

© Eduardo Kahler Ribeiro, 2021

Capa, projeto gráfico e diagramação
Livraria do Advogado Editora

Revisão
Rosane Marques Borba

Imagem de capa
Abstrato vetor criado por BiZkettE1 - br.freepik.com

Direitos desta edição reservados por
Livraria do Advogado Editora
Rua Riachuelo, 1334 s/105
90010-273 Porto Alegre RS
Fone: (51) 3225-3311
livraria@doadvogado.com.br
www.livrariadoadvogado.com.br

Impresso no Brasil / Printed in Brazil

Para Adriana e Henrique, com amor.

Agradecimentos

A presente pesquisa faz parte de um longo caminho traçado desde os bancos da Faculdade de Direito da UFRGS, no início dos anos 2000, passando pelo exercício funcional em diversos órgãos da Advocacia-Geral da União e, posteriormente, no Poder Judiciário Federal. Toda essa trajetória – de mudanças, incertezas e, acima de tudo, muito estudo – não seria a mesma sem o incondicional apoio de muitas pessoas.

Como não poderia deixar de ser, inicio pelos meus pais, Mirlei e Nilton, cujo amor e dedicação a mim devotados permitiram o meu desenvolvimento pessoal e profissional. Por zelarem pela minha educação, pelo abrigo nos momentos difíceis, por plantarem em mim a paixão pelo conhecimento, serei eternamente grato.

Aos demais membros da minha "grande" família – em especial minha irmã Sabrina, Evandro, Pedro, Kiko, Maureen, Carlos, Neidi, Gustavo, Felipe, além de todos os primos/primas e aqueles que não estão mais aqui (mas nunca deixaram de estar comigo): Rindolfo, Benvenuta, Ila e Sergio – um afetuoso agradecimento por igualmente servirem como esteio em toda a minha trajetória.

À Faculdade de Direito da UFRGS, instituição que me abrigou no início da vida estudantil universitária, ponto de partida (e de chegada) de todos os desafios que permitiram meu amadurecimento.

Ao Tribunal Regional Federal da 4ª Região, em especial à Justiça Federal do Rio Grande do Sul e a todos seus juízes, servidores e colaboradores, pelo estímulo ao aperfeiçoamento e por, em meio a tantas vicissitudes, me fazerem acreditar num país um pouco melhor.

A todos os colegas, funcionários e professores do PPGD/UFRGS, pelo convívio nesse período de pós-graduação e pelo aprendizado constante. De modo especial, ao professor Dr. Rafael Maffini, pela confiança, pela disponibilidade em todos os momentos e por servir de exemplo das maiores – e, quiçá, mais raras – qualidades no mundo acadêmico e profissional: humildade, bagagem intelectual e generosidade.

Por fim, e de modo muito especial, à Adriana e ao Henrique. A ela, por ser uma esposa incrível e uma mãe maravilhosa; a ele, por trazer luz, alegria e esperança às nossas vidas. Com vocês, mesmo a travessia mais longa e difícil é embalada pela retilínea e perene da certeza do amor. Obrigado por tudo.

Como é por dentro outra pessoa
Quem é que o saberá sonhar?
A alma de outrem é outro universo
Com que não há comunicação possível,
Com que não há verdadeiro entendimento.
Nada sabemos da alma
Senão da nossa;
As dos outros são olhares,
São gestos, são palavras,
Com a suposição de qualquer semelhança
No fundo

PESSOA, Fernando. *Poesias Inéditas (1930-1935)*.
Fernando Pessoa. (Nota prévia de Jorge Nemésio.)
Lisboa: Ática, 1955 (imp. 1990), p. 159.

Sumário

Lista de siglas e abreviaturas..15

Introdução...17

Primeira Parte
A imputação subjetiva na dogmática civil, penal e na improbidade administrativa

1. Aspectos da imputação subjetiva na dogmática civil e penal............................25
   1.1. Dolo e culpa na dogmática civil..25
      1.1.1. Os elementos da culpa em sentido amplo...25
      1.1.2. O dolo como causa de vício de vontade...26
      1.1.3. A culpa subjetiva e normativa..27
   1.2. Dolo e culpa na dogmática penal 30
      1.2.1. O dolo do causalismo até o finalismo..30
      1.2.2. As formas de dolo..32
      1.2.3. A normativização dos elementos do dolo e a prova de seus elementos empíricos..34
      1.2.4. Os crimes culposos: entre o objetivo e o subjetivo..............................38
      1.2.5. As espécies de culpa e o dolo eventual 41

2. A improbidade administrativa na CF/1988 e na Lei nº 8.429/92.......................44
   2.1. Improbidade administrativa e responsabilidade subjetiva.........................44
      2.1.1. A improbidade administrativa na CF/1988 e sua natureza jurídica........44
      2.1.2. Culpabilidade, responsabilidade subjetiva e improbidade administrativa 48
   2.2. A Lei nº 8.429/92 e as espécies de improbidade administrativa.....................52
      2.2.1. A Lei nº 8.429/92 como lei geral de improbidade administrativa: características gerais..52
      2.2.2. As espécies de improbidade administrativa definidas pela Lei nº 8.429/92..55
         2.2.2.1. Improbidade administrativa por enriquecimento ilícito............55
         2.2.2.2. Improbidade administrativa por prejuízo ao erário....................56
         2.2.2.3. Improbidade administrativa por concessão ou aplicação indevida de benefício financeiro ou tributário........................59
         2.2.2.4. Improbidade administrativa por violação a princípios da administração pública..60

3. A estrutura normativa da imputação subjetiva na Lei nº 8.429/92....................66
   3.1. O dolo e a culpa nas espécies de improbidade administrativa.....................66
   3.2. A constitucionalidade da improbidade administrativa culposa.....................69
   3.3. A textura aberta dos tipos da Lei nº 8.429/92 e a delimitação do elemento subjetivo como contenção do poder punitivo..72

Segunda Parte
O conteúdo do dolo e da culpa do administrador público na improbidade administrativa
(Lei nº 8.429/92)

4. O dolo na improbidade administrativa...79
   4.1. O dolo do agente público em face dos novos parâmetros de atuação da administração pública..79
   4.2. O dolo ímprobo na jurisprudência do STJ...83
      4.2.1. Metodologia de análise...83
      4.2.2. Aquisição de bens de valor desproporcional.....................................85
      4.2.3. Contratação sem concurso público..87
      4.2.4. Acumulação ilegal de cargos públicos..89
      4.2.5. Publicidade como promoção pessoal..90
      4.2.6. Nepotismo...92
      4.2.7. Omissão no dever de prestação de contas..94
      4.2.8. A "simples" ilegalidade..95
   4.3. A caracterização do dolo ímprobo..97
      4.3.1. A distinção "dolo genérico" e "dolo específico"................................97
      4.3.2. A má-fé e o dolo eventual do agente público..................................101
      4.3.3. A prova dos elementos do dolo ímprobo..104

5. A culpa na improbidade administrativa..107
   5.1. A gestão pública e a responsabilidade por culpa grave.............................107
   5.2. A culpa grave do agente público na jurisprudência................................111
      5.2.1. Na responsabilização da autoridade que homologa licitação com licitude frustrada..111
      5.2.2. Na responsabilização do advogado parecerista.................................114
   5.3. A culpa grave do agente público na jurisprudência do TCU: em busca do "administrador médio"...116
   5.4. A inabilidade e a desonestidade do agente público................................118
   5.5. A aproximação entre a culpa grave e o dolo: o erro grosseiro (art. 28 da LINDB)..120

6. A inferência do dolo e da culpa na improbidade administrativa......................124
   6.1. A parametrização do dolo e da culpa grave e a segurança jurídica..............124
   6.2. Parâmetros para a constatação do dolo e da culpa grave do agente público....126
      6.2.1. A formalização e motivação dos atos administrativos praticados........126
      6.2.2. A existência e o cumprimento de programas de integridade no âmbito da Administração Pública..128
      6.2.3. A existência e o cumprimento de determinação do TCU ou recomendação do Ministério Público..131

6.2.4. A existência de parecer jurídico ou lei respaldando o agir do administrador...133
6.2.5. A observância de *standards*, normas e critérios científicos e técnicos......135
6.2.6. A cultura administrativa..137

Conclusões..141

Referências..147

Lista de siglas e abreviaturas

AC .... Apelação Cível
ADC .... Ação Declaratória de Constitucionalidade
AgInt .... Agravo Interno
AgRg .... Agravo Regimental
AIA .... Ação de Improbidade Administrativa
AResp .... Agravo no Recurso Especial
CF/1946 .... Constituição Federal de 1946
CF/1988 .... Constituição Federal de 1988
CC/2002 .... Código Civil de 2002
CNJ .... Conselho Nacional de Justiça
CP .... Código Penal
CTN .... Código Tributário Nacional
EDcl .... Embargos Declaratórios
LINDB .... Lei de Introdução às Normas do Direito Brasileiro
MS .... Mandado de Segurança
RE .... Recurso Extraordinário
REsp .... Recurso Especial
STJ .... Superior Tribunal de Justiça
STF .... Supremo Tribunal Federal
TCU .... Tribunal de Contas da União
TJ/RS .... Tribunal de Justiça do Estado do Rio Grande do Sul
TRF da 4ª R. .... Tribunal Regional Federal da 4ª Região

Introdução

Assiste-se hoje a um acentuado reforço do controle sobre as ações ou omissões do administrador público. A partir do seu dever de servir a uma finalidade que lhe é cogente,[1] assume ele o dever fundamental de bem administrar, de modo transparente, dialógico, isonômico, eficiente e eficaz.[2] Como consequência, há um aprofundamento das instâncias e parâmetros de controle do seu agir, o que se vislumbra na profusão de normas incidentes e na difusão da aplicação de sanções, por múltiplas instâncias de controle, a comportamentos tidos como indevidos. Dentre tais sanções, ganha destaque a de improbidade administrativa, uma "imoralidade qualificada"[3] prevista em diversos dispositivos constitucionais,[4] em uma lei geral (Lei nº 8.429/92) e em legislação setorial (v.g., Lei nº 8.666/93, Lei nº 12.813/2013, Lei nº 12.846/2013, Lei nº 13.303/2016).

A tal enlevo, contudo, não se seguiu o correlato desenvolvimento a contento dos instrumentos jurídico-dogmáticos que viabilizam o incremento qualitativo e quantitativo na atividade de controle. Além da absorção acrítica de institutos desenvolvidos em contextos diversos pelos direitos penal e civil, pairam incertezas mesmo sobre a natureza jurídica de diversos institutos punitivos, o que retroalimenta a referida importação indevida de um instrumental jurídico de searas onde mais desenvolvidos teoricamente.

Essa problemática escoa no complexo tema da imputação subjetiva na improbidade administrativa. Entende-se por tal a atribuição da realização de um fato ilícito (improbidade administrativa) a alguém

---

[1] CIRNE LIMA, Ruy. *Princípios de direito administrativo*. 7. ed. revista e reelaborada por Paulo Alberto Pasqualini. São Paulo: Malheiros, 2007, p. 23-56.

[2] FREITAS, Juarez. *Direito fundamental à boa administração pública*. 3. ed. São Paulo: Malheiros, 2014, p. 21. Negando que o direito à boa administração pública seja regra ou princípio administrativo, originando-se da conjugação de mais de um direito, a doutrina de HEINEN, Juliano. *Curso de direito administrativo*. Salvador: Editora Juspodivm, 2020, p. 85.

[3] Expressão utilizada por SILVA, José Afonso da. *Curso de direito constitucional positivo*. 24. ed. São Paulo: Malheiros, 2005, p. 669.

[4] Artigos 15, inciso V; 37, § 4º; 97, § 10, inciso III; 104, inciso II, da CF/1988.

(administrador público ou terceiro) que o realizou com voluntariedade.⁵ Como processo mental atributivo, pressupõe um vínculo subjetivo do agente com a conduta: o dolo e/ou a culpa.

Dolo e culpa têm sido usados como elementos nodais no processo de atribuição subjetiva da improbidade administrativa. Não por outra razão, a maior parte das absolvições ou condenações de agentes pela suposta prática de condutas ímprobas passa pela imputação do dolo ou da culpa no seu agir.⁶ Contudo, sequer há o desenvolvimento mínimo de tais institutos dogmáticos neste âmbito.⁷ Em geral, parte-se ou da associação acrítica do dolo e da culpa penal/civil, ou – o que é pior – usam-se ambos como meras figuras retóricas que se amoldam às preferências subjetivas do responsável pela aplicação da sanção de improbidade administrativa. A gravidade em abstrato da conduta, as circunstâncias particulares do agente, a estrutura do órgão onde cometido o ato ímprobo, tudo é absorvido no processo de atribuição do dolo e da culpa, o qual, paradoxalmente, passa a ser tudo, menos aquilo que deveria ser.

À ausência de critérios claros neste processo atributivo decorre um controle intersubjetivo igualmente deficiente, o qual conduz a resultados incoerentes, que denotam assistematicidade. Daí deriva a ineficácia no combate a condutas lesivas à Administração Pública e, como outra face da mesma moeda, a insegurança jurídica do administrador público, a quem se sonega uma previsibilidade concreta da possibilidade de responsabilização por improbidade.

Diante desse problema, o presente trabalho pretende analisar o processo de imputação subjetiva da improbidade administrativa, com enfoque no dolo e na culpa do agente público à luz da lei geral de improbidade administrativa (Lei nº 8.429/92).

---

⁵ Samuel Pufendorf já salientava, em 1660, que "qualquer ação que pode ser guiada por uma norma moral e que está dentro do poder do homem de fazer ou não fazer, pode ser imputada a ele. E, pelo contrário: não pode ser imputado ao homem aquilo que, nem considerado em si mesmo e nem por sua causa, está ao seu alcance", tradução livre de "Any action whatsoever that may be directed according to a moral norm, which is within a man's power to do or not to do, may be imputed to him. And, on the contrary: that which neither in itself nor in its cause was within a man's power may not be imputed to him" (PUFENDORF, Samuel. *Elementorum Jurisprudentiae Universalis Libri Duo*. Tradução de William Abbott Oldfather. Oxford: Claredon Press, 1931, p. 209).

⁶ Como observou Susana Henriques da Costa, em análise à jurisprudência do STJ no ano de 2014, o maior número de absolvições em recursos atinentes a ações de improbidade que chegam à corte decorrem da falta de dolo (DA COSTA, Susana Henriques. O papel dos Tribunais Superiores no debate jurídico sobre a Improbidade Administrativa. In: GALOTTI, Isabel; DANTAS, Bruno; FREIRE, Alexandre; GAJARDONI, Fernando da Fonseca; MEDINA, José Miguel Garcia (coord.). *O papel da jurisprudência no STJ*. 1. ed. em e-book baseada na 1. ed. impressa. São Paulo: RT, 2014).

⁷ Registrem-se, como exceção, os trabalhos de NEISSER, Fernando Gaspar. *Dolo e culpa na corrupção política*: improbidade e imputação subjetiva. Belo Horizonte: Fórum, 2019; FERREIRA, Vivian Maria Pereira. O dolo da improbidade administrativa: uma busca racional pelo elemento subjetivo na violação aos princípios da Administração Pública. *Revista Direito GV*, v. 15, n. 3, set./dez. 2019, e1937. doi: <http://dx.doi.org/10.1590/2317-6172201937>.

Conquanto a Lei n° 8.429/92 tenha a potencialidade de sujeitar terceiros, não integrantes da Administração Pública,[8] o trabalho pretende tratar do processo de imputação subjetiva específico do agente público. A opção pelo estudo do comportamento do *intraneus*, no caso, justifica-se metodologicamente: pode-se atribuir ao dolo e culpa daquele que faz parte dos quadros da Administração Pública uma conotação própria, diversa da imputável a terceiros, desconectados de qualquer vínculo público.[9] Por isso, o aprofundamento necessário do estudo não prescinde de tal delimitação em relação ao seu sujeito-alvo.

Tendo em vista tal escopo, o estudo centrar-se-á nos critérios de imputação subjetiva a partir da Lei n° 8.429/92, lei geral da matéria, sem focar nas demais leis que compõem o microssistema de combate à corrupção (por exemplo, Lei n° 8.666/93, Lei n° 12.813/2013, Lei n° 12.846/2013, Lei n° 13.303/2016). Em alguma medida, tratar-se-á da improbidade administrativa constante em legislação setorial, porém apenas no quanto esta se correlaciona à Lei n° 8.429/92.

A partir do esclarecimento de conceitos básicos acerca da matéria, por um método dedutivo que se valerá de revisão bibliográfica, serão vinculados os institutos próprios (dolo/culpa e improbidade administrativa), confrontando-os, após, com a aplicação em casos concretos pela jurisprudência nacional. Sem ignorar que ao processo de imputação subjetiva é de difícil generalização – por envolver situações específicas a serem julgadas de acordo com a prova produzida em cada processo –, o trabalho parte do pressuposto de que uma análise (não aprofundada, é verdade) dos casos decididos pelos Tribunais pátrios permite a constatação do problema mencionado e, ao mesmo tempo, a extração de parâmetros para uma melhor aplicação do referencial normativo incidente.

Por tal razão, o trabalho será dividido em duas partes: a primeira, tratando de tais institutos, objetivando esclarecer até que medida é necessário o reproche do dolo e da culpa na imputação de improbidade administrativa. Uma vez esclarecida tal necessidade e seus limites, na segunda parte serão analisados casos problematizados pela jurisprudência, objetivando-se delimitar um conteúdo próprio à culpa e ao dolo na improbidade. O procedimento, portanto, será analítico e funcional.

Na primeira parte do trabalho, analisar-se-á a imputação subjetiva no direito civil, penal e na improbidade administrativa, esta de forma

---

[8] Nesse sentido, o artigo 3° da referida lei: "Art. 3° As disposições desta lei são aplicáveis, no que couber, àquele que, mesmo não sendo agente público, induza ou concorra para a prática do ato de improbidade ou dele se beneficie sob qualquer forma direta ou indireta".

[9] Como alerta OSÓRIO, Fábio Medina. *Direito administrativo sancionador*. p. RB-5.6.

geral. Tendo em vista o maior aprofundamento doutrinário acerca do dolo e da culpa no direito civil e penal, alguns aspectos da imputação subjetiva em tais searas serão objeto de análise no primeiro capítulo. Dada a amplitude e controvérsia dos estudos a respeito, contudo, optou-se por direcionar a revisão para temas que serão objeto de reflexão, posteriormente, no estudo da improbidade administrativa. Assim, além do delineamento geral dos institutos do dolo e da culpa na dogmática civil e penal, o estudo terá um enfoque – a aproximação do dolo e da culpa na dogmática civil e a normativização dos elementos do dolo e sua conturbada dissociação à culpa consciente no direito penal. O objetivo será introduzir alguns conceitos, bebendo nas suas respectivas fontes doutrinárias, em que mais desenvolvidos, para, posteriormente, assimilá-los ou não no estudo da disciplina da improbidade administrativa.

Ultrapassada a análise de alguns aspectos acerca do dolo e culpa na dogmática civil e penal, o segundo capítulo do livro versará sobre a improbidade administrativa na CF/1988 e na lei geral de improbidade administrativa (Lei nº 8.429/92). Neste particular, a vinculação da improbidade administrativa a uma responsabilidade necessariamente subjetiva não prescinde do exame da sua natureza jurídica, a qual é controvertida em face do silêncio do artigo 37, § 4º, da CF/1988. Atendo-se à inserção da matéria no direito administrativo sancionador – premissa dogmática do trabalho –, o desafio passa a ser justificar a culpabilidade e a responsabilidade subjetiva como requisitos para a sanção da improbidade administrativa, à semelhança do que ocorre no direito penal e, posteriormente, esclarecer como, do ponto de vista estrutural, os elementos do dolo e da culpa ingressaram na Lei nº 8.429/92. Isso se enfrentará mediante um prévio e breve exame da referida lei como lei geral e das espécies de improbidade administrativa previstas em seus artigos 9º a 11 (improbidade por enriquecimento ilícito, prejuízo ao erário, pela concessão ou aplicação indevida de benefício financeiro ou tributário e por violação a princípios da Administração Pública).

O terceiro capítulo da primeira parte do livro adentrará no exame da estrutura normativa da imputação subjetiva na Lei nº 8.429/92. Aqui, partir-se-á da problemática alocação do dolo e da culpa nas referidas espécies de improbidade administrativa. Diante da controvérsia existente, far-se-á um estudo da constitucionalidade da modalidade culposa de improbidade – não prevista de modo expresso pelo constituinte, porém constante no artigo 10 da Lei nº 8.429/92. Por fim, será analisado como a textura aberta dos tipos previstos na referida lei – em método normativo próprio do direito administrativo sancionador – exige a delimitação de um elemento subjetivo (dolo e culpa do agente) como forma de contenção do poder punitivo, à semelhança do que sucede com o direito penal.

Uma vez estudados: *i)* alguns conceitos básicos desenvolvidos nos institutos de culpa e dolo, à luz da doutrina penal e civil; *ii)* a necessidade de investigação da responsabilidade subjetiva na improbidade administrativa; *iii)* a estrutura normativa mediante a qual o dolo e a culpa ingressam na Lei nº 8.429/92, tem-se por assentada a base teórica sobre a qual se alicerçará a segunda parte da dissertação. Pretende-se, então, avaliar o conteúdo do dolo e da culpa na improbidade administrativa, aliando-se a revisão bibliográfica ao exame da jurisprudência a respeito da matéria, com foco nas decisões proferidas pelo Tribunal responsável pela uniformização da jurisprudência (STJ) e do Tribunal responsável pelo controle de constitucionalidade das leis e atos normativos federais (STF). A opção por centrar a análise da jurisprudência nos órgãos judiciários de cúpula, sobretudo no que toca ao dolo na improbidade administrativa, justifica-se por duas razões: a uma, diante da limitação própria ao presente estudo, que consumiria infindáveis páginas caso tencionasse realizar uma dissociação analítica do exame da improbidade administrativa pelos diversos Tribunais da federação; a duas, porque tal restrição não compromete o rigor científico a que se propõe: a jurisprudência de ambos os Tribunais, sobretudo do STJ, já possibilita um exame das principais controvérsias atinentes à imputação subjetiva na improbidade administrativa, mesmo que seja limitada, em tal esfera, a análise das questões de fato subjacentes a cada caso.

O primeiro capítulo da segunda parte da pesquisa estudará o tema do dolo na improbidade administrativa. De início, situar-se-á o problema da imputação do dolo ao agente público em face dos novos limites da sua atuação, tornada complexa ante o protagonismo da Administração Pública, a exigência de resultados e o rigor no seu controle judicial. Após, buscar-se-á analisar como se dá caracterização do dolo ímprobo a partir da jurisprudência do STJ em casos controvertidos – como a aquisição de bens em valor desproporcional, a contratação sem concurso público, a acumulação ilegal de cargos públicos, a publicidade como promoção pessoal, o nepotismo, a omissão no dever de prestar contas e os casos de "simples" ilegalidades cometidas. Sem a pretensão de aprofundar a discussão acerca de tais ilícitos administrativos, tal estudo permitirá que se extraiam elementos para a caracterização do dolo ímprobo, iniciando-se pela constatação da artificialidade da recorrente distinção entre "dolo genérico" e "dolo específico", passando pela assimilação do necessário conhecimento da ilicitude por parte do agente a quem se imputa improbidade ao dolo eventual e culminando com a proposta de uma concepção processualizada do dolo na improbidade, a ser aplicada mediante uma adequada imposição do ônus probatório acerca de fatos a partir dos quais se possa inferir (ou não) o dolo no agir.

Como passo seguinte, analisar-se-á a problemática imputação culposa na improbidade administrativa por lesão ao erário. A vinculação da culpa do agente público à culpa grave, em resgate à teoria dos graus da culpa, oriunda do direito civil, será premissa para, após, estudar-se a delimitação de tal culpa grave à luz de dois casos controvertidos decididos pela jurisprudência: a responsabilização da autoridade que homologa licitação com licitude frustrada e a responsabilização do advogado parecerista pelo entendimento técnico que vem a embasar uma ação ou omissão da Administração Pública. Tendo em vista a grande influência que as decisões proferidas pelos Tribunais de Contas exercem na improbidade administrativa, far-se-á um exame preliminar do parâmetro de que tem-se valido o TCU para aferir a culpa grave do agente público: o controvertido "administrador médio". Após, será revisada criticamente a doutrina, acolhida pela jurisprudência, para a qual o administrador inábil não é ímprobo. Tal exame possibilitará uma aproximação da culpa grave ao dolo mediante o elemento "erro grosseiro", previsto em recente atualização legislativa (art. 28 da LINDB, acrescentado pela Lei nº 13.655/2018), a qual será objeto de discussão no subitem final do capítulo.

O último capítulo do trabalho, condensando as propostas definidas nos dois capítulos anteriores, levantará parâmetros para a inferência do dolo e da culpa na improbidade administrativa. A partir da defesa de uma concepção processualizada do dolo e da culpa grave (erro grosseiro) do agente, defender-se-á que a parametrização de elementos inferenciais possibilitará maior segurança jurídica e operabilidade no processo de imputação subjetiva da improbidade administrativa. Dentre tais elementos, merecerão destaque a formalização e motivação dos atos administrativos praticados, a existência e o cumprimento de programas de integridade no âmbito da Administração Pública, a existência e o cumprimento de determinação do TCU ou recomendação do Ministério Público, a existência de parecer jurídico ou lei respaldando o agir do administrador público, a cultura administrativa em que inserido o agente público.

Pretende-se, com a presente pesquisa, explorar um tema ainda pouco desenvolvido pela doutrina e que, talvez por tal razão, é aplicado de forma errática pelos Tribunais. Trazendo à tona as principais discussões acerca do processo de atribuição do dolo e da culpa ao agente público com o propósito de clarificar conceitos oriundos dos direitos penal e civil, adaptando-os ao direito administrativo sancionador, intentar-se-á conferir maior segurança no processo aplicativo da Lei nº 8.429/92. O objetivo é analítico – observando-se o estado da arte da imputação subjetiva na improbidade administrativa – e, ao mesmo tempo, prescritivo, na medida em que o estudo não se limitará a dizer como se dá a atribuição de dolo e culpa na improbidade, mas também como ela deve(ria) se dar. Isso, por sua vez, tem o potencial de reverter de forma positiva, seja ao aplicador da lei (juiz), a quem se outorga a difícil incumbência de extrair critérios válidos em meio a formas díspares de aplicação, quer ao possível sujeito ativo de improbidade (administrador público), envolto na eterna insegurança de não saber a potencialidade ímproba de seus atos e, sobretudo, à verdadeira destinatária da norma (coletividade), beneficiada por uma Administração Pública mais confiável, proativa e, consequentemente, proba.

Primeira Parte

A imputação subjetiva na dogmática civil, penal e na improbidade administrativa

1. ASPECTOS DA IMPUTAÇÃO SUBJETIVA NA DOGMÁTICA CIVIL E PENAL

1.1. Dolo e culpa na dogmática civil

1.1.1. Os elementos da culpa em sentido amplo

A conduta humana é um comportamento voluntário que se expressa por meio de uma ação ou omissão. A vontade é o elemento subjetivo da conduta, que se dirige a um fim determinado a partir da intenção.[10] Tal vontade, segundo tradicional classificação privatística, estrutura o suporte fático da categoria dos atos jurídicos *lato sensu*, permitindo a análise de validade, ou seja, de conformidade dos respectivos atos ao direito,[11] dado ser inerente ao sistema jurídico dirigir-se a seres pensantes, que podem ou não infringir as regras jurídicas.[12]

Estruturada a conduta a partir da vontade, a prática, intencional ou não, de comportamento contrário ao direito forma a ideia de culpa em sentido amplo. Como salienta Pontes de Miranda, "culpa tem quem atua, positivamente, ou negativamente, como causa evitável de algum dano, ou infração".[13] A culpa é um *plus* em relação à contrariedade ao direito, porque tem ínsita em si a ideia de reprovação.[14]

---

[10] CAVALIERI FILHO, Sérgio. *Programa de responsabilidade civil*. 5. ed. São Paulo: Malheiros, 2005, p. 53.
[11] MELLO, Marcos Bernardes de. *Teoria do fato jurídico*: plano da validade. 4. ed. São Paulo: Saraiva, 2000, p. 1-3.
[12] MIRANDA, Pontes de. *Tratado de direito privado*: Parte Geral, Tomo II, 3. ed. Rio de Janeiro: Borsói, 1970, p. 247.
[13] MIRANDA, Pontes de. op. cit., p. 245.
[14] Ibid.

Na figura da culpa, portanto, encontram-se dois elementos: um objetivo, correspondente à sua ilicitude, e um subjetivo, o mau procedimento imputável. Em tal elemento subjetivo há uma distinção: o dolo, identificado como a vontade direta de prejudicar a outrem, e a culpa em sentido estrito, a qual corresponde à negligência, imprudência e imperícia em relação ao direito alheio.[15]

Sérgio Cavalieri filho, nesse particular, bem distingue dolo e culpa:

> Tanto no dolo como na culpa há conduta voluntária do agente, só que no primeiro caso a conduta já nasce ilícita, porquanto a vontade se dirige à concretização de um resultado antijurídico – o dolo abrange a conduta e o efeito lesivo dele resultante –, enquanto que no segundo a conduta nasce lícita, tornando-se ilícita na medida em que se desvia dos padrões socialmente adequados. O juízo de desvalor do dolo incide sobre a conduta, ilícita desde a sua origem; na culpa, incide apenas sobre o resultado. Em suma, no dolo o agente quer a ação e o resultado, ao passo que na culpa ele só quer a ação, vindo a atingir o resultado por desvio acidental de conduta decorrente da falta de cuidado.[16]

A distinção entre dolo e culpa remonta à estabelecida no direito romano, entre delito e quase-delito: aquele, uma violação intencional da norma de conduta; este, uma ofensa a direito alheio sem malícia, porém com negligência não escusável.[17]

Em que pese tal distinção fornecer suporte para uma possível aproximação entre o tratamento penal e civil dos elementos culpa e dolo, a dogmática civilista trata ambos de modo segmentado, em especial no que tange à caracterização do dolo como vício de vontade, tema a ser examinado a seguir.

1.1.2. O dolo como causa de vício de vontade

Pontes de Miranda define o dolo como "a direção da vontade para contrariar direito".[18] O agente que comete ato com dolo quer contrariar o direito, não bastando para tanto a mera contrariedade à moral.[19] É inerente à ideia de dolo, portanto, uma perversidade de propósito para levar a outra pessoa a erro, o chamado *dolus malus*, que tem em si imbuída a consciência, pelo agente, da contrariedade a direito.[20]

---

[15] DIAS, José de Aguiar. *Da responsabilidade civil*. Volume I, 5. ed. Rio de Janeiro: Forense, 1973; CHIRONI, G.P. *La colpa nel diritto civile odierno*: colpa extracontrattuale, vol I, 2. ed. Turim, 1903, p. 38/39.

[16] CAVALIERI FILHO, Sérgio. *Programa de responsabilidade civil*, 5. ed. São Paulo: Malheiros, 2005, p. 55.

[17] DIAS, José de Aguiar, op. cit., p. 126.

[18] MIRANDA, Pontes de. *Tratado de direito privado*: Parte Geral, Tomo II, 3. ed. Rio de Janeiro: Borsói, 1970, p. 248.

[19] MIRANDA, Pontes de, op. cit., p. 249.

[20] PEREIRA, Caio Mário da Silva. *Instituições de direito civil*. Vol. II, 29. ed. revista e atualizada por Guilherme Calmon Nogueira Gama. Rio de Janeiro: Forense, 2017, p. 316-317.

Tratando-se de um embuste, um artifício para manter outrem em erro quanto à vontade externada, o dolo é causa de anulabilidade do negócio jurídico quando for a sua causa, a teor do artigo 145 do Código Civil de 2002 (CC/2002).[21] Com efeito, se o ato jurídico decorre de um determinado movimento da vontade, havendo vício nesta, decorrente de erro causado pela malícia de outrem, tal vício transmite-se ao ato, contaminando-o.[22]

O dolo como causador de vício de vontade deve ter duas características essenciais para viabilizar a anulabilidade do ato: i) deve ser uma ação ou omissão intencional, com a finalidade de induzir a erro o outro figurante; ii) deve ser essencial, vale dizer, o dolo deve constituir a causa eficiente do negócio jurídico, admitindo-se que sua acidentalidade (*dolus incidens*) leve tão somente a perdas e danos.[23]

A despeito da existência de entendimento contrário,[24] o dolo independe da efetiva causação de danos à vítima, dado que o CC/2002 considera bastante à sua caracterização somente o fato de ser ele causa eficiente do ato.[25] A virtualidade do dolo causar danos, por outro lado, leva à possibilidade dele ser seguido pelo dever de indenizar. A dogmática civil, então, volta a aproximar o dolo da culpa, no que tange às respectivas consequências.

1.1.3. *A culpa subjetiva e normativa*

A noção de culpa no direito civil, conquanto presente na linguagem ordinária, ainda é obscura e imprecisa.[26] Tradicionalmente, a culpa em sentido estrito tem por essência o descumprimento de um dever de cuidado, que o agente podia conhecer e observar. No dizer de Cavalieri Filho, "é a imprevisão do previsível, por falta de cautela do agente".[27]

---

[21] "Art. 145. São os negócios jurídicos anuláveis por dolo, quando este for a sua causa".

[22] BEVILÁQUA, Clóvis. *Teoria Geral do direito civil*. Campinas: Red Livros, 2001, p. 295-296.

[23] MELLO, Marcos Bernardes de, op. cit., p. 131-132. "Art. 146. O dolo acidental só obriga à satisfação das perdas e danos, e é acidental quando, a seu despeito, o negócio seria realizado, embora por outro modo".

[24] Por exemplo, de Clóvis Beviláqua, para quem "dolo é o artifício ou expediente astucioso, empregado para induzir alguém à prática de um ato jurídico, que o prejudica, aproveitando ao autor do dolo ou a terceiro". Em: BEVILÁQUA, Clóvis. *Teoria Geral do direito civil*. Campinas: Red Livros, 2001, p. 299.

[25] MELLO, Marcos Bernardes de, op. cit., p. 135; MIRANDA, Pontes de. *Tratado de direito privado*. Tomo IV, p. 332.

[26] Luiz da Cunha Gonçalves menciona que a noção de culpa "é, ainda hoje, a mais confusa, obscura e imprecisa que se pode encontrar no direito" (GONÇALVES, Luiz da Cunha. *Tratado de direito civil em comentário ao Código Civil Português*. Vol. XII, Coimbra: Coimbra, 1937, p. 450).

[27] CAVALIERI FILHO, Sérgio, op. cit., p. 58.

Na culpa também há o fator inadimplemento, porém sem a consciência da violação; o agente não procura o dano como objetivo da sua conduta.[28] Causando dano a outrem, contudo, aquele que age com culpa em sentido estrito tem o dever de indenizar, incidindo o regime jurídico da responsabilidade civil, seja contratual ou extracontratual (aquiliana).

No direito civil romano prevalecia uma antiga distinção entre graus de culpa, classificada como grave, leve e levíssima, assim exposta por Fernando Noronha:

> No direito antigo, anterior às codificações do Século XIX, prevalecia uma velha distinção, dita "teoria das três culpas", distinguindo, dentro da culpa em sentido estrito, três graus: culpa grave, leve e levíssima. A culpa seria grave, ou grosseira, ou lata (em latim, *culpa lata*) quando o agente tivesse procedido com extrema inconsideração; seria leve, simples ou mera culpa (em latim, *culpa levis*), quando ele não tivesse agido com os cuidados do homem comum, do bom cidadão, o que os romanos traduziam na idéia do *bonus pater familias* (em Roma, onde tanto a mulher como os *filii familias*, qualquer que fosse a idade, eram civilmente incapazes, a referência ao *pater familias* devia ser entendia como alusão ao cidadão de plena capacidade); seria levíssima (em latim, *culpa levissima*), quando ele não tivesse procedido de acordo com excepcionais padrões de diligência, superiores aos exigíveis do homem comum.[29]

A dificuldade da teoria da culpa reside justamente na caracterização do dever ou diligência omitido, na exata medida do cuidado, necessariamente intersubjetiva,[30] a fim de avaliar se o agente agiu ou não com culpa.

Nesse particular, foram desenvolvidas duas teorias que se direcionam a delimitar critérios para avaliar a culpa: a culpa subjetiva (ou psicológica) e a culpa normativa.[31]

A culpa subjetiva (ou psicológica) extrai o dever de cuidado da avaliação do estado anímico do ofensor, a fim de verificar se tinha ou não a possibilidade de prever os resultados danosos de sua atuação. Tal conotação consagra a ideia de que, em regra, não há responsabilidade sem culpa, a qual ocupa posição de destaque na etiologia do ato ilícito,[32] inviabilizando, por outro lado, que haja uma valoração gradual

---

[28] PEREIRA, Caio Mário da Silva. *Instituições de direito civil*. Vol. II, 29. ed. revista e atualizada por Guilherme Calmon Nogueira Gama. Rio de Janeiro: Forense, 2017, p. 318.

[29] NORONHA, Fernando. Responsabilidade civil: uma tentativa de ressistematização – responsabilidade civil em sentido estrito e responsabilidade negocial; responsabilidade subjetiva e objetiva; responsabilidade subjetiva comum ou normal, e restrita a dolo e culpa grave; responsabilidade objetiva normal e agravada. *Doutrinas essenciais de direito civil*, vol. 1, out./2011, p. 145-195.

[30] CAVALIERI FILHO, Sérgio, op. cit., p. 56; MIRANDA, Pontes de. *Tratado de direito privado*. p. 254.

[31] Fazendo um apanhado histórico do desenvolvimento de tais teorias BANDEIRA, Paula Greco. A evolução do conceito de culpa e o artigo 944 do Código Civil. *Revista da EMERJ*, vol. 11, n. 42, 2008, p. 227-249.

[32] CHIRONI, G.P. *La colpa nel diritto civile moderno*: colpa extra-contrattuale. 2. ed. 1903, p. 35.

do dever de indenizar de acordo com o grau de culpa (se levíssima, leve ou grave).[33]

A concepção subjetiva da culpa implica substancial dificuldade probatória ao lesado por uma suposta ação ou omissão culposa. Como provar, afinal, o que se passava na mente do ofensor, adentrando em seu estado anímico a fim de verificar os limites do dever de cuidado transgredido?

Por tal razão, a responsabilidade civil evoluiu para a criação de presunções de culpa, as quais autorizam a inversão no ônus da prova quanto à ausência da conduta culposa, e para a proliferação de hipóteses de responsabilidade objetiva, na qual não se mostra necessária a averiguação de tal elemento de imputação subjetivo.[34]

Nesse movimento, ocorrido no curso do século XX, de valorização da reparação mais ampla possível à vítima, deslocando-se o eixo da responsabilidade civil do causador do dano, delineou-se uma nova concepção de culpa, a objetiva ou normativa. Propugnada pelos irmãos Mazeaud, tal concepção coloca a culpa como um erro de conduta que não seria cometido por uma pessoa avisada, colocada nas mesmas circunstâncias externas do autor do dano.[35] Ao investigar a conduta, deve o agente perscrutar não o aspecto psíquico do ofensor, mas sim contrapor a sua ação/omissão a um parâmetro que se pretende objetivo: o do "bom pai de família" (*bonus pater familias*), tido como modelo de comportamento.[36]

Sujeita a críticas,[37] a teoria proposta pelos irmãos Mazeaud teve o mérito de viabilizar o estudo da culpa, retirando o foco da subjetividade do agente para a busca de parâmetros aferíveis pela atividade cognitiva externa, viabilizando que a culpa possa significar a violação a determinados *standards* de conduta.[38]

No direito posto brasileiro, o CC/2002 equipara a culpa ao dolo para fins de reparação do dano, concentrando-se na prática do ato

---

[33] Pontes de Miranda, a propósito, comina o princípio geral de suficiência de qualquer culpa, significando que qualquer culpa, mesmo a leve, obrigação à reparação. Em: MIRANDA, Pontes de. *Tratado de direito privado*. p. 263.

[34] BANDEIRA, Paula Greco, op. cit., p. 229; TEPEDINO, Gustavo. A evolução da responsabilidade civil no direito brasileiro e suas controvérsias na atividade estatal. *Temas de direito civil*. 4. ed. Rio de Janeiro: Renovar, 2008, p. 201-227.

[35] MAZEAUD, Henri; MAZEAUD, Leon. *Traité théorique et pratique de La responsabilité civile délictuelle et contractuelle*, Vol. I, 4. éd. refondue, Paris : Éditions Montchrestien, 1947.

[36] CHIRONI, G. P., op. cit., p. 117-126.

[37] Por exemplo, de Giorgio Giorgi, para quem o critério do *bonus pater familias* permite que o julgador, no momento de verificar a conduta culposa, acabe adotando critérios pessoais (GIORGI, Giorgio. *Teoria delle obbligazioni nel diritto moderno italiano*. Settima Edizione. Firenze: Casa Editrice Libraria, 1911, Turim, UTET, 1927, vol. IX, p. 49)

[38] BANDEIRA, Paula Greco, op. cit., p. 235.

ilícito, sem fazer distinção entre os graus de culpa para fins de indenização.[39] O texto legal, contudo, possibilita um juízo de proporcionalidade entre o grau de culpa e o dano, sobretudo para os casos em que a culpa levíssima gera danos de enorme proporção à vítima.[40] Da mesma forma, a jurisprudência e a doutrina seguem dando um tratamento especial para a culpa grave, a qual é equiparada, nos efeitos, ao dolo, de acordo com a máxima *culpa lata dolo aequiparatur*.[41]

Portanto, não obstante as significativas diferenças do ponto de vista conceitual, o direito civil considera culpa e dolo como categorias similares para fins de responsabilidade civil. A distinção entre ambas as categorias se opera no estabelecimento do dever de indenizar, a partir de uma ideia de proporcionalidade. Cumpre, agora, investigar como se dá tal distinção no âmbito penal – seara onde ganha em importância[42] –, o que é premissa para investigar a sua absorção na improbidade administrativa.

1.2. Dolo e culpa na dogmática penal

1.2.1. O dolo do causalismo até o finalismo

Assentado no princípio *nulla poena sine culpa*, objeto de lenta evolução de uma dogmática que partiu da responsabilidade objetiva,[43] o direito penal tem no dolo a espinha dorsal do injusto, vetor para a justificação da pena em um sistema de matriz democrático.[44]

A necessidade de averiguação do dolo – e, de forma correlata, da culpa – deriva substancialmente da função da pena: se esta possui fins

---

[39] "Art. 927. Aquele que, por ato ilícito (arts. 186 e 187), causar dano a outrem, fica obrigado a repará-lo. Parágrafo único. Haverá obrigação de reparar o dano, independentemente de culpa, nos casos especificados em lei, ou quando a atividade normalmente desenvolvida pelo autor do dano implicar, por sua natureza, risco para os direitos de outrem". No mesmo sentido, advertindo que mesmo a culpa leve enseja o dever de indenizar: GONÇALVES, Luiz da Cunha, op. cit., p. 466.

[40] "Art. 944. A indenização mede-se pela extensão do dano. Parágrafo único. Se houver excessiva desproporção entre a gravidade da culpa e o dano, poderá o juiz reduzir, eqüitativamente, a indenização". Defendendo tal juízo de proporcionalidade, BANDEIRA, Paula Greco. A evolução do conceito de culpa e o artigo 944 do Código Civil. *Revista da EMERJ*, vol. 11, n. 42, 2008, p. 227-249.

[41] NORONHA, Fernando, op. cit., p. 145-195; TARTUCE, Flávio. *Direito Civil*. Vol. 2, 10. ed. São Paulo: Método, 2015, p. 382.

[42] Pontes de Miranda, nesse sentido, afirma que "a distinção entre dolo e culpa perde muito, em direito privado, da importância que tem em direito penal" (MIRANDA, Pontes de. *Tratado de direito privado*. Tomo II, p. 248).

[43] Como demonstra TOLEDO, Francisco de Assis. *Princípios básicos de direito penal*. 5. ed. São Paulo: Saraiva, 1994, p. 218-219.

[44] CABRAL, Rodrigo Leite Ferreira. O elemento volitivo do dolo: uma contribuição da filosofia da linguagem de Wittgenstein e da teoria da ação significativa. In: *Dolo e Direito Penal*: Modernas Tendências. BUSATTO, Paulo César (coord.). São Paulo: Atlas, 2014, p. 119.

preventivos, tal finalidade apenas pode ser atingida se as condutas censuradas possam ter sido previstas pelos respectivos agentes; seria ilógico, além de inútil, nessa perspectiva, castigar condutas imprevisíveis.[45] A pena, portanto, pressupõe a sua evitabilidade, e esta reside no interior do homem, no seu psiquismo, compondo-se da previsibilidade e voluntariedade como elementos subjetivos da conduta (ação ou omissão).[46]

Dentro da estrutura do delito, a interação entre os elementos subjetivos e objetivos da conduta sustentou intenso debate doutrinário, tido por Mir Puig como sendo o de maior importância na matéria no século XX.[47] De um sistema causal-naturalista fundado no positivismo cientificista, que concentrava na culpabilidade – nela incluído o dolo – todos os elementos subjetivos da ação típica,[48] a dogmática penal, a partir de Hans Welzel,[49] chegou ao finalismo. Este parte do pressuposto de que a conduta (ação ou omissão) não é mera modificação motora, como consideravam os causalistas, mas necessária consequência da finalidade ínsita à conduta, visto que o agente controla o curso causal dirigido a um objetivo.[50] No dizer de Aníbal Bruno, referindo-se à teoria de Welzel, "a ação não é simples série de causas e efeitos. Quando a realiza, o homem pensa em um fim, escolhe os meios necessários para atingi-lo e põem em função esses meios".[51]

O finalismo, portanto, partindo de um conceito antropológico e pré-jurídico de ação, integra o dolo e a culpa no próprio injusto penal, como elementos da ação típica.[52] Como consequência, retira do dolo o elemento consciência da ilicitude (formativo do *dolus malus*, tratado na dogmática civil), esvaziando a culpabilidade de seu elemento

---

[45] MIR PUIG, Santiago. *Introdución a las bases del derecho penal*. 2. ed. Montevideo-Buenos Aires: Julio Cesar Faira, 2002, p. 136. Também Luigi Ferrajoli acentua que as ações culpáveis são as únicas que podem ser lógica e sensatamente proibidas, dado que as proibições penais são regulativas, no sentido de pressuporem a possibilidade de serem observadas ou violadas por parte dos seus destinatários (FERRAJOLI, Luigi. *Direito e razão*: teoria do garantismo penal. 2. ed. São Paulo: Revista dos Tribunais, 2006, p. 451).

[46] TOLEDO, Francisco de Assis. *Princípios básicos de direito penal*. 5. ed. São Paulo: Saraiva, 1994, p. 218-219

[47] MIR PUIG, Santiago. Sobre lo objetivo y lo subjetivo en lo injusto. In: *Anuario de derecho penal y ciências penales*. ISSN 0210-3001, Tomo 41, 3/1988, p. 661-684, p. 661.

[48] Roxin salienta que no sistema clássico do delito o injusto penal e a culpabilidade se comportavam entre si como a parte externa e interna do delito. Em: ROXIN, Claus. *Derecho penal*. Tomo I. Tradución de la 2ª edición alemana y notas de PEÑA, Diego Manuel Luzón; CONLLEDO, Miguel Díaz y García; REMESAL, Javier de Vicente. Madrid: Civitas, 1997, p. 198.

[49] WELZEL, Hans. *Direito penal*. Tradução de Dr. Afonso Celso Rezende. Campinas: Romana, 2003.

[50] ROXIN, Claus, op. cit., p. 199.

[51] BRUNO, Aníbal. *Direito Penal*: Parte Geral. Tomo I. 3. ed. Rio de Janeiro: Forense, 1978, p. 302-303.

[52] WELZEL, Hans, op. cit., p. 119.

subjetivo,[53] tornando-se normativa e não psicológica. A culpabilidade passa a cumprir o papel de um juízo de valor a incidir sobre a formação do querer do comportamento; o dolo e a culpa, ao revés, deixam de ser elementos ou condições de culpabilidade, mas o objeto sobre o qual ela incide.[54]

A concepção finalista da ação foi acolhida pelo legislador penal brasileiro a partir da reforma de 1984 (Lei nº 7.209/1984),[55] a qual introduziu no CP o artigo 18, inciso I, considerando crime doloso aquele cometido "quando o agente *quis* o resultado ou *aceitou o risco* de produzi-lo", sem qualquer alusão à consciência da ilicitude. De acordo com a lei, portanto, o dolo possui apenas dois elementos: um cognitivo, correspondente ao conhecimento ou representação do fato constitutivo da ação típica; outro volitivo, que equivale à vontade de realizar tal ação.[56] Como reconhecido pela quase unânime doutrina nacional,[57] o conhecimento e a vontade são os dois pilares psicológicos da imputação subjetiva.[58]

1.2.2. As formas de dolo

O finalismo também fornece o substrato ontológico da clássica divisão tripartite das formas de dolo: dolo direto (de primeiro e segundo graus) e dolo eventual.[59]

Segundo Juarez Tavares, no dolo direto, "o agente quer o resultado típico ou toma-o como necessário para a consecução de outros propósitos ou como consequência necessária da sua atividade".[60] Enquanto

---

[53] VIANA, Eduardo. *Dolo como compromisso cognitivo*. São Paulo: Marcial Pons, 2017, p. 50. Em sentido contrário, entendendo que o dolo deve conter em si o conhecimento da ilicitude, NORONHA, E. Magalhães. *Direito Penal*. vol. 1, 37. ed. São Paulo: Saraiva, 2003, p. 136.

[54] REALE JR, Miguel. *Teoria do delito*. 2. ed. São Paulo: Revista dos Tribunais, 2000, p. 146.

[55] *Tratando do histórico de tal reforma*, a doutrina de TOLEDO, Francisco de Assis, op. cit., p. 66-78.

[56] BITTENCOURT, Cezar Roberto. *Tratado de direito penal*: Parte Geral. 20. ed. São Paulo: Saraiva, 2014, p. 356.

[57] FRAGOSO, Heleno Cláudio. *Lições de direito penal*. 15. ed. revista e atualizada por Fernando Fragoso. Rio de Janeiro: Forense, 1995, p. 171; PRADO, Luis Régis. *Curso de direito penal brasileiro*. Volume I. 4. ed. São Paulo: RT, 2004, p. 345-348; NORONHA, E. Magalhães. *Direito Penal*. vol. 1, 37. ed. São Paulo: Saraiva, 2003, p. 136; MIRABETE, Julio Fabbrini. *Manual de direito penal*. 19. ed. São Paulo: Atlas, 2003, p. 139-141; DE JESUS, Damásio. *Direito Penal*: Parte Geral. 24. ed. São Paulo: Saraiva, 2001, p. 287-294; ZAFFARONI, Eugenio Raúl; PIERANGELI, José Henrique. *Manual de direito penal brasileiro*: Parte Geral. 2. ed. em ebook baseada na 12. ed. impressa, São Paulo: RT, 2018, p. 25; BITTENCOURT, Cezar Roberto. *Tratado de direito penal*: Parte Geral. 20. ed. São Paulo: Saraiva, 2014, p. 356; DOTTI, René Ariel. *Curso de Direito Penal*: Parte Geral. 1. ed. em ebook baseada na 5. ed. impressa, São Paulo: RT, 2014, p. 48.

[58] Assertiva de VIANA, Eduardo, op. cit., p. 56.

[59] Constatação de COSTA, Pedro Jorge. *Dolo penal e sua prova*. São Paulo: Atlas, 2015, p. 42.

[60] TAVARES, Juarez. Espécies de dolo e outros elementos subjetivos do tipo. *Revista da Faculdade de Direito UFPR*. ISSN: 0104-3315 (impresso) 2236-7284 (eletrônico), p. 110. Disponível em: <https://revistas.ufpr.br/direito/article/view/7199>. Acesso em: 10/04/2019.

no dolo direto de primeiro grau o agente quer o resultado, elegendo-o como objetivo final, no dolo de segundo grau o resultado é tomado como necessariamente vinculado aos meios, e não aos fins.[61] Ilustrativamente, admite-se que possui dolo direto de primeiro grau o agente que, querendo matar outrem, desfere-lhe um tiro à queima roupa; possui dolo direto de segundo grau o agente que, querendo matar alguém, coloca uma bomba em um avião, matando toda a tripulação e demais passageiros.

Haverá dolo eventual, de outra parte, "quando o agente não quiser diretamente a realização do tipo, mas aceitá-la como possível ou provável, assumindo o risco da produção do resultado (art. 18, I, *in fine*, do CP)".[62] No dolo eventual, o agente apenas representa a realização do tipo como possível, expressando conformidade/aprovação em relação à ocorrência do resultado. Há, portanto, um enfraquecimento dos elementos psíquicos (conhecimento/vontade), o que, como será visto, aproxima o dolo eventual da culpa consciente.[63]

Considera-se não haver razões científicas que respaldem as demais espécies de dolo (dolo de ímpeto, dolo alternativo, dolo genérico ou dolo específico).[64] Aliás, esta última distinção – dolo genérico e específico –, muito utilizada pela jurisprudência no âmbito da improbidade administrativa, também é condenada à impropriedade: tendo em vista que não há dolo em si, mas dolo sempre direcionado à prática de alguma finalidade, eventual conceito de dolo específico implica inevitável tautologia.[65] Em verdade, o que subsiste é uma distinção entre um elemento subjetivo geral (o dolo) e eventual elemento subjetivo específico (um fim especial de agir), exigido em alguns tipos penais, a qual não justifica a bipartição do dolo em genérico e específico.[66]

Em que pese a aparente clareza da classificação tripartite, é certo que a fronteira entre o dolo direto, de primeiro ou segundo grau (no qual o agente *quis* o resultado), o dolo eventual (no qual o agente *assumiu o risco* do resultado) e a culpa, é movediça. A ninguém, afinal, é possível realizar um juízo de prognose segura a respeito do resultado

---

[61] TAVARES, Juarez, op. cit., p. 110.
[62] BITTENCOURT, Cezar Roberto, op. cit., p. 362.
[63] VIANA, Eduardo, op. cit., p. 74; COSTA, Pedro Jorge, op. cit., p. 43.
[64] Nesse sentido, TAVARES, Juarez, op. cit., p. 108.
[65] Nesse sentido, QUEIROZ, Paulo. *Dolo*. Disponível em: <http://www.pauloqueiroz.net/dolo/>. Acesso em: 22/04/2019; TEIXIDOR, Duvi. En torno a la imputación subjetiva de comportamento. *Revista de la Faculdad de Derecho – Universidad de la República – Uruguay*, (30), 09/02/2014, p. 291-307, p. 296.
[66] SILVA, Ângelo Ilha da, op. cit., p. 256. Também Luiz Luisi faz uma diferenciação entre dolo e elementos subjetivos previstos no tipo, indicadores "de tendências, de propósitos, de certas situações psíquicas e de certos conhecimentos, bem como de outras conotações que devam estar presentes na intimidade psicológica do agente, no momento da concreção do tipo" (LUISI, Luiz. *O tipo penal, a teoria finalista e a nova legislação penal*. Porto Alegre: Sérgio Fabris, 1987, p. 69).

de sua ação, a ponto de vinculá-la mentalmente a um resultado.[67] A fórmula do assumir o risco não tem sentido psicológico-empírico: o que se faz, em verdade, é adscrever ao autor, valorando todas as circunstâncias do caso, o juízo de que teria assumido o risco do resultado.[68]

As dificuldades inferidas da classificação tripartite, sobretudo a respeito do dolo eventual,[69] indiciam as razões pela qual toda a teoria do dolo vem sendo objeto de revisita, a fim de viabilizar uma delimitação mais segura das respectivas categorias e justificar a punição mais severa a título de dolo que de culpa.

1.2.3. A normativização dos elementos do dolo e a prova de seus elementos empíricos

Como visto, é quase unânime na doutrina nacional que o dolo deve apresentar um componente intelectivo e um volitivo, o que se reforça pela aparente clareza do teor do artigo 18, inciso I, do CP. Contudo, no direito comparado, os componentes do dolo vêm sendo objeto de rediscussão, fenômeno que não se reproduz no direito pátrio, onde diversas considerações sobre o dolo sequer são tratadas.[70]

A redefinição dos componentes subjetivos do tipo penal e da posição destes no injusto veio com o surgimento de teorias funcionalistas ou teleológico-racionais, as quais propunham que, em vez de orientar-se por dados ontológicos ou causais-naturalistas, o direito penal deve fundamentar-se exclusivamente por seus fins,[71] notadamente para a proteção de bens jurídicos.[72]

---

[67] VIANA, Eduardo, op. cit., p. 75. Tal autor cita o caso do atirador à distância: "A quer matar seu vizinho B, o qual está a 500 metros de distância. A sabe que a essa distância o disparo tem poucas chances de alcançá-lo. No entanto, resolve tentar a sorte e efetua o disparo. Porque há evidente decisão do autor em relação à realização do tipo estaríamos diante de um (a tentativa de) homicídio, ainda que o autor tenha considerado reduzidas as chances de alcançar o resultado". (op. cit., p. 69).

[68] PUPPE, Ingeborg. Dolo eventual e culpa consciente. *Revista Brasileira de Ciências Criminais*, vol. 58/2006, jan./fev. 2006, p. 7.

[69] Renato de Mello Jorge Silveira compara o atual cenário enigmático dos institutos do dolo e do dolo eventual à tragédia grega de Sófocles, na ameaça posta no enigma da Esfinge a Édipo: "decifra-me ou devoro-te" (SILVEIRA, Renato de Mello Jorge. A teoria do delito e o enigma do dolo eventual: considerações sobre a aparente nova resposta italiana. *Revista Brasileira de Ciências Criminais*, vol. 121/2016, jul./ago. 2016, p. 223).

[70] Como acentua SILVEIRA, Renato de Mello Jorge, op. cit., p. 1. Como exceção, registre-se, dentre outros, os trabalhos de LUCCHESI, Guilherme Brenner. *Punindo a culpa como dolo: o uso da cegueira deliberada no Brasil*. São Paulo: Marcial Pons, 2018; VIANA, Eduardo. *Dolo como compromisso cognitivo*. São Paulo: Marcial Pons, 2017.

[71] GRECO, Luís. Introdução à dogmática funcionalista do delito: em comemoração aos trinta anos de "Política Criminal e Sistema Jurídico-Penal" de Roxin. *Revista Brasileira de Ciências Criminais*, vol. 32/2000, out./dez. 2000, p. 4-5.

A pauta axiológica, própria das teorias funcionalistas, levou a teoria do crime ao enfoque na eficácia e legitimidade do direito penal.[73] E tais características exigem um maior aclaramento no complexo processo de imputação subjetiva que culmina com a atribuição a alguém da prática de uma conduta dolosa.

Em verdade, a própria ideia de que alguém *quis* cometer um ilícito dá margem a várias interpretações a respeito do que pode significar tal *querer*. Como bem demonstram Ingeborg Puppe[74] e Luís Greco,[75] há uma ambiguidade ínsita à palavra *vontade*. Pode ela significar um estado mental, algo que ocorre literalmente na cabeça do autor (sentido psicológico-descritivo) ou uma atribuição, uma forma de interpretação de um comportamento, independentemente daquilo que se passou na mente do autor do fato (sentido atributivo-normativo).[76] Como consequência, o teor do artigo 18, inciso I, do CP, ao vincular o dolo ao *querer* ou *assumir o risco*, é inconclusivo para garantir segurança jurídica no processo atributivo da vontade.[77]

Em decorrência de tal ambiguidade, que desvela o tortuoso caminho de definição do que é *vontade* para fins penais, parte relevante da doutrina de países europeus – como, por exemplo, Alemanha e Espanha – firmam como único componente do dolo o intelectual, normatizando com isso seu elemento *vontade psicológica*.[78] Para tais teorias de corte cognitivo, como sintetizado por Puppe, "o reproche de haver provado um dano dolosamente não se restringe aos casos em que o autor quis esse dano em sentido psicológico".[79] A título de exemplo, merece

---

[72] Nesse sentido, ROXIN, Claus. *A proteção de bens jurídicos como função do direito penal*. Organização e tradução de André Luís Callegari e Nereu José Giacomolli, 2. ed. Porto Alegre: Livraria do Advogado, 2018.

[73] GRECO, Luís, op. cit., p. 5.

[74] PUPPE, Ingeborg. *A distinção entre dolo e culpa*. Tradução, introdução e notas de Luís Greco. Barueri, SP: Manole, 2004, p. 31-36.

[75] GRECO, Luís. Dolo sem vontade. In: SILVA DIAS et al (coords.). *Liber Amicorum de José de Sousa e Brito*. Coimbra: Almedina, 2009, p. 885-905, p.886-888.

[76] Luís Greco, a propósito, bem diferencia ambos sentidos no exemplo do estudante que não estuda até a véspera da prova e é reprovado. "Pode ser que ele lamente com sinceridade a reprovação: 'Minha vontade não era isso', 'foi sem querer'. O amigo honesto talvez responda: 'não reclame, você quis ser reprovado'. Neste diálogo, o estudante usa o termpo vontade em sentido psicológico-normativo, o amigo em sentido atributivo-normativo." (GRECO, Luís. *Dolo sem vontade*. p. 887).

[77] GRECO, Luís. *Introdução ao livro de PUPPE, Ingebor. A distinção entre dolo e culpa*; COSTA, Pedro Jorge. *Dolo penal e sua prova*, p. 3.

[78] Constatação de CASABONA, Carlos Maria Romeo. Sobre a estrutura monista do dolo: uma visão crítica. *Revista de Ciências Penais*, vol. 3/2005, jul./dez. 2005, p. 7.

[79] PUPPE, Ingeborg. Dolo eventual e culpa consciente. *Revista Brasileira de Ciências Criminais*, vol. 58/2006, jan./fev. 2006, p. 114.

registro, dentre várias outras teorias,[80] a posição de Roxin, que tratou o dolo como correspondência a um plano do sujeito, em uma valoração objetiva,[81] e a de Jakobs, para quem o dolo é "o conhecimento da ação junto com as suas consequências".[82]

Em que pese tal processo de normatização do dolo seja objeto de fundadas críticas,[83] cujo aprofundamento refoge ao objeto do presente trabalho, a ideia que nele subjaz é a de que, a bem da efetiva proteção de bens jurídicos – objeto do direito penal –, a imputação subjetiva, por tratar-se de um problema jurídico, não pode depender do estado emocional do indivíduo. Faz-se necessária, para atribuir dolosamente uma conduta a alguém, apenas a representação por parte deste de um perigo qualificado, a partir de um padrão de racionalidade empiricamente demonstrável.[84]

As teorias volitivas, ao exigirem seja perscrutada uma vontade em sentido psicológico, devassando-se a subjetividade do agente, acabam por fomentar o decisionismo,[85] permitindo que interesses político-criminais adentrem no processo de imputação subjetiva. De outra parte, as teorias contemporâneas sobre o dolo ou elidem deste o elemento psicológico ou normativizam-no,[86] a partir de elementos externos de caracterização.[87]

Se a imputação dolosa exige que o agente tenha atuado com o conhecimento do risco concreto da produção de um resultado lesivo, um elemento relevante passa a ser a demonstração de tal aspecto cognitivo. A questão jurídica fundamental da imputação subjetiva deixa de ser averiguar o estado psicológico e passa a ser estabelecer critérios para

---

[80] De complexidade cuja investigação seria incompatível com os propósitos do presente trabalho, mas que foram bem expostas por VIANA, Eduardo, op. cit., p. 85-249; COSTA, Pedro Jorge, op. cit., p. 97-151; GOMES, Enéias Xavier. *Dolo sem vontade psicológica*: perspectivas de aplicação no Brasil. Belo Horizonte: D'Plácido, 2017, p. 55-72.

[81] ROXIN, Claus. *Derecho penal*, op. cit., p. 416-417.

[82] JAKOBS, Gunther. *Derecho penal*: parte general, fundamentos y teoria de la imputación. Tradução de Joaquin Cuello Contreras e José Luís Serrano Gonzáles de Murillo. Madrid: Marcial Pons, 1997, p. 316.

[83] Por exemplo, de CASABONA, Carlos Maria Romeo, op. cit., p. 7-32; CABRAL, Rodrigo Leite Ferreira. *O elemento volitivo do dolo*: uma contribuição da filosofia da linguagem de Wittgenstein e da teoria da ação significativa, p. 119-145.

[84] Eduardo Viana, em excelente obra, salienta que o dolo deve-se caracterizar como um compromisso cognitivo do autor com a realização de um perigo representado (VIANA, Eduardo, op. cit., p. 194).

[85] Aqui considerado um processo discricionário de atribuição normativa, no sentido utilizado por Enéias Xavier Gomes ao salientar que teorias volitivas "são teorias deterministas que, ao fim e ao cabo, fazem com que o operador do Direito (em especial o julgador) "escolha" o que é vontade e o que não é vontade!" (GOMES, Enéias Xavier, op. cit. p. 75).

[86] No sentido exposto por VIANA, Eduardo, op. cit., p. 99.

[87] HASSEMER, Winfried. *Los elementos característicos del dolo*. p. 931.

expressar o que significa o padrão de racionalidade esperado.[88] Avulta, aí, a importância da prova do dolo, a qual fomentou uma série de teorias com ênfase no aspecto processual.[89]

Tratando-se de um conceito jurídico, não parece próprio falar em uma prova do dolo, mas sim dos elementos empíricos que, a partir de indícios,[90] permitem a sua caracterização.[91] Tais teorias processuais, assim, partem da necessidade da presença de indicadores[92] externos aptos a estabelecerem inferências do perigo criado pelo agente e do seu conhecimento. A contextualização do comportamento do agente, nessa perspectiva, exige se valha o intérprete de elementos como regras de experiência,[93] perscrutando o comportamento anterior e posterior do agente, suas características pessoais, o modo do exercício de posições sociais;[94] nos crimes de resultado, passa a ser importante a distinção entre condutas "neutras" e condutas especialmente aptas a um resultado lesivo.[95]

O elemento subjetivo passa a ser inferido a partir de circunstâncias fáticas objetivas, comprováveis no âmbito de um processo penal – como aliás, é expresso em alguns tratados internalizados no Brasil para a repressão de crimes de tráfico de entorpecentes, corrupção e lavagem de dinheiro, como a Convenção de Viena, a de Palermo e de Mérida.[96]

A normativização do dolo penal, por suprimir do processo atributivo-subjetivo de um comportamento um elemento indevassável (psicológico), repercute na delimitação do âmbito do dolo a ser analisado na imputação subjetiva da improbidade administrativa, como será

---

[88] VIANA, Eduardo, op. cit., p. 251. A delimitação do papel do dolo, na moderna teoria penal, passa a exigir a prévia delimitação do risco juridicamente desaprovado pelo agente e da realização deste risco no resultado, à luz da teoria da imputação objetiva. Nesse sentido: GRECO, Luís. *Um panorama da teoria da imputação objetiva*. 1. ed. em ebook baseada na 4. ed. impressa. São Paulo: RT, 2014, p. 8

[89] Mencionadas por COSTA, Pedro Jorge, op. cit., p. 142-151.

[90] De acordo com o artigo 239 do CPP "considera-se indício a circunstância conhecida e provada, que, tendo relação com o fato, autorize, por indução, concluir-se a existência de outra ou outras circunstâncias".

[91] Como apontado por COSTA, Pedro Jorge, op. cit., p. 154.

[92] Expressão usada por HASSEMER, Winfried, op. cit., p. 927-931.

[93] Segundo Ramón Ragués I Vallès, "sólo cuando el juez encuentre em dicha interación uma regla de experiência de vigencia indiscutible según la cual, presupoestos ciertos datos objetivos, uma persona por fuerza ha sido conocedora de determinados hechos, podrá aribuir correctamente dichos conocimientos al concreto acusado" (RAGUÉS I VALLÈS, Ramon. Consideraciones sobre la prueba del dolo. *Revista Brasileira de Ciências Criminais*, São Paulo, ano 15, v. 69, nov./dez. 2007, p. 908).

[94] COSTA, Pedro Jorge, op. cit., p. 237-263.

[95] RAGUÉS I VALLÈS, Ramon, op. cit., p. 909-910.

[96] Como acentua PRADO, Rodrigo Leite. Dos crimes: aspectos subjetivos. In: CARLI, Carla Veríssimo de (org). *Lavagem de dinheiro*: prevenção e controle penal. Porto Alegre: Verbo Jurídico, 2011, p. 223-250, p. 236.

visto a seguir. Antes, porém, faz-se necessário averiguar os limites da culpa penal, permitindo investigar como a redefinição dos elementos do dolo, ora averiguada, trouxe novos limites à distinção entre dolo eventual e culpa consciente.

1.2.4. Os crimes culposos: entre o objetivo e o subjetivo

O CP brasileiro não define o crime culposo, limitando-se a consignar o seu cometimento quando o agente dá causa ao resultado por imprudência, negligência ou imperícia (art. 18, inciso II). Além disso, a lei restringe tal figura típica também, a casos excepcionais (art. 18, parágrafo único): os crimes culposos são apenas aqueles expressamente previstos em lei; em regra, pois, a imputação subjetiva penal se dá a título de dolo.

Como salienta Nelson Hungria, nas três hipóteses previstas em lei (imprudência, imperícia e negligência) está-se diante "de uma situação culposa substancialmente idêntica, isto é, omissão, insuficiência, inaptidão grosseira no avaliar as consequências lesivas do próprio ato".[97] Na base do delito culposo, em verdade, está a violação a um dever de cuidado, a qual ocorre quando "as circunstâncias apontarem ao agente, segundo dados apreensíveis da experiência cotidiana, alguma razão para suspeitar da possibilidade de consequências danosas para sua conduta, ou, ao menos, para ter dúvidas a respeito dessas possíveis consequências".[98]

A centralidade do dever de cuidado descumprido, no caso do crime culposo, direciona seus estudos ao tipo objetivo. Dada a desnecessidade de um elemento volitivo final nos crimes culposos (o agente *querer* ou *assumir o risco* do resultado), é majoritária, na doutrina, a negação da dicotomia que, no âmbito dos crimes dolosos, incide sobre tipo subjetivo e objetivo.[99]

Do ponto de vista estrutural, os tipos penais culposos são abertos, exigindo o fechamento por parte do juiz mediante o recurso a norma(s) geral(is) que se encontra(m) fora do tipo. Como advertem Zaffaroni e Pierangeli, "não é possível individualizar a conduta proibida se não se

---

[97] HUNGRIA, Nelson. *Comentários ao Código Penal*: Decreto-lei nº 2.848, de 7 de dezembro de 1940. Volume I, Tomo II. 5. ed. Rio de Janeiro: Forense, 1978, p. 203.

[98] TOLEDO, Francisco de Assis. *Princípios básicos de direito penal*. p. 293.

[99] É a constatação de JORIO, Israel Domingos. O conceito de culpa e a estrutura bipartida dos tipos penais culposos. *Revista Brasileira de Ciências Criminais*, vol. 69/2007, nov./dez. 2007, p. 11-45, p. 12. Negando a utilidade do estudo de um tipo subjetivo no âmbito dos crimes culposos, por todos, a doutrina de TAVARES, Juarez. *Teoria do crime culposo*. 3. ed. Rio de Janeiro: Lumen Juris, 2009, p. 296-297; PRADO, Luiz Regis. *Comentários ao Código Penal*: Jurisprudência, conexões lógicas com os vários ramos do direito. 3. ed. em ebook baseada na 11. ed. impressa, São Paulo: RT, 2017, p. 29.

recorre a outra norma que nos indique qual é o "cuidado devido" que tinha o sujeito ativo".[100] Daí decorre ser inviável estudar o tipo objetivo dos crimes culposos da mesma forma dos crimes dolosos, de modo pormenorizado.[101]

A exemplo do que ocorre com a culpa civil, o grande desafio da culpa penal reside na delimitação dos limites do dever de cuidado exigível do agente, que não se confunde com um dever de cuidado geral.[102] Nesse particular, para boa parte da doutrina devem ser utilizados "padrões médios gerais" ("homem médio",[103] similar ao *bonus pater familias* civil), numa análise exclusivamente objetiva.

Contudo, é justificada a crítica a tais *Standards*.[104] Afinal, traçam eles parâmetros médios inalcançáveis sem a consideração da situação particular do agente.[105] A objetivação proposta é uma quimera. O "homem médio" razoável e prudente exige a contextualização da sua conduta à situação jurídica e social por ele vivida. Com razão, Juarez Tavares acentua a necessidade de considerar as condições e circunstâncias reais do fato, aliada à necessidade de proteção do bem jurídico, podendo-se valer, o intérprete, das normas orientadoras das profissões e ofícios, bem como instruções, formais e informais, que regem as mais diversas atividades.[106]

Sem desconhecer a viabilidade abstrata de se estabelecer um padrão "médio" de ação,[107] a impossibilidade de se desconsiderar a situação pessoal do agente, no processo de correlação típica de uma conduta culposa à qual se atribui a violação a dever de cuidado, abre as portas para a infiltração, nesta, de um elemento subjetivo, expugnado pela doutrina majoritária.

---

[100] ZAFFARONI, Eugenio Raúl; PIERANGELI, José Henrique. *Manual de direito penal brasileiro*: Parte Geral. 2. ed. em ebook baseada na 12. ed. impressa, São Paulo: RT, 2018, cap. XXI, p. 31.

[101] JORIO, Israel Domingos, op. cit., p. 611.

[102] ZAFFARONI, Eugenio Raúl; PIERANGELI, José Henrique, op. cit., p. 31.

[103] NORONHA, E. Magalhães. *Direito Penal*. vol. 1, 37. ed. São Paulo: Saraiva, 2003, p. 141-142. HUNGRIA, Nelson, op. cit., p. 188.

[104] Os *standards*, termo com origem no direito anglo-saxônico, exprimem "pautas móveis, que têm de ser inferidas da conduta reconhecida como 'típica', e que têm que ser permanentemente concretizadas ao aplicá-las no caso a julgar", na definição de KNIJNIK, Danilo. Os *standards* de convencimento judicial: paradigmas para o seu possível controle. *Revista Forense*, volume 353, jan./fev. 2001, p. 15-52, p. 27.

[105] Nesse sentido: ZAFFARONI, Eugenio Raúl; PIERANGELI, José Henrique, op. cit., p. 31; D'AVILA, Fábio Roberto. *Crime culposo e a teoria da imputação objetiva*. São Paulo: RT, 2001, p. 92-98.

[106] TAVARES, Juarez. *Teoria do crime culposo*, op. cit., p. 298-313.

[107] Nesse sentido, merece referência a teoria proposta por Claus Roxin, para quem, no processo de aferição da culpa típica, deva-se levar em consideração a capacidade individual do agente tão somente na hipótese desta ser superior à média; em caso de capacidade inferior, há de ser mantido o padrão objetivo, sem prejuízo da possibilidade de se relegar uma maior análise individualizadora para o âmbito da culpabilidade. Em: ROXIN, Claus, op. cit., p. 1015.

Tal elemento subjetivo, aliás, é objeto central de acentuada controvérsia acerca da compatibilidade dos crimes culposos ao finalismo. Para alguns críticos,[108] se para a conduta culposa o que releva é a inobservância de um dever de cuidado exigível do agente, e não o resultado em si, a finalidade intrínseca ao agir seria nela desimportante.

A despeito do entendimento de que o tipo culposo não prescinde da finalidade no próprio processo de averiguação do dever de cuidado[109] – em análise cujo aprofundamento é incompatível aos limites do presente trabalho – é certo que a carga psicológica da culpa, expressa no *querer* que a distingue do dolo, parece atormentar a doutrina.[110] E esta carga psicológica se conecta, no caso dos delitos culposos, à necessária possibilidade do agente prever o perigo (previsibilidade).[111]

A fim de diminuir a discricionariedade no manejo de conceitos atributivos como *previsibilidade* e *evitabilidade* da conduta, a doutrina trabalha com referenciais como a teoria da imputação objetiva, que exige a prévia criação, pelo agente, de um perigo não permitido e a atuação do perigo no resultado, como premissa para a imputação culposa.[112] Mesmo assim, o estudo da previsibilidade da conduta culposa, em sua seara subjetiva, repercute na distinção desta para o dolo eventual, tema a ser enfrentado por ora.

---

[108] Cezar Roberto Bittencourt, nesse sentido, assevera que "o fim da ação (...) é jurídico-penalmente irrelevante" (BITTENCOURT, Cezar Roberto, op. cit., p. 372).

[109] Nesse sentido, Zaffaroni e Pierangeli advertem que "o tipo culposo não individualiza a conduta pela finalidade e sim porque, na forma em que se obtém essa finalidade, viola-se um dever de cuidado, ou seja, como diz a própria lei penal, a pessoa, por sua conduta, dá causa ao resultado por imprudência, negligência ou imperícia. A circunstância de que o tipo não individualize a conduta culposa pela finalidade em si mesma não significa que a conduta não tenha finalidade, como parece terem entendido muitos autores." (op. cit., p. 31). No mesmo sentido, LUISI, Luiz. *O tipo penal, a teoria finalista e a nova legislação penal*. op. cit., p. 82-85.

[110] Expressão usada por D'AVILA, Fábio Roberto, op. cit., p. 98.

[111] Segundo Magalhães Noronha, "diz-se haver previsibilidade quando o indivíduo, nas circunstâncias em que se encontrava, podia ter-se representado como possível a consequência de sua ação. Distingue-se da previsão, porque esta a contém. O previsto é sempre previsível. A previsão é o desenvolvimento natural da previsibilidade" (NORONHA, E. Magalhães. *Direito Penal*. vol. 1, 37. ed. São Paulo: Saraiva, 2003, p. 141).

[112] Como adverte Claus Roxin: "Cuando un resultado no era previsible, o bien falta ya,(...), la creación de un peligro jurídicamente relevante, o bien falta la realización del peligro creado, cuando p.ej. el herido no muere debido a las consecuencias del accidente, sino debido a un incendio en el hospital. Lo propio rige para la evitabilidad. Si alguien conduce a velocidad excesiva y un transeúnte se le echa encima del coche con tan mala fortuna que no se habría podido evitar el resultado lesivo ni siquiera respetando la velocidad prescrita, la imprudencia no tiene lugar por falta de realización del peligro. Por tanto, para constatar la realización imprudente de un tipo no se precisa de criterios que se extiendan más allá de la teoría de la imputación objetiva" (ROXIN, Claus, op. cit., p. 1000-1001). No mesmo sentido, defendendo a utilidade do uso de uma teoria da imputação objetiva no âmbito dos delitos culposos, a obra de D'ÁVILA, Fábio Roberto. *Crime culposo e a teoria da imputação objetiva*. São Paulo: RT, 2001.

1.2.5. As espécies de culpa e o dolo eventual

A existência de representação do resultado típico é o elemento diferenciador entre a culpa consciente e a inconsciente.[113] Quem atua com culpa inconsciente (*negligentia*) não representa a possível realização do tipo; quem atua com culpa consciente (*luxuria*) representa tal possibilidade, atuando com confiança de que não se realizará.[114]

É intuitiva a aproximação entre a culpa consciente – do agente que representa o perigo, porém acredita que não ocorra –, e o dolo eventual – daquele que igualmente representa o perigo, mas, com indiferença, assume o risco da realização do resultado. Segundo a doutrina majoritária, trata-se de uma distinção qualitativa: a culpa é uma categoria diversa, que exclui o dolo, sobre a qual recai um juízo de menor reprovação.[115] Como salienta Eduardo Viana, tradicionalmente, a culpa é "uma categoria de distinta entidade sobre a qual, em razão da ausência de adesão interna do indivíduo em relação à lesão ao bem jurídico, recai um juízo menos grave de desaprovação social".[116]

Ocorre que a mencionada *anuência* ou *concordância* com o resultado lesivo, apta a dissociar o dolo da culpa, escoa na mesma problemática da individualização de um *querer* próprio, já examinada. Ao pretender-se distinguir uma categoria normativa (dolo e culpa), para com ela moldar a censurabilidade da conduta, por intermédio de um aspecto volitivo de difícil apreensão, delega-se ao juiz um poder quase discricionário, que pode levar a resultados imprevisíveis.[117] Como salienta Ingeborg Puppe:

> Ainda que seja ao menos possível provar que o autor conhecia a possibilidade do resultado, poderá sempre o tribunal afirmar o dolo, alegando que o autor entregou ao acaso a ocorrência ou não-ocorrência do resultado, ou também negar o dolo, declarando que o autor até reconhecera o perigo, mas esperava a não ocorrência do resultado.[118]

Como consequência, tem-se um paradoxo: a doutrina do dolo, em vez de conter o poder punitivo, acaba expandindo-o,[119] e fenômenos da espécie observam-se mesmo na jurisprudência brasileira – vide, *e.g.*, casos de admissão de homicídio com dolo eventual em circunstâncias

---

[113] SOLER, Sebastian. *Derecho penal argentino*. Tomo II. Buenos Aires: Tipografia Argentina, 1951, p. 148.
[114] ROXIN, Claus, op. cit., p. 1018-1019.
[115] Como apurado por PUPPE, Ingeborg. *A distinção entre dolo e culpa*. p. 8.
[116] VIANA, Eduardo, op. cit., p. 83.
[117] PUPPE, Ingeborg. *Dolo eventual e culpa consciente*. p. 119.
[118] Ibid..
[119] VIANA, Eduardo, op. cit., p. 156-157 e p. 357.

nas quais o agente apenas poderia ter *assumido o risco* de matar outrem se assumisse idêntico risco em relação à própria vida.[120]

A questão é tão tormentosa que uma parte da doutrina defende, *de lege ferenda*, a reunião do dolo eventual e da culpa consciente em uma terceira categoria de culpabilidade, entre o dolo e a culpa, fundada na ideia americana de *recklesness* (descuido), a incidir sempre que houver, pelo agente, a assunção consciente de um "risco substancial e não justificado de provocar, com a sua conduta, um dano".[121]

Em razão dos problemas de delimitação entre tais categorias, para as doutrinas de matriz cognitivista – referidas acima – a diferença entre culpa consciente e dolo eventual é gradual: no dolo eventual é mais intenso o conhecimento e o domínio do agente acerca de um perigo. O dolo eventual, portanto, é um *plus*, e não um *alius*, em relação à culpa consciente.[122] Nessa perspectiva, comete crime com dolo, e não com culpa, o agente que cria, por meio de sua ação/omissão, um perigo tão manifesto que qualquer pessoa racional, no seu lugar, não teria como não o representar, assentindo, pelo domínio da situação, com o risco do resultado.

A transferência do foco do elemento volitivo do agente (o *assumir um risco*) para um elemento cognitivo (o *domínio acerca de um perigo*) traz consigo a necessidade de delimitar critérios probatórios para tal representação de um perigo concreto. Como assinala com pertinência Eduardo Viana, "a questão jurídica fundamental da imputação subjetiva não é averiguar se algum estado psicológico anima a conduta do indivíduo, senão estabelecer os critérios a partir dos quais é possível afirmar se houve, ou não, dolo".[123]

Sem cair na tentação de aderir a um juízo crítico das teorias cognitivas e volitivas, tendo em vista o objeto do presente trabalho – conquanto se concorde, é verdade, com as premissas daquelas acerca do dolo/culpa – a ênfase na intensidade do perigo a que exposto o agente, à luz da necessidade de estabelecimento de critérios probatórios para caracterizar o domínio cuja presença fixa o dolo e afasta a culpa, tem a potencialidade de servir à teoria da improbidade administrativa, como será visto a seguir.

---

[120] É o caso, por exemplo, da admissão de dolo em casos de "racha" automobilístico (STJ, REsp 1486745/SP, Rel. Ministro Sebastião Reis Júnior, Sexta Turma, julgado em 05/04/2018, DJe 12/04/2018).

[121] SALES, Sheila Jorge Selim de. Anotações sobre o estudo da *recklesness* da doutrina penal italiana: por uma terceira forma de imputação subjetiva? *Revista Brasileira de Ciências Criminais*, vol. 137/2017, nov. 2017, p. 125-149, p. 128. No mesmo sentido, mas descrendo em tal solução, aponta ROXIN, Claus, op. cit., p. 447-448.

[122] VIANA, Eduardo, op. cit., p. 293; PUPPE, Ingeborg, op. cit., p. 129-130.

[123] Id., p. 251.

Uma vez delineados alguns aspectos relevantes do dolo e da culpa, com ênfase na aproximação entre ambos na dogmática civil e na tendência de normativização do dolo penal e sua conturbada dissociação da culpa consciente, é hora de investigar os contornos em que se dá a imputação subjetiva na improbidade administrativa, à luz da sua definição pela CF/1988 e pela Lei nº 8.429/92.

2. A IMPROBIDADE ADMINISTRATIVA NA CF/1988 E NA LEI Nº 8.429/92

2.1. Improbidade administrativa e responsabilidade subjetiva

2.1.1. A improbidade administrativa na CF/1988 e sua natureza jurídica

A delimitação da efetiva responsabilidade dos agentes públicos, inserida no processo de redução das imunidades de poder que se confunde com a própria história do direito administrativo,[124] demonstra o vínculo deste com o Estado de Direito, por pressupor a contenção da autoridade do Estado em face do indivíduo e a supremacia da Constituição.[125]

A CF/1988, tendo como pressuposta tal necessidade, preocupou-se com a absoluta ineficiência do sistema repressivo criminal e civil quanto à punição aos chamados "crimes de corrupção" – ou, tecnicamente, crimes contra o erário ou contra a Administração Pública,[126] inaugurando um inovador e *sui generis* sistema de tutela do bem jurídico probidade administrativa,[127] a qual foi alçada à condição de autêntica ideologia constitucional.[128]

---

[124] Como adverte, em paradigmática obra, GARCÍA DE ENTERRÍA, Eduardo. *La lucha contra las inmunidades del Poder en el derecho administrativo*: poderes discrecionales, poderes de gobierno, poderes normativos. 3. ed. Madrid: Civitas, 1983, p. 22.

[125] Nesse sentido: OLIVEIRA, José Roberto Pimenta. *Improbidade administrativa e sua autonomia constitucional*. Belo Horizonte: Fórum, 2009, p. 41-46.

[126] A ineficiência do sistema de persecução penal é a grande explicação para a sociogênese da improbidade administrativa como instituto que só existe no Brasil, no dizer de GIACOMUZZI, José Guilherme. *A moralidade administrativa e a boa-fé da Administração Pública*: o conteúdo dogmático da moralidade administrativa. 2. ed. São Paulo: Malheiros, 2013, p. 292. Também José Roberto Pimenta Oliveira acentua que "sob o critério histórico, é possível afirmar que a repressão aos 'atos de improbidade administrativa', no texto de 1988, justifica-se pelo déficit de combate efetivo à corrupção nas atividades estatais, ao apoderamento privado da função pública." (OLIVEIRA, José Roberto Pimenta, op. cit., p. 151).

[127] Tratando da improbidade administrativa como instrumento de controle da corrupção, a insuspeita lição de HORTA, Raul Machado. Improbidade e corrupção. *Revista de Direito Administrativo*. Rio de Janeiro, 236, p. 121-128, abr./jun. 2004.

A probidade administrativa foi tratada pelo constituinte em diversos artigos: ao versar sobre inelegibilidade (art. 14, § 9º);[129] ao admitir que a sua violação possa implicar a perda ou suspensão dos direitos políticos (art. 15, inciso V);[130] ao prever, na senda das Constituições anteriores, que o atentado contra a probidade da Administração possa redundar em crime de responsabilidade (art. 85, inciso V).[131]

Contudo, se não era novidade o *status* constitucional do dever de probidade ainda antes da CF/1988 – cuja infringência já sujeitava, no âmbito dos crimes de responsabilidade, o mais alto mandatário da nação –, o texto constitucional inovou ao conferir um tratamento centralizado ao ato de improbidade administrativa em seu artigo 37, § 4º,[132] rompendo a tradição constitucional oscilante entre a perspectiva penal (ou político-criminal) e meramente civil.[133]

Se, antes, o termo "probidade" era elemento típico de um crime de responsabilidade, o texto da CF/1988 foi expresso ao ressalvar a dissociação das sanções pela improbidade administrativa às penais – o que fez pela locução "sem prejuízo da ação penal cabível" constante na parte final do artigo 37, § 4º –, transferindo a competência para imposição de tais sanções do Parlamento ao Poder Judiciário.

Ainda, e quiçá como razão para a atribuição de competência judicial, dotou o constituinte tais sanções de inequívoca gravidade. A condenação por improbidade administrativa passou a poder acarretar, na forma da lei, a suspensão dos direitos políticos, a perda da função pública, a indisponibilidade dos bens e o já mencionado ressarcimento ao erário.

---

[128] No dizer de BERTONCINI, Mateus. *Direito fundamental à probidade administrativa*: Estudos sobre improbidade administrativa em homenagem ao Professor J. J. Calmon de Passos. 2. ed. Salvador: Juspodivm, 2012, p. 33-47, p. 37.

[129] "§ 9º Lei complementar estabelecerá outros casos de inelegibilidade e os prazos de sua cessação, a fim de proteger a probidade administrativa, a moralidade para exercício de mandato considerada vida pregressa do candidato, e a normalidade e legitimidade das eleições contra a influência do poder econômico ou o abuso do exercício de função, cargo ou emprego na administração direta ou indireta".

[130] Artigo 15. É vedada a cassação de direitos políticos, cuja perda ou suspensão só se dará nos casos de: (...) V – improbidade administrativa, nos termos do artigo 37, § 4º;

[131] Artigo 85. São crimes de responsabilidade os atos do Presidente da República que atentem contra a Constituição Federal e, especialmente, contra: (...) V – a probidade na administração;

[132] "§ 4º Os atos de improbidade administrativa importarão a suspensão dos direitos políticos, a perda da função pública, a indisponibilidade dos bens e o ressarcimento ao erário, na forma e gradação previstas em lei, sem prejuízo da ação penal cabível".

[133] É a opinião de OSÓRIO, Fábio Medina. *Teoria da improbidade administrativa*: Má gestão pública, corrupção, ineficiência. 1. ed. em e-book baseada na 4. ed. impressa. São Paulo: Thomson Reuters Brasil, 2019, p. RB-3.7.

Sobretudo a pena de suspensão dos direitos políticos, por implicar intensa limitação ao exercício das liberdades públicas,[134] possui gravidade superior à maior parte das penas criminais,[135] justificando que, na conhecida expressão de José Afonso da Silva, a improbidade desvelasse uma "imoralidade administrativa qualificada".[136]

Portanto, no afã de aprimorar o sistema de combate à corrupção em desfavor da Administração Pública, o constituinte lançou mão de um conceito jurídico indeterminado como a improbidade administrativa,[137] a ser definido por lei ordinária, prevendo como consequência sanções graves – que impedem sua assimilação a uma sanção civil e justificam o deslocamento da competência para imposição ao Poder Judiciário –, porém expressamente refutando a sua assimilação às sanções penais.

As peculiaridades de tal instituto constitucional levantam o inevitável questionamento acerca da sua natureza jurídica.

Neste particular, a despeito do entendimento majoritário no sentido de que a responsabilidade pela prática de improbidade administrativa não está inserida em quaisquer das esferas de responsabilidade, possuindo autonomia,[138] e de que a sanção administrativa apenas pode ser aplicada por uma autoridade administrativa,[139] entende-se que a

---

[134] Os direitos de participação política constituem direitos fundamentais de primeira geração, inseridos no grupo funcional dos direitos de defesa, por dizerem respeito ao *"status* global da liberdade", como salienta SARLET, Ingo Wolfgang. *A eficácia dos direitos fundamentais*: uma teoria geral dos direitos fundamentais na perspectiva constitucional. 12. ed. Porto Alegre: Livraria do Advogado, 2015, p. 184.

[135] Como acentua LUZ, Denise. *Direito administrativo sancionador judicializado*: improbidade administrativa e o devido processo – aproximações e distanciamentos do direito penal. Curitiba: Juruá, 2014, p. 73-79.

[136] SILVA, José Afonso da. *Curso de direito constitucional positivo*. 24. ed. São Paulo: Malheiros, 2005, p. 669.

[137] Tratando da improbidade administrativa como conceito jurídico indeterminado: JUSTEN FILHO, Marçal. *Curso de direito administrativo*. p. 687. Negando que a improbidade administrativa seja um conceito jurídico indeterminado, a partir da ideia de que os conceitos devem ser necessariamente definidos: BERTONCINI, Mateus. *Ato de improbidade administrativa*: 15 anos da Lei 8.429/92. São Paulo: Revista dos Tribunais, 2007, p. 74-78.

[138] FIGUEIREDO, Marcelo. *Probidade administrativa*: comentários à lei nº 8.429/92 e Legislação Complementar. São Paulo: Malheiros, 2000, p. 113; GARCIA, Mônica Nicida. *Responsabilidade do agente público*. 2. ed. Belo Horizonte: Fórum, 2007, p. 232, 240; FREITAS, Juarez. *O controle dos atos administrativos e os princípios fundamentais*. 5. ed. São Paulo: Malheiros, 2013, p. 152.

[139] Nesse sentido advogam, dentre outros, MOREIRA PINTO, Francisco Bilac. *Enriquecimento ilícito no exercício de cargos públicos*. Rio de Janeiro: Forense, 1960, p. 108; VITTA, Heraldo Garcia. *A sanção no direito administrativo*. São Paulo: Malheiros, 2003, p. 33; MELLO, Celso Antonio Bandeira de. *Curso de direito administrativo*. p. 863; JUSTEN FILHO, Marçal. *Curso de direito administrativo*. p. 92-93; NEISSER, Fernando Gaspar. *Dolo e culpa na corrupção política*: improbidade e imputação subjetiva. Belo Horizonte: Fórum, 2019, p. 109-121; na Espanha, GARCÍA DE ENTERRÍA, Eduardo. El problema jurídico de las sanciones administrativas. *Revista española de derecho administrativo*, n. 10, 1976, p. 399; na Itália, a doutrina de ZANOBINI, Guido. *Corso di diritto amministrativo*. Volume primo, principi generali. Quinta edizione. Milano: Giuffrè, 1947, p. 274.

improbidade administrativa, em que pese aplicada pelo Poder Judiciário, pode ser assimilada ao regime jurídico sancionatório administrativo.

O direito administrativo no país não se desenvolveu com o propósito de configurar um Estatuto da Administração Pública, à semelhança dos sistemas influenciados pela França, não havendo a dualidade de jurisdições que separa o juiz criminal daquele administrativo.[140] Ou seja, aqui não se reproduziram as razões históricas que justificaram a distinção de uma jurisdição administrativa institucionalmente vinculada a uma espécie de sanção.

O próprio desenvolvimento no país, com peculiar força, de uma doutrina do mandado de segurança,[141] dando ensejo à expedição de ordem judicial mandamental que incide sobre os rumos da atividade administrativa, é prova de que a interferência jurisdicional não desnatura o caráter administrativo da atividade.

Em verdade, desde a Revolução Francesa (1789) assiste-se à crescente transferência do poder sancionatório da Administração Pública para o Poder Judiciário, como subproduto do arranjo liberal de conformação do poder. Há, com efeito, uma tendência mundial de jurisdicionalizar a atividade administrativa,[142] não havendo se falar, em face de tal tendência, que a mera atribuição de competência para julgamento de uma questão a um órgão integrante de poder estatal diverso possa ser elemento decisivo para definir a sua natureza jurídica.[143]

Tendo em vista a imprestabilidade de tal critério orgânico/formal (pelo qual a sanção administrativa é apenas aquela aplicada por uma autoridade administrativa), é correto o atrelamento a um critério de direito material: sanção administrativa é a que se funda no direito administrativo. Tal critério permite um alargamento do âmbito do direito administrativo sancionador para os casos, como na improbidade admi-

---

[140] OSÓRIO, Fábio Medina. *Direito administrativo sancionador*. 2. ed. em e-book baseada na 6. ed. impressa. São Paulo: Thomson Reuters Brasil, 2019, p. RB-2.1.

[141] Demonstrando a origem do mandado de segurança no Brasil, inserido pela primeira vez na CF/1934, destinado a amparar o sujeito passivo de ilegalidades não tuteláveis pelo *habeas corpus*, a doutrina de SOUZA, Luis Henrique Boselli de. A doutrina brasileira do *habeas corpus* e a origem do mandado de segurança: Análise doutrinária de anais do Senado e da jurisprudência histórica do Supremo Tribunal Federal. *Revista de Informação Legislativa*. Brasília, ano 45, n. 177 jan./mar. 2008, p. 75-82.

[142] Nesse sentido aponta OTERO, Paulo. *Legalidade e administração pública*: o sentido da vinculação administrativa à juridicidade. Coimbra: Almedina, 2003, p. 329-331.

[143] A Lei nº 12.846/2013 (Lei anticorrupção empresarial) reforça essa constatação, na medida em que viabiliza que o Poder Judiciário aplique sanções administrativas, desde que omissas as autoridades competentes para promover a responsabilização administrativa (Art. 20. Nas ações ajuizadas pelo Ministério Público, poderão ser aplicadas as sanções previstas no artigo 6º, sem prejuízo daquelas previstas neste Capítulo, desde que constatada a omissão das autoridades competentes para promover a responsabilização administrativa).

nistrativa, em que o Poder Judiciário é chamado a aplicar sanções de índole administrativa, por se referirem a condutas atentatórias a bens jurídicos de interesse da Administração Pública.

Como salienta Fábio Medina Osório:

> A sanção administrativa há de ser conceituada a partir do campo de incidência do Direito Administrativo, formal e material, circunstância que permite um claro alargamento do campo de incidência dessas sanções, na perspectiva de tutela dos mais variados bens jurídicos, inclusive no plano judicial, como ocorre em diversas searas, mais acentuadamente no tratamento legal conferido ao problema da improbidade administrativa.[144]

A inserção da improbidade administrativa no âmbito da sanção administrativa, sem ignorar sua proximidade ao direito penal – pela gravidade das sanções e pela própria origem histórico-constitucional da improbidade como elemento típico de um crime de responsabilidade – condiciona o estudo de seu elemento subjetivo.

O grande problema passa, então, a ser não apenas delimitar tal sanção administrativa das penais[145] e civis, mas também – e principalmente – verificar até que ponto institutos desenvolvidos pelo direito penal e civil podem se infiltrar na dogmática administrativa sem comprometer a unidade e identidade de tal sistema.[146] Dentre tais institutos merece destaque a ideia de culpabilidade – onde se insere o elemento subjetivo (dolo e culpa) –, objeto de investigação a seguir.

2.1.2. Culpabilidade, responsabilidade subjetiva e improbidade administrativa

A culpabilidade, em seu sentido mais difundido, significa um juízo de censura sobre o autor de um fato, o qual viabiliza a imposição de uma pena.[147] Tal juízo de reprovação, por sua vez, parte do pressuposto de que nenhum fato ou comportamento humano é valorado como ação se não é fruto de uma decisão, não podendo, por consequência, ser punido se ausente intencionalidade.[148] Portanto, a culpabilidade possui

---

[144] OSÓRIO, Fábio Medina. *Direito administrativo sancionador*. 2. ed. em e-book baseada na 6. ed. impressa. São Paulo: Thomson Reuters Brasil, 2019, p. RB-2.1.

[145] Tido por Eduardo García de Enterría como "el problema más importante que planteam las sanciones administrativas" (GARCÍA DE ENTERRÍA, Eduardo. *El problema jurídico de las sanciones administrativas*. p. 399).

[146] Na doutrina espanhola tal questão é bem elucidada por NIETO, Alejandro. *Derecho administrativo sancionador*. Tercera edición ampliada. Madrid: Tecnos, 2002, p. 338-397.

[147] LUISI, Luiz. *Princípios constitucionais penais*. 2. ed. Porto Alegre: Sérgio Antônio Fabris, 2003, p. 32-38; DA SILVA, Ângelo Roberto Ilha. *Curso de direito penal*: Parte Geral. Porto Alegre: Livraria do Advogado, 2020, p. 50-51.

[148] FERRAJOLI, Luigi. *Direito e razão*: Teoria do garantismo penal. p. 447.

nítida vinculação ao princípio da responsabilidade subjetiva, a impedir a imposição de pena pela mera causação do resultado.[149]

A culpabilidade possui fundamentos políticos ou externos: exige a reprovação da conduta, tornando viável, do ponto de vista utilitário, o exercício de uma função de prevenção geral (os fatos não oriundos de um agente culpável, afinal, não podem ser prevenidos); logicamente, as ações culpáveis são as únicas que podem ser proibidas, pois não faria sentido que normas penais regulativas não pressuponham a possibilidade de serem observadas ou violadas intencionalmente pelo agente.[150]

Como se pode intuir, nos primórdios do direito penal a noção de culpabilidade se desenvolveu a partir da ideia de evitabilidade da conduta, a qual engendrou a distinção entre fatos da natureza e do homem, ensejando que a aplicação da pena criminal não prescindisse da avaliação da voluntariedade e previsibilidade do comportamento do agente.[151]

Em que pese a CF/1988 não tenha incorporado expressamente a culpabilidade e a responsabilidade subjetiva como princípios textuais, ela absorveu o fundamento político de ambos os princípios, ao preceituar um Estado Democrático de Direito fundado na dignidade da pessoa humana (art. 1º, inciso III), assegurando o princípio da pessoalidade (art. 5º, inciso XLV), da individualização da pena (art. 5º, inciso XLVI) e do devido processo legal (art. 5º, LIII). Ademais, é um dos corolários do Estado de Direito o princípio da proibição do excesso ou da proporcionalidade,[152] o qual exige que a intensidade da sanção deva corresponder à gravidade da conduta ilícita praticada pelo infrator.[153]

---

[149] DA SILVA, Ângelo Roberto Ilha, op. cit., p. 51. Nilo Batista, no mesmo sentido, demonstra a vinculação entre o princípio da culpabilidade e o da responsabilidade subjetiva, ao salientar que "em primeiro lugar, pois, o princípio da culpabilidade impõe a subjetividade da responsabilidade penal. Não cabe, em direito penal, uma responsabilidade objetiva, derivada tão-só de uma associação causal entre a conduta a um resultado de lesão ou perigo para um bem jurídico". (BATISTA, Nilo. *Introdução Crítica ao Direito Penal Brasileiro*. 11. ed. Rio de Janeiro: REVAN, 2007, p. 104).

[150] FERRAJOLI, Luigi, op. cit., p. 451-452.

[151] Como acentua CERVEIRA, Fernanda Pessoa. *Fundamentos do Poder Administrativo Sancionador*: o exame da culpabilidade na infração administrativa. Dissertação (Mestrado em Direito) – Faculdade de Direito, Universidade Federal do Rio Grande do Sul, 2005, p. 106.

[152] CANOTILHO, José Joaquim Gomes. *Direito constitucional*. 3. ed. Coimbra: Almedina, 1999, p. 261.

[153] Associando a sanção administrativa à culpabilidade valendo-se da proporcionalidade como princípio constitucional MELLO, Rafael Munhoz de. Sanção administrativa e princípio da culpabilidade. *A & C Revista de Direito Administrativo e Constitucional*, Belo Horizonte, ano 5, n. 22, out./de. 2005, p. 28-32.

Portanto, a culpabilidade e a responsabilidade subjetiva são princípios penais que decorrem imediatamente do texto constitucional.[154]

Se no campo penal a culpabilidade e o correlato princípio da responsabilidade subjetiva derivam de normas constitucionais impositivas que sustentam um sistema garantista, no campo do direito administrativo sancionador – onde inserida a improbidade administrativa –, tais exigências não são consenso, havendo quem apregoe a desnecessidade de averiguação de dolo ou culpa, à semelhança da responsabilização por infrações à legislação tributária (art. 136 do CTN).[155]

Na Espanha, onde a matéria teve maior desenvolvimento teórico, Alejandro Nieto demonstra como a evolução jurisprudencial partiu do rechaço absoluto da culpabilidade, passando-se à admissão de um elemento subjetivo vinculado tão somente à voluntariedade da ação ou omissão e chegando, por fim, à exigência de que o agente, para ser punido, não apenas tenha querido o resultado, como também tenha compreendido seu caráter ilícito (intencionalidade).[156]

No Brasil, à luz da significativa influência penal no âmbito da improbidade administrativa, revelada pelo seu próprio histórico constitucional confluente ao crime de responsabilidade, entende-se que a responsabilidade subjetiva, a exigir o perscrutamento de uma vinculação subjetiva do agente ao fato, e a culpabilidade do agente, como requisito para incidência da punição administrativa, devem ser exigidas.

A despeito da ausência de referência constitucional expressa ao elemento subjetivo no artigo 37, § 4º, da CF/1988 e a controvérsia no que tange à exigência de culpabilidade no âmbito do direito administrativo sancionador, a improbidade administrativa, por sua peculiaridade mesmo em face do âmbito teórico em que inserida – revelando-se, pela gravidade das suas sanções, como *ultima ratio* de um sistema administrativo punitivo –, não prescinde da presença da culpa em sentido lato.[157] A intensidade da restrição de direitos decorrente da improbidade,

---

[154] OSÓRIO, Fábio Medina. *Direito administrativo sancionador*. p. RB-5.2.

[155] MARTINS, Fernando Rodrigues. Improbidade administrativa à luz da hermenêutica constitucional. *Revista de direito constitucional e internacional*, vol. 69/2009, p. 110/146, out./dez. 2009, p. 120.

[156] NIETO, Alejandro. *Derecho Administrativo Sancionador*. Tercera Edición Ampliada. Madrid: Tecnos, 2002, p. 346-347.

[157] É a posição, dentre outros, de SAFI, Dalton Abranches. Aplicação analógica de normas penais na Lei de Improbidade Administrativa (Lei nº 8.492/92). *Revista Brasileira de Estudos da Função Pública – RBEFP*. Belo Horizonte, ano 5, n. 15, p. 61-82, set./dez./2016; HARGER, Marcelo. A utilização de conceitos de direito criminal para a interpretação da lei de improbidade. *Interesse Público*, Belo Horizonte, ano 12, n. 61, maio/jun. 2010. Disponível em: <http://bidforum.com.br/bid/PDI0006.aspx?pdiCntd=67670>. Acesso em: 05/11/2018.

em muitos casos superior à decorrente de sanções penais,[158] torna inviável a sua assimilação a um regime jurídico de responsabilidade objetiva, seja no âmbito tributário ou na responsabilidade civil.[159]

Ademais, se para o exercício do direito de regresso da responsabilidade patrimonial de servidores públicos por parte da Administração Pública é necessária a presença de dolo ou culpa, a teor da literalidade do artigo 37, § 6º, da CF/1988,[160] noutras situações, não atinentes apenas ao ressarcimento em face da violação de um dever funcional e em que mais intenso o poder punitivo exercido pelo Estado, é de se presumir a imprescindibilidade do cotejo prévio de referido elemento anímico.[161] O sistema constitucional, ao não contemplar expressamente a culpabilidade como elemento da improbidade administrativa possui uma lacuna axiológica,[162] a ser suprida pelo intérprete.[163]

A improbidade administrativa, como é peculiar no poder sancionatório da Administração Pública, possui tipificação que se vale de conceitos jurídicos indeterminados, tornando imprescindível a avaliação do elemento subjetivo do agente como móvel para evitar uma punição desproporcional. Aliás, na dualidade que se observa na matéria – próxima, ao mesmo tempo, do direito penal e do direito administrativo –, tem-se que, se a tipicidade mais se aproxima ao direito administrativo

---

[158] Tome-se o exemplo do delito de peculato culposo (art. 312, §s 2º e 3º do CP), cometido pelo agente público que concorre culposamente para o peculato de outrem. Tal crime tem a pena máxima de detenção de um ano, o que viabiliza a incidência de institutos despenalizadores como a suspensão condicional do processo (art. 89 da Lei nº 9.099/95) e transação penal (art. 76 da Lei nº 9.099/95), havendo a possibilidade legal de reparação do dano, precedente à sentença, como causa de extinção da punibilidade. Tratando-se da mesma conduta sob a ótica da improbidade administrativa, é possível, em tese, sua subsunção ao artigo 10, inciso I, da Lei nº 8.429/92, o que pode redundar, além do ressarcimento integral do dano, perda dos bens ou valores acrescidos ilicitamente ao patrimônio, a perda da função pública, suspensão dos direitos políticos de cinco a oito anos, pagamento de multa civil de até duas vezes o valor do dano e proibição de contratar com o Poder Público ou receber benefícios ou incentivos fiscais ou creditícios, direta ou indiretamente, ainda que por intermédio de pessoa jurídica da qual seja sócio majoritário, pelo prazo de cinco anos.

[159] Não se considera incoerente com tal sistema o regime de responsabilidade objetiva da pessoa jurídica pela prática de atos contra a Administração Pública, instituído pela Lei nº 12.846/2013, dado que sequer no direito penal, de onde é originária a noção de culpabilidade, há vedação à responsabilidade da espécie, a exemplo dos artigos 3º e 21 da Lei nº 9.605/98.

[160] "§ 6º As pessoas jurídicas de direito público e as de direito privado prestadoras de serviços públicos responderão pelos danos que seus agentes, nessa qualidade, causarem a terceiros, *assegurado o direito de regresso contra o responsável nos casos de dolo ou culpa*." (grifo nosso).

[161] OSÓRIO, Fábio Medina. *Direito administrativo sancionador*. p. RB-5.2.

[162] De acordo com Carlos Santiago Nino, as lacunas axiológicas ou valorativas ocorrem "quando um caso está correlacionado por um sistema normativo com uma determinada solução e há uma propriedade que é irrelevante para esse caso de acordo com o sistema normativo, mas deveria ser relevante em virtude de certos padrões axiológicos", em NINO, Carlos Santiago. *Introdução à análise do direito*. Tradução de Elza Maria Gasparotto. São Paulo: Martins Fontes, 2010, p. 340.

[163] Como salienta OSÓRIO, Fábio Medina. *Direito administrativo sancionador*. p. 360-361.

sancionador,[164] não exigindo o rigor da *lex certa* e *stricta*, a culpabilidade e a imputação subjetiva, como equilíbrio desse aparente paradoxo, devem ser fronteiriças à penal.

A culpabilidade e a responsabilização subjetiva do agente, dessa forma, inserem-se como exigência constitucional ao regime jurídico da improbidade administrativa, sendo elementos indissociáveis da proporcionalidade que é corolário do Estado de Direito.[165]

Uma vez inserida a improbidade administrativa no âmbito do direito administrativo sancionador e firmada a exigência, similar à seara penal, de cotejo da culpabilidade do agente como premissa para a imputação subjetiva da conduta ímproba, passa-se a investigar como, do ponto de vista estrutural, os elementos de aferição da culpabilidade – notadamente, o dolo e a culpa – ingressaram na Lei nº 8.429/92, que corresponde à Lei Geral de Improbidade Administrativa.

2.2. A Lei nº 8.429/92 e as espécies de improbidade administrativa

2.2.1. *A Lei nº 8.429/92 como lei geral de improbidade administrativa: características gerais*

Até a edição da Lei nº 8429/92, ainda vigia a Lei nº 3.164, de 01.06.1957 – chamada de "Lei Pitombo-Godói Ilha" – e a Lei nº 3.502, de 21.12.1958, – chamada de "Lei Bilac Pinto" – sancionando-se apenas o servidor público que tivesse enriquecido ilicitamente por influência ou abuso de cargo, função ou emprego público com o ressarcimento dos danos e pagamento de perdas e danos.[166]

Diante da absoluta ineficácia de tal sistema legal,[167] e ante o comando expresso do artigo 37, § 4º, da CF/1988, foi editada a Lei nº 8.492/92, a qual passou a constituir a lei geral, de caráter nacional, para

---

[164] Como salienta Raúl Letelier, "hoy la apelación a una tipicidad en el âmbito de las sanciones administrativas no tiene nada em común com la tipicidad penal de tal forma que ya es el momento de ir abandonando ese concepto penal" em LETELIER, Raúl. Garantias penales y sanciones administrativas. *Política criminal*, vol. 12, n. 24 (diciembre 2017), art. 1, p 622-689, p. 654.

[165] A associação da culpabilidade com a sanção administrativa por intermédio da proporcionalidade constitucional é feita por MELLO, Rafael Munhoz de. *Sanção administrativa e princípio da culpabilidade*. p. 33-37. No mesmo sentido, OSÓRIO, Fábio Medina. *Teoria da improbidade administrativa*: Má gestão pública, corrupção, ineficiência. 1. ed. em e-book baseada na 4. ed. impressa. São Paulo: Thomson Reuters Brasil, 2019, p. RB-7.7.

[166] TOURINHO, Rita. *Discricionariedade administrativa*: ação de improbidade e controle principiológico. 2. ed. Curitiba: Juruá, 2009, p. 151.

[167] Como admitido pelo próprio Bilac Pinto em clássica obra: MOREIRA PINTO, Francisco Bilac. *Enriquecimento ilícito no exercício de cargos públicos*. Rio de Janeiro: Forense, 1960, p. 153.

o enfrentamento da improbidade administrativa, com a potencialidade de servir como um código geral de conduta aos agentes públicos brasileiros.[168]

A Lei nº 8.429/92, como lei de caráter geral que concretiza o comando constitucional impositivo de sanção à improbidade administrativa, define seus sujeitos ativos e passivos de forma propositalmente ampla.

O sujeito passivo foi definido pela lei à semelhança do artigo 1º da Lei nº 4.717/65, que regula a ação popular. Dessa forma, integram o elenco constitutivo dos entes atingidos por atos de improbidade administrativa, à luz do artigo 1º da Lei nº 8.429/92,[169] além da administração direta, indireta ou fundacional dos poderes em todos os níveis, entidades que recebam subvenção, benefício ou incentivo, fiscal ou creditício de órgão público, e até entidades para cuja criação ou custeio o erário haja concorrido.

O sujeito ativo, de sua parte, foi fixado a partir da noção do sujeito passivo.[170] O artigo 2º da Lei nº 8.429/92[171] considera agente público, para fins de submissão à lei geral de improbidade administrativa, toda pessoa física que presta serviço às entidades que compõem o sujeito passivo, ainda que transitoriamente e sem remuneração.[172] De forma

---

[168] É a posição de OSÓRIO, Fábio Medina, op. cit., p. RB-6.1.

[169] "Art. 1º Os atos de improbidade praticados por qualquer agente público, servidor ou não, contra a administração direta, indireta ou fundacional de qualquer dos Poderes da União, dos Estados, do Distrito Federal, dos Municípios, de Território, de empresa incorporada ao patrimônio público ou de entidade para cuja criação ou custeio o erário haja concorrido ou concorra com mais de cinqüenta por cento do patrimônio ou da receita anual, serão punidos na forma desta lei.
Parágrafo único. Estão também sujeitos às penalidades desta lei os atos de improbidade praticados contra o patrimônio de entidade que receba subvenção, benefício ou incentivo, fiscal ou creditício, de órgão público bem como daquelas para cuja criação ou custeio o erário haja concorrido ou concorra com menos de cinqüenta por cento do patrimônio ou da receita anual, limitando-se, nestes casos, a sanção patrimonial à repercussão do ilícito sobre a contribuição dos cofres públicos".

[170] TOURINHO, Rita, op. cit., p. 179.

[171] "Art. 2º Reputa-se agente público, para os efeitos desta lei, todo aquele que exerce, ainda que transitoriamente ou sem remuneração, por eleição, nomeação, designação, contratação ou qualquer outra forma de investidura ou vínculo, mandato, cargo, emprego ou função nas entidades mencionadas no artigo anterior".

[172] Subsiste, a propósito, grande divergência acerca da aplicabilidade da Lei nº 8.429/92 a agentes políticos já submetidos à disciplina dos crimes de responsabilidade previstos na Lei nº 1.079/50. O STF, no julgamento da Reclamação nº 2.138/DF, decidido pela impossibilidade de incidência, em relação a tais agentes, dos dispositivos da lei de improbidade administrativa. Tal entendimento, contudo, além de amplamente criticado pela doutrina (por todos: DECOMAIN, Pedro Roberto. *Improbidade administrativa e agentes políticos*: Estudos sobre improbidade administrativa em homenagem ao professor J. J. Calmon de Passos, p. 73-101; FAZZIO JUNIOR, Waldo. *Improbidade administrativa*: doutrina, legislação e jurisprudência. 2. ed. São Paulo: Atlas, 2014, p. 52), tem sido objeto de flexibilização no âmbito da própria jurisprudência do STJ, que tem admitido a incidência da Lei nº 8.429/92 para Prefeitos Municipais, já submetidos à responsabilização penal por crimes de responsabilidade por intermédio do Decreto-lei n.º 201/67 (vide STJ, AgRg no REsp1099900/MG, Rel. Ministro Teori Zavascki, Primeira Turma, julgado em 16/11/2010, DJe 24/11/2010; AgRg no REsp 1152717/MG, Rel. Ministro Castro Meira, Segunda Turma, julgado

ampliativa, a teor do artigo 3º da lei,[173] suas disposições são extensíveis também àqueles que, mesmo não sendo agentes públicos, induzam, concorram ou se beneficiem, direta ou indiretamente, da prática ímproba.

Portanto, da amplitude do rol de sujeitos ativos e passivos da Lei nº 8.429/92 conclui-se, como Juarez Freitas, que "no manejo dos recursos públicos, sempre se poderá apurar a improbidade administrativa".[174] A lei, com efeito, outorgou significativa proteção ao patrimônio público em seu sentido amplo, não se limitando ao erário. Porém, para além da extensão do rol de agentes e vítimas, fê-lo estabelecendo um novo contexto linguístico para a identificação da improbidade administrativa,[175] mediante o estabelecimento, pelos artigos 9º a 11, das espécies distintas de tal ilícito.

Na tipificação das espécies de improbidade, ao decompor o bem jurídico fundamental da probidade em quatro categorias,[176] a Lei nº 8.429/92 se vale de duas técnicas: a utilização de conceitos jurídicos indeterminados no *caput* de três dos quatro dispositivos, para viabilizar o enquadramento das várias espécies de ilícitos passíveis de serem praticados; a menção, nos respectivos incisos de tais artigos, de previsões exemplificativas[177] das situações que comumente consubstanciam improbidade.[178]

Passa-se, a seguir, ao exame das espécies de improbidade administrativa definidas pela Lei nº 8.429/92, o que é premissa para inqui-

---

em 27/11/2012, DJe 06/12/2012, e AgRg no REsp 1189265/MS, Rel. Ministro Humberto Martins, Segunda Turma, julgado em 03/02/2011, DJe 14/02/2011)

[173] Artigo 3º As disposições desta lei são aplicáveis, no que couber, àquele que, mesmo não sendo agente público, induza ou concorra para a prática do ato de improbidade ou dele se beneficie sob qualquer forma direta ou indireta.

[174] FREITAS, Juarez. *O controle dos atos administrativos e os princípios fundamentais*. 5. ed. São Paulo: Malheiros, 2013, p. 151.

[175] Como assinalam GARCIA, Emerson; ALVES, Rogério Pacheco. *Improbidade administrativa*. 7. ed. São Paulo: Saraiva, 2013, p. 182.

[176] Expressão usada por OLIVEIRA, José Roberto Pimenta, op. cit., p. 249, em edição anterior à inserção, pela Lei Complementar nº 157, de 29.12.2006, do artigo 10-A na Lei nº 8.429/92

[177] Em sentido contrário, entendendo que os atos de improbidade são apenas os definidos nos incisos dos três artigos: PRADO, Francisco Octávio de Almeida. *Improbidade administrativa*. São Paulo: Malheiros, 2001, p. 32-33; DINAMARCO, Pedro da Silva. Requisitos para a procedência das ações de improbidade administrativa. In: BUENO, Cássio Scarpinella; PORTO FILHO, Pedro Paulo de Resende (coord). *Improbidade administrativa*: questões polêmicas e atuais. São Paulo: Malheiros, 2001, p. 375; OLIVEIRA, José Roberto Pimenta, op. cit., p. 251). Contudo, o entendimento de que o rol de condutas previsto nos incisos é exemplificativo é predominante na doutrina (dentre outros, FIGUEIREDO, Marcelo. *Probidade administrativa*. 4. ed. São Paulo: Malheiros, 2000, p. 69; OSÓRIO, Fábio Medina. *Teoria da improbidade administrativa*, op. cit. RB-7.1; DI PIETRO, Maria Sylvia Zanella. *Direito administrativo*. 21. ed. p. 765) e na jurisprudência (por todos: STJ, REsp nº 435.412/RO, Rel. Ministra Denise Arruda, Primeira Turma, julgado em 19/09/2006, DJ 09/10/2006, p. 260).

[178] GARCIA, Emerson; ALVES, Rogério Pacheco, op. cit., p. 349.

rir, na sequência, a respeito do elemento subjetivo identificado em cada dispositivo.

2.2.2. As espécies de improbidade administrativa definidas pela Lei nº 8.429/92

2.2.2.1. Improbidade administrativa por enriquecimento ilícito

O artigo 9º da Lei nº 8.429/92 tipifica como de gravidade máxima[179] o ato de improbidade administrativa que implica enriquecimento ilícito, quando o agente auferir qualquer tipo de vantagem patrimonial indevida em razão do exercício de cargo, mandato, função, emprego ou atividade nas entidades que compõem o sujeito passivo da lei.

A locução "vantagem patrimonial indevida" tem sentido amplo, abrangendo a obtenção de qualquer interesse – por exemplo, a aceitação de hospedagem ou transporte gratuito pagos por terceiros.[180] A vantagem, contudo, deve ser economicamente apreciável, havendo situações em que deve se destinar ao próprio agente e outras em que se admite seja revertida para terceiros (art. 9º, incisos I e VII).[181]

O enriquecimento ilícito definido pela lei ganha ares de especificidade em face do mesmo instituto no direito civil. Tratando-se de agente público, o enriquecimento injustificado será sempre ilícito, dado que àquele somente é permitido auferir as vantagens previstas em lei – o que, aliás, justifica o disposto no artigo 9º, inciso VII, da Lei nº 8.429/92, ao tipificar como ímproba a conduta daquele agente que adquire bens em valor desproporcional à evolução do seu patrimônio ou renda.[182] Tampouco se mostra necessário, para a incidência de tal dispositivo, o efetivo empobrecimento do sujeito passivo.[183]

A sanção ao enriquecimento ilícito de agentes públicos, em verdade, é antiga: desde a CF/1946, em seu artigo 41, § 31,[184] há previsão para o sequestro ou perdimento dos bens do agente que enriquece ilicita-

---

[179] OLIVEIRA, José Roberto Pimenta, op. cit., p. 249.

[180] FIGUEIREDO, Marcelo. *Probidade administrativa*: comentários à Lei nº 8.429/92 e Legislação Complementar. São Paulo: Malheiros, 2000, p. 68.

[181] OLIVEIRA, José Roberto Pimenta, op. cit., p. 253.

[182] "VII – adquirir, para si ou para outrem, no exercício de mandato, cargo, emprego ou função pública, bens de qualquer natureza cujo valor seja desproporcional à evolução do patrimônio ou à renda do agente público". Nesse sentido: MARTINS JÚNIOR, Wallace Paiva. Enriquecimento ilícito de agentes públicos: Evolução patrimonial desproporcional à renda ou patrimônio – Lei federal 8.429/92. *Revista dos Tribunais*, vol. 755/1998, p. 94 – 112, set.1998.

[183] GARCIA, Emerson; ALVES, Rogério Pacheco, op. cit., p. 358.

[184] "§ 31 Não haverá pena de morte, de banimento, de confisco nem de caráter perpétuo. São ressalvadas, quanto à pena de morte, as disposições da legislação militar em tempo de guerra com país estrangeiro. A lei disporá sôbre o seqüestro e o perdimento de bens, no caso de enriquecimen-

mente. Tal previsão foi reforçada, antes da Lei nº 8.429/92, pela a Lei nº 3.502, de 21.12.1958 – chamada de "Lei Bilac Pinto", a qual estabeleceu os casos de enriquecimento ilícito de servidores públicos, dirigentes ou empregados de autarquias que ensejavam o seqüestro e perda dos bens à Fazenda Pública, em diploma legislativo que estabeleceu tipos e uma racionalidade própria, as quais serviram de base para a futura legislação brasileira sobre improbidade administrativa.[185]

É discutida, atualmente, a viabilidade de criminalização do enriquecimento ilícito, como é propugnado por convenções internacionais de combate à corrupção das quais o Brasil é signatário,[186] tendo havido recente incorporação legislativa nesse sentido[187] – o que, aliás, vai ao encontro da maior gravidade de tal ilícito no âmbito da improbidade administrativa.

2.2.2.2. Improbidade administrativa por prejuízo ao erário

A Lei nº 8.429/92, em seu artigo 10, tipifica como ímproba qualquer ação ou omissão que enseje perda patrimonial, desvio, apropriação, malbaratamento ou dilapidação dos bens ou haveres das entidades que compõem o seu polo passivo. Trata-se, em suma, da improbidade administrativa em decorrência de prejuízo causado ao erário.

Em tal espécie de improbidade administrativa é o terceiro – e não o agente público – que, em geral, obtém enriquecimento ilícito. Por isso, o dano ao patrimônio público, em seu aspecto objetivo, foi erigido à categoria de principal parâmetro para a adequação típica,[188] deflagrando o ressarcimento ao erário, previsto no artigo 37, § 4º, da CF/1988, como consequência específica.

A Lei nº 8.429/92, conquanto tenha utilizado a expressão *erário* no *caput* do seu artigo 10, não pretendeu dissociar tal elemento, que

---

to ilícito, por influência ou com abuso de cargo ou função pública, ou de emprêgo em entidade autárquica".

[185] É a opinião, dentre outros, de ZIMMER JR., Aloísio. *Corrupção e improbidade administrativa*: cenários de risco e a responsabilização dos agentes públicos municipais. São Paulo: Thompson Reuters Brasil, 2018, p. 132.

[186] Como aponta ROSSETO, Patrícia Carraro. O combate à corrupção pública e a criminalização do enriquecimento ilícito na ordem normativa brasileira. In: *Doutrinas Essenciais de Direito Penal Econômico e da Empresa*. vol. 4, p. 915 – 979, jul. 2011.

[187] O artigo 91-A do CP, incorporado pela Lei nº 13.964, de 24/12/2019, passou a autorizar que, nos crimes com pena superior a 6 (seis) anos, seja decretada a perda dos bens correspondentes à diferença entre o valor do patrimônio do condenado e aquele que seja compatível com o seu rendimento lícito. Semelhante previsão passou a constar, a partir da Lei nº 13.886, de 17/10/2019, no artigo 63-F da Lei nº 11.343/2006, no contexto da repressão ao tráfico ilícito de drogas.

[188] GARCIA, Emerson; ALVES, Rogério Pacheco, op. cit., p. 361; FAZZIO JÚNIOR, Waldo. *Improbidade administrativa*. p. 204.

se vincula à expressão econômico-financeira do interesse público,[189] do *patrimônio público* em seu sentido geral, o qual consubstancia o conjunto de bens e interesses, de natureza econômica, estética, artística, histórica, ambiental e turística pertencente ao Poder Público, como se extrai do artigo 1º da Lei nº 4.747/1965.[190] Prova disso é que os artigos 5º, 7º e 8º da Lei usam a expressão mais ampla (*patrimônio público*), e não *erário*.[191]

A despeito da amplitude da locução, a Lei nº 8.429/92 exige a demonstração de efetivo prejuízo ao patrimônio público, sendo indevido o prejuízo presumido nesses casos.[192] Sem desconhecer o entendimento contrário,[193] fundado inclusive na redação original do artigo 21, inciso I, da lei,[194] e a ampliação dos casos de dano *in re ipsa* pela jurispru-

---

[189] Próxima à noção de interesse público secundário, desenvolvida por ALESSI, Renato. *Diritto amministrativo*. Milano: Giuffrè, 1949, p. 161-167.

[190] "§ 1º – Consideram-se patrimônio público para os fins referidos neste artigo, os bens e direitos de valor econômico, artístico, estético, histórico ou turístico". Nesse sentido: GARCIA, Emerson; ALVES, Rogério Pacheco, op. cit., p. 382.

[191] "Art. 5º Ocorrendo lesão ao patrimônio público por ação ou omissão, dolosa ou culposa, do agente ou de terceiro, dar-se-á o integral ressarcimento do dano". (...) "Art. 7º Quando o ato de improbidade causar lesão ao patrimônio público ou ensejar enriquecimento ilícito, caberá a autoridade administrativa responsável pelo inquérito representar ao Ministério Público, para a indisponibilidade dos bens do indiciado. Parágrafo único. A indisponibilidade a que se refere o caput deste artigo recairá sobre bens que assegurem o integral ressarcimento do dano, ou sobre o acréscimo patrimonial resultante do enriquecimento ilícito". "Art. 8º O sucessor daquele que causar lesão ao patrimônio público ou se enriquecer ilicitamente está sujeito às cominações desta lei até o limite do valor da herança".

[192] Nesse sentido, TOURINHO, Rita, op. cit., p. 211; FIGUEIREDO, Isabela Giglio. *Improbidade administrativa*: dolo e culpa. São Paulo: Quartier Latin, 2010, p. 86; PAZZAGLINI FILHO, Marino. *Lei de improbidade administrativa comentada*. São Paulo: Atlas, 2007, p. 77; FAZZIO JUNIOR, Waldo, op. cit., p. 207; ZIMMER JR, Aloísio, op. cit., p. 215; GAJARDONI, Fernando da Fonseca; CRUZ, Luana Pedrosa de Figueiredo; CERQUEIRA, Luís Otávio Sequeira de; GOMES JÚNIOR, Luiz Manoel; FAVRETO, Rogério. *Comentários à Lei de Improbidade Administrativa*. 1. ed. em e-book baseada na 3. ed. Impressa. São Paulo: Revista dos Tribunais, 2014, p. 202; CARVALHO FILHO, José dos Santos; ALMEIDA, Fernando Dias Menezes de. *Tratado de Direito Administrativo*: Controle da Administração Pública e Responsabilidade Civil do Estado. DI PIETRO, Maria Sylva Zanella (coord). Vol. 7, 1. ed. em ebook baseada na 1. ed. impressa. São Paulo: RT, 2015, p. 8; AGRA, Walber de Moura. *Comentários sobre a lei de improbidade administrativa*. Belo Horizonte: Fórum, 2017, p. 124; NEVES, Daniel Amorim Assumpção; OLIVEIRA, Rafael Carvalho Rezende. *Manual de improbidade administrativa*: direito material e processual. 2. ed. São Paulo: Método, 2014, p. 84.

[193] Professado, dentre outros, por MARTINS JÚNIOR, Wallace Paiva. *Probidade administrativa*. 4. ed. São Paulo: Saraiva, 2009, p. 248-279; GARCIA, Emerson; ALVES, Rogério Pacheco, op. cit., p. 381; MAZZILLI, Hugo Nigro. *A defesa dos interesses difusos em juízo*: meio ambiente, consumidor, patrimônio cultural, patrimônio público e outros interesses. 19. ed. São Paulo: Saraiva, 2006, p. 194-198. Entendendo que é inviável a presunção de dano ao erário, havendo, por outro lado, a possibilidade de lesão ao bem jurídico probidade com o mero perigo de dano concreto no caso de algumas condutas (como as previstas nos incisos VI, VIII, X, XIV e XV da lei), a doutrina de OLIVEIRA, José Roberto Pimenta, op. cit., p. 254-261.

[194] A qual dispunha que a aplicação das sanções previstas na lei independia da efetiva ocorrência de dano ao patrimônio público. A Lei nº 12.120/2009, contudo, acrescentou em tal dispositivo a ressalva quanto aos casos de ressarcimento ao erário, os quais, pela dicção da própria lei, passaram a exigir o dano.

dência,[195] entende-se que a lei geral de improbidade administrativa vinculou necessariamente a conduta ímproba prevista no artigo 10 a um resultado lesivo concreto. A ação ou omissão do agente público, pela própria literalidade do referido dispositivo legal, deve ensejar concreta perda patrimonial, desvio, apropriação, malbaratamento ou dilapidação dos bens ou haveres das entidades da administração pública direta/indireta ou de entidades que, sob qualquer título, receberam recursos públicos.

A exigência de demonstração de um concreto desfalque ao patrimônio público deriva de duas razões fundamentais. Em primeiro lugar, porque a constatação da prática da improbidade administrativa prevista no artigo 10 da Lei nº 8.429/92 tem como contrapartida o ressarcimento ao erário, o qual pressupõe a efetiva lesividade do ato praticado, sob pena de enriquecimento sem causa do próprio poder público.[196] Em segundo lugar, porque – como será estudado com maior pormenor a seguir – a imputação subjetiva do ato ímprobo que gera prejuízo ao erário pode ser feita a título de culpa, diferentemente das demais. A menor exigência quanto ao elemento subjetivo, nessa perspectiva, pressupõe que a ação ou omissão tenha gerado um prejuízo mensurável, a partir do qual se possa aferir com maior segurança o dever de cuidado desrespeitado pelo agente em eventual conduta culposa. À semelhança do que ocorre no direito penal, portanto, a imputação a título de culpa exige a produção de um resultado concreto.[197]

A circunstância de o prejuízo ao erário possuir como consectário o ressarcimento – imprescritível em caso de conduta dolosa[198] –, somada à autorização legal para a imputação da improbidade prevista no artigo 10 da Lei nº 8.429/92 a título de culpa, demonstram que o zelo na gestão patrimonial do patrimônio público é preocupação primordial no sistema brasileiro. E tal preocupação, no caso, ensejou a criação de

---

[195] O STJ, a propósito, vem entendendo caracterizar dano *in re ipsa* ao erário quando constatada dispensa indevida de licitação, para fins de caracterização da improbidade administrativa do artigo 10 da Lei nº 8.429/92. Nesse sentido: REsp 817.921/SP, Rel. Ministro Castro Meira, 2ª Turma, DJe de 06/12/2012; AgRg nos EDcl no AREsp 178.852/RS, 2ª Turma, Rel. Ministro Herman Benjamin, DJe 22/05/2013; AgRg no AgRg no REsp 1.288.585/RJ, Rel. Ministro Olindo Menezes, 1ª Turma, DJe de 09/03/2016; AgRg no AREsp 617.563/SP, Rel. Ministra Assusete Magalhães, 2ª Turma, DJe 14/10/2016; AgInt no AREsp 530.518/SP, Rel. Ministro Herman Benjamin, 2ª Turma, DJe 03/03/2017; REsp 1.376.524/RJ, 2ª Turma, Rel. Ministro Humberto Martins, DJe 09/09/2014; AgRg no AREsp 930.080, 2ª Turma, Rel. Ministra Assusete Magalhães, DJe 17/03/2016.

[196] Como acentuam, em crítica à jurisprudência do STJ: FARIA, Luzardo; BIANCHI, Bruno Guimarães. Improbidade administrativa e dano ao erário presumido por dispensa indevida de licitação: uma crítica à jurisprudência do Superior Tribunal de Justiça. *A&C – R. de Dir. Adm. Const.* Belo Horizonte, ano 18, n. 73, p. 163-187, jul./set. 2018. DOI: 10.21056/aec.v18i73.1012.

[197] BITTENCOURT, Cezar Roberto, op. cit., p. 376-377.

[198] Como decidido pelo STF no RE 852475, Relator Min. Alexandre de Moraes, Relator(a) p/ Acórdão Min. Edson Fachin, Tribunal Pleno, julgado em 08/08/2018, publicado em 25-03-2019.

um novo (e heterodoxo) tipo para a imputação da improbidade administrativa, objeto de atenção no próximo subitem.

2.2.2.3. Improbidade administrativa por concessão ou aplicação indevida de benefício financeiro ou tributário

A Lei Complementar nº 157, de 29.12.2016, procedeu à inclusão na Lei nº 8.429/92 do artigo 10-A, tipificando como de improbidade administrativa "qualquer ação ou omissão para conceder, aplicar ou manter benefício financeiro ou tributário contrário ao que dispõem o *caput* e o § 1º do artigo 8º-A da Lei Complementar nº 116, de 31 de julho de 2003".

Tal categoria de improbidade administrativa relaciona-se à matéria tributária, recaindo sobre o imposto disciplinado pela referida Lei Complementar nº 116/2003, o Imposto sobre Serviços de Qualquer Natureza (ISSQN), de competência dos Municípios e do Distrito Federal. O artigo 8º-A da lei e seu §1º obsta a concessão de qualquer espécie de isenção, incentivo ou benefício tributário ou financeiro que implique a redução da alíquota mínima de tal imposto de 2% (dois por cento), exceto para tributos específicos.[199] A previsão do artigo 10-A, dessa forma, qualifica como ímproba a conduta do gestor municipal que conceda benefício fiscal de ISSQN fora dos limites legais.

O objetivo de tal comando é evitar a "guerra fiscal" entre os municípios, quando estes oferecem incentivos e benefícios fiscais para atrair investimentos e fomentar a economia local.[200] Chama a atenção, contudo, que tal norma se direcione especificamente aos gestores de um ente político (Município), não atribuindo a mesma pecha à conduta dos gestores estaduais – os quais, sabidamente, se valem de semelhantes práticas.[201]

Afora o problema da isonomia na tipificação, é questionável a política legislativa de inserir um ilícito da espécie no tipo que sanciona o

---

[199] "Art. 8º-A. A alíquota mínima do Imposto sobre Serviços de Qualquer Natureza é de 2% (dois por cento). § 1º O imposto não será objeto de concessão de isenções, incentivos ou benefícios tributários ou financeiros, inclusive de redução de base de cálculo ou de crédito presumido ou outorgado, ou sob qualquer outra forma que resulte, direta ou indiretamente, em carga tributária menor que a decorrente da aplicação da alíquota mínima estabelecida no caput, exceto para os serviços a que se referem os subitens 7.02, 7.05 e 16.01 da lista anexa a esta Lei Complementar".

[200] OLIVEIRA, Rafael Carvalho Rezende. *Breves considerações sobre o novo ato de improbidade incluso na Lei 8.429/92*. Disponível em: <https://www.conjur.com.br/2017-fev-19/breve-analise-ato-improbidade-incluso-lei-84291992>. Acesso em: 29/04/2019.

[201] Como chama a atenção SCHRAMM, Fernanda. *Mudanças na Lei de Improbidade Administrativa pela Lei Complementar nº 157/2016*: Espécie de "Improbidade Legislativa" Restrita ao Imposto sobre Serviços (ISS). Disponível em: <http://www.direitodoestado.com.br/colunistas/fernanda-schramm>. Acesso em: 29/04/2019.

prejuízo ao erário – em peculiar forma de "improbidade pela concessão de benefício fiscal" lesiva ao patrimônio público –, com estrutura normativa exorbitante àquela dos demais tipos previstos na Lei n° 8.429/92, o que, além de contribuir para a assistematização da disciplina, justifica a crítica de desproporcional punição ao gestor municipal que exerce política de fomento.[202]

2.2.2.4. Improbidade administrativa por violação a princípios da administração pública

A Lei n° 8.429/92 culmina, em seu artigo 11, com a tipificação da improbidade administrativa por violação a princípios da Administração Pública quando o agente público ou terceiro praticar "qualquer ação ou omissão que viole os deveres de honestidade, imparcialidade, legalidade, e lealdade às instituições", notadamente por intermédio das condutas descritas nos respectivos incisos.

Trata-se de um tipo subsidiário,[203] a incidir quando incabível o enquadramento típico da improbidade administrativa por enriquecimento ilícito ou prejuízo ao erário – os quais o absorvem –, sendo, talvez por tal razão, o dispositivo de maior incidência na jurisprudência.[204]

A versatilidade do tipo previsto no artigo 11 da Lei n° 8.429/92, contudo, não esmaece o grande problema atinente à viabilidade da imputação de improbidade administrativa tendo como paradigma a violação a normas genéricas como os princípios da Administração Pública. Tratando-se de normas com elevado grau de abstração, é difícil a certeza da realização empírica da *fattispecie* prevista, tornando o processo de imputação da improbidade administrativa permeável à subjetividade do aplicador.[205]

Na doutrina, há defensores da tese de que tal imputação possa dar-se a partir de uma concepção principiológica ampla. Por tal tese, é autorizada a incidência da improbidade administrativa pela violação

---

[202] CASTELLA, Gabriel Morettini e; SAIKALI, Lucas Bossoni. Improbidade administrativa e a Lei Complementar n. 157/2016: aspectos polêmicos e suas nuances práticas. *Revista Eurolatinoamericana de Derecho Administrativo*, Santa Fe, vol. 4, n. 1, p. 23-40, ene./jun. 2017, p. 37.

[203] Como acentuam FAZZIO JUNIOR, Waldo, op. cit., p. 132; GARCIA, Emerson; ALVES, Rogério Pacheco, op. cit., p. 392-393.

[204] Constatação de COSTA, Susana Henriques da. O papel dos Tribunais Superiores no debate jurídico sobre a Improbidade Administrativa. In: GALOTTI, Isabel; DANTAS, Bruno; FREIRE, Alexandre; GAJARDONI, Fernando da Fonseca; MEDINA, José Miguel Garcia (coord.). *O papel da jurisprudência no STJ*. 1. ed. em e-book baseada na 1. ed. impressa. São Paulo: RT, 2014.

[205] AGRA, Walber de Moura. *Comentários sobre a lei de improbidade administrativa*. Belo Horizonte: Fórum, 2017, p. 134; ALBERTI, Enoch. *El derecho por princípios*: algunas precauciones necessárias (debate sobre El Derecho dúctil, de Gustavo Zagrebelsky). Disponível em: <https://dialnet.unirioja.es/ejemplar/14285>. Acesso em: 24/10/2017.

à moralidade administrativa[206] ou ao princípio da juridicidade – que absorveria aquela[207] –, tendo como pressuposto o dever de lealdade às instituições,[208] viabilizando-se, por tais vetores, o controle principiológico de toda a Administração Pública.[209]

Há, por sua vez, quem defenda a adoção de uma concepção principiológica mais restrita: ensejaria a improbidade administrativa do artigo 11 da Lei n° 8.429/92 a violação apenas aos princípios expressamente contemplados nos artigos 10 e 11 da referida lei.[210]

Por fim, há prestigiada doutrina no sentido de que, superada uma compreensão literal do artigo 11, é inviável a improbidade administrativa por violação direta a princípios jurídicos, exigindo-se, para tanto, prévia intermediação legislativa, seja de parte da própria Lei n° 8.429/92, quer por leis setoriais.[211] Segundo salienta Fábio Medina Osório, "não se trata de uma lesão direta aos princípios, mas de uma lesão às regras que delimitam a função pública, com tal magnitude que, simultaneamente, essa violência às regras gere agressão aos princípios".[212]

A interpretação que exige a intermediação de uma regra previamente escrita para autorizar a incidência do artigo 11 da Lei n° 8.429/92 e aquela que limita os princípios àqueles constantes nos artigos 10 e 11 da referida lei colidem com o sentido expresso pelo próprio legislador. Afinal, quis este, de modo claro, sancionar como ímprobo o administrador público que viola os *princípios* da Administração Pública, sem a delimitação àqueles previstos em lei ou exigência de concomitância com regras escritas.

Contudo, de tal ilação não se infere o que são os *princípios* cuja violação dá ensejo à improbidade administrativa. Com efeito, um modelo sancionatório que se vale de normas imputativas genéricas e inde-

---

[206] BAHENA, Kele Cristiani Diogo. *O princípio da moralidade administrativa e seu controle pela lei de improbidade*. Curitiba: Juruá, 2010.

[207] GARCIA, Emerson; ALVES, Rogério Pacheco, op. cit., p. 393.

[208] SANTOS, Carlos Frederico Brito dos. *A deslealdade às instituições como improbidade administrativa por violação de princípios*: Estudos sobre improbidade administrativa em homenagem ao professor J.J. Calmon de Passos. 2. ed. Salvador: Juspodivm, 2012, p. 189-199.

[209] TOURINHO, Rita, op. cit., p. 269; MARTINS JÚNIOR, Wallace Paiva. *Probidade administrativa*. 4. ed. São Paulo: Saraiva, 2009, p. 281-282.

[210] Tese propugnada por BERTONCINI, Mateus. *Ato de improbidade administrativa*: 15 anos da Lei 8.429/92. São Paulo: RT, 2007, p. 166-195, o qual restringe tais princípios à finalidade, publicidade, licitação, prestação de contas e concurso público.

[211] OSÓRIO, Fábio Medina, op. cit., p. RB-8.1; LUZ, Denise. *O ilícito de improbidade administrativa por violação ao princípio da moralidade administrativa*: definindo contornos de garantia da ordem jurídica. Disponível em: <http://www.publicadireito.com.br/artigos/?cod=1a88cb4147bc347b>. Acesso em: 30/04/2019.

[212] OSÓRIO, Fábio Medina, op. cit., p. RB-8.1.

terminadas, como as principiológicas em sua tradicional concepção,[213] inviabilizaria o estabelecimento de um parâmetro de ação intersubjetivamente controlável, aferível de modo antecipado pelo administrador público, gerando consequências anti-isonômicas e, por consequência, insegurança jurídica.[214] Como adverte José Guilherme Giacomuzzi:

> [...] O problema é que os princípios, enquanto normas gerais, não dizem precisamente o que deve ser feito. E o administrador, depois eventualmente sujeito ativo do ato de improbidade, também não sabe precisamente o que lhe é proibido fazer. A pergunta é: o que é precisamente devido pelo administrador (ou qualquer sujeito ativo do ato de improbidade) quando o legislador refere, como faz no art. 11 da LIA, que "qualquer ação ou omissão que viole os deveres de honestidade, imparcialidade, legalidade e lealdade às instituições" viola os "princípios da administração pública"? Não se sabe precisamente de antemão.[215]

Partindo-se, porém, do pressuposto de que a distinção entre regra e princípio é resultado (e não premissa) do processo simultâneo de interpretação e aplicação do direito[216] – o que viabiliza que o mesmo dispositivo possa ser ambas as normas, a depender do âmbito de aplicação[217] –, pode-se extrair uma forma de aplicação dos princípios compatível com o direito administrativo sancionador. Afinal, os princípios em si não levam à insegurança jurídica, mas sim a sua aplicação acriteriosa,[218] em especial quando são tomados como referencial para a imposição de sanções.

---

[213] Considera-se a tradicional concepção de princípio, na definição de Humberto Ávila, "normas imediatamente finalísticas, primariamente prospectivas e com pretensão de complementaridade e de parcialidade, para cuja aplicação se demanda uma avaliação da correlação entre o estado de coisas a ser promovido e os efeitos decorrentes da conduta havida como necessária à sua promoção" (ÁVILA, Humberto. *Teoria dos princípios*: da definição à aplicação dos princípios jurídicos. 20. ed. São Paulo: Malheiros, 2021, p. 104). Também Neil Maccormick considera que o princípio "determina a faixa legítima de considerações justificatórias. Ele não produz, nem pode ser apresentado como se produzisse, uma resposta conclusiva" (MACCORMICK, Neil. *Argumentação jurídica e teoria do direito*. 2. ed. São Paulo: Martins Fontes, 2009, p. 230).

[214] Como salienta Canotilho, "a indeterminação, a inexistência de regras precisas, a coexistência de princípios conflituantes, a dependência do 'possível' fático e jurídico, só poderiam conduzir a um sistema falho de segurança jurídica e tendencialmente incapaz de reduzir a complexidade do próprio sistema" (CANOTILHO, José Joaquim Gomes. *Direito constitucional*. 6. ed. revista. Coimbra: Livraria Almedina, 1993, p. 169). A insegurança jurídica, aqui, decorreria da falta de determinabilidade de conteúdo da norma a ser aplicada, no sentido exposto por ÁVILA, Humberto. *Segurança jurídica*: entre permanência, mudança e realização no direito tributário. 2. ed. São Paulo: Malheiros, 2012, p. 328-341.

[215] GIACOMUZZI, José Guilherme, op. cit., p. 312-313.

[216] A incorreção da dissociação do momento de interpretação e de aplicação das normas é apontada por GRAU, Eros Roberto. *Por que tenho medo dos juízes (a interpretação/aplicação do direito e os princípios)*. 6. ed. refundida do Ensaio sobre a interpretação/aplicação do direito. São Paulo: Malheiros, 2013, p. 47-49.

[217] ÁVILA, Humberto, op. cit., p. 163-165.

[218] Como adverte ÁVILA, Humberto. *Segurança jurídica*: entre permanência, mudança e realização no direito tributário. 2. ed. São Paulo: Malheiros, 2012, p. 613.

Nessa perspectiva, o princípio, a fim de servir como substrato normativo para a imposição da sanção gravosa como a improbidade administrativa, exige prévia concretização, de modo a ser utilizado como premissa de um raciocínio que chega à formulação de uma regra.[219] Apenas será admissível a punição pela violação a um princípio jurídico quando, na perspectiva do sujeito ativo da suposta improbidade, tal princípio puder ter sido concretizado no processo de aplicação/interpretação, tendo reduzida a sua vagueza, à semelhança das regras. A probidade, afinal, possui uma inequívoca faceta comportamental.[220]

Mesmo princípios de baixa densidade normativa possuem sentidos possíveis[221] e determináveis, capazes de permitir a sua concretização em um caso concreto. O estado ideal de coisas a ser atingido por um princípio pode ser decomposto em ações ou omissões que concretizam regras de conduta, ainda que não escritas. E é à luz da infringência concreta dos sentidos possíveis de tais princípios, considerando-se o contexto fático, a situação pessoal do agente e tendo-se como presumida a sua não culpabilidade, é que pode dar-se a imputação da improbidade pela violação a princípios da Administração Pública.

Tal situação é bem exemplificada na violação aos princípios da moralidade e da impessoalidade revelada no caso do nepotismo. Se antes era duvidoso o enquadramento das – comuns – práticas de nepotismo à improbidade administrativa, dada a ausência de um referencial (normativo ou jurisprudencial) claro,[222] sobretudo a partir da Súmula

---

[219] Nesse sentido, Ricardo Guastini salienta que "concretizzare un principio, a sua volta, significa usarlo come premessa in un ragionamento la cui conclusione e la formulazione di una regola: una 'nuova' regola, fino a quel momento inespressa", em tradução livre "concretizar um princípio, por sua vez, significa usá-lo como premissa em um raciocínio cuja conclusão é a formulação de uma regra: uma 'nova' regra, até aquele momento não expressa" (GUASTINI, Ricardo. I principi costituzionale in quanto fonte di perplessità. In: GUASTINI, R., *Nuovi studi sull'interpretazione*. Roma, Aracne, 2008, p. 119-144, p. 129). Admitindo também que os princípios jurídicos possuam diversos graus de concretização, sendo que "no grau mais elevado, o princípio não contém ainda nenhuma especificação de previsão e consequência jurídica, mas só uma 'ideia jurídica geral' pela qual se orienta a concretização ulterior como por um fio condutor", LARENZ, Karl. *Metodologia da ciência do direito*. 3. ed. Lisboa: Fundação Calouste Gulbenkian, 1997, p. 674. Em sentido próximo ao adotado no presente trabalho, tal autor menciona a existência de princípios que "não só são *ratio legis*, mas, em si próprios, *lex*", denominados de "princípios com forma de proposição jurídica" (op. cit., p. 682-683).

[220] MAFFINI, Rafael. *Elementos de direito administrativo*: atualizado até a lei 13.303/2016 – Estatuto das Estatais. Porto Alegre: Livraria do Advogado, 2016, p. 330-331.

[221] A propósito, Inocêncio Mártires Coelho salienta que "por maior que seja a abertura de um texto normativo, não é dado ao leitor ultrapassar-lhe o sentido literal possível – aquilo que se deve proteger para abrir, como diria Umberto Eco – um sentido que, de resto, é conhecido e/ou fixado pela comunidade lingüística e para ela funciona como termômetro da intepretação" (COELHO, Inocêncio Mártires. Racionalidade hermenêutica: acertos e equívocos. In: MARTINS, Ives Gandra da Silva (coord.). *As Vertentes do Direito Constitucional Contemporâneo*: estudos em homenagem a Manoel Gonçalves Ferreira Filho. Rio de Janeiro: América Jurídica, 2002, p. 366).

[222] Como já decidiu o STJ: REsp n°1.193.248/MG, relator Min. Napoleão Nunes Leal Maia Filho, Primeira Turma, julgado em 24/04/2014, DJe 18/08/2014. Em sentido contrário, entendendo que "o fato de a conduta haver sido praticada antes da edição da Súmula Vinculante n. 13 do STF (que re-

Vinculante nº 13 do STF[223] a violação à impessoalidade, traduzida na irregular contratação de parentes pela Administração Pública, alçou-se à condição de prática violadora da moralidade administrativa, com gravidade suficiente para possibilitar punição por improbidade. As decisões judiciais, portanto, reduziram a vagueza principiológica e estabeleceram uma regra de conduta exigível do administrador, tornando determinada conduta a tal ponto ofensiva à impessoalidade que a reflexa violação à moralidade converteu-se em correlata afronta à probidade.

Outra forma de atribuir-se maior densidade normativa à improbidade por violação a princípios da Administração Pública é considerar a sanção prevista na Lei nº 8.429/92 como incidente nas mesmas situações de fato que ensejam outros ilícitos já previstos em outras esferas do ordenamento jurídico, notadamente penais.[224]

O processo discursivo de atribuição a outrem da representação da concretização de um princípio pertence à justificação externa[225] da decisão judicial que admite ou não a incidência da improbidade administrativa prevista no artigo 11 da Lei nº 8.429/92. Tal tarefa é deveras complexa, sendo de certo modo facilitada pelos incisos do artigo 11 da lei, que especificam situações nas quais, pontualmente, são identificadas violações a princípios da Administração Pública.[226]

---

chaça o nepotismo), afigura-se desinfluente à configuração do ato ímprobo" (REsp 1447561/PE, Rel. Ministro Mauro Campbell Marques, Segunda Turma, DJe 12/09/2016; AgRg no REsp 1362789/MG, Rel. Ministro Humberto Martins, Segunda Turma, DJe 19/05/2015; AgInt no AREsp 625.949/MG, Rel. Ministro Gurgel de Faria, Primeira Turma, julgado em 04/10/2018, DJe 08/11/2018).

[223] "A nomeação de cônjuge, companheiro ou parente em linha reta, colateral ou por afinidade, até o terceiro grau, inclusive, da autoridade nomeante ou de servidor da mesma pessoa jurídica investido em cargo de direção, chefia ou assessoramento, para o exercício de cargo em comissão ou de confiança ou, ainda, de função gratificada na administração pública direta e indireta em qualquer dos poderes da União, dos Estados, do Distrito Federal e dos Municípios, compreendido o ajuste mediante designações recíprocas, viola a Constituição Federal."

[224] Defendida por GIACOMUZZI, José Guilherme, op. cit., p. 313.

[225] Segundo Michele Taruffo, a justificação de segundo grau (externa, secundária) "visa a apresentar como 'justa' ou 'correta' as regras assumidas para a realização da escolha", em um processo de caráter tópico, no qual tem papel relevante argumentações persuasivas e valorativas (TARUFFO, Michele. *A motivação da sentença civil*. Trad. Daniel Mitidiero, Rafael Abreu, Vitor de Paula Ramos. São Paulo: Marcial Pons, 2015, p. 243-247).

[226] Praticar ato visando fim proibido em lei ou regulamento ou diverso daquele previsto, na regra de competência (inciso I); retardar ou deixar de praticar, indevidamente, ato de ofício (inciso II); revelar fato ou circunstância de que tem ciência em razão das atribuições e que deva permanecer em segredo (inciso III); negar publicidade aos atos oficiais (inciso IV); frustrar a licitude de concurso público (inciso V); deixar de prestar contas quando esteja obrigado a fazê-lo (inciso VI); revelar ou permitir que chegue ao conhecimento de terceiro, antes da respectiva divulgação oficial, teor de medida política ou econômica capaz de afetar o preço de mercadoria, bem ou serviço (inciso VII); descumprir as normas relativas à celebração, fiscalização e aprovação de contas de parcerias firmadas pela administração pública com entidades privadas (inciso VIII); deixar de cumprir a exigência de requisitos de acessibilidade previstos na legislação (inciso IX); transferir recurso a entidade privada, em razão da prestação de serviços na área de saúde sem a prévia celebração de contrato, convênio ou instrumento congênere (inciso X).

De qualquer forma, ganha relevância, em tal processo de justificação de aplicação da regra jurídica sancionatória, a aferição do elemento subjetivo do agente cujo comportamento é alegadamente violador de um princípio. Só um processo de imputação subjetiva cercado de parâmetros minimamente claros e intersubjetivamente controláveis pode viabilizar a reconstrução da atribuição de sentido aos princípios feita pelo agente público que responde por improbidade, reduzindo a insegurança jurídica e levando a soluções isonômicas. Como premissa de tal processo, contudo, tem-se a necessária identificação dos elementos subjetivos exigíveis nas espécies de improbidade administrativa. Entra em cena, então, a estrutura normativa do dolo e da culpa nos artigos 9º a 11 da Lei nº 8.429/92, tema a ser investigado a seguir.

3. A ESTRUTURA NORMATIVA DA IMPUTAÇÃO SUBJETIVA NA LEI Nº 8.429/92

3.1. O dolo e a culpa nas espécies de improbidade administrativa

Até aqui se viu que a improbidade administrativa, inserida no direito administrativo sancionador, exige a prévia apuração da responsabilidade subjetiva do agente e a culpabilidade como requisito para, a imposição de suas sanções.[227] Sendo assim, uma vez especificadas as espécies de improbidades administrativas definidas pela Lei nº 8.429/92, cabe investigar a forma como essa lei geral determina a realização da imputação subjetiva da conduta supostamente ímproba ao sujeito ativo, se a título de dolo ou culpa.

O artigo 5º da Lei nº 8.429/92 exige dolo ou culpa para o integral ressarcimento do dano em caso de ação ou omissão do agente público ou de terceiro.[228] Essa regra é reiterada no artigo 10 da lei, ao sancionar a improbidade administrativa que causa prejuízo ao erário (vide item 2.2.2.2); não é, contudo, repetida pelos demais dispositivos, ao disporem sobre a improbidade por enriquecimento ilícito (art. 9º), por concessão ou aplicação indevida de benefício financeiro ou tributário (art. 10-A) e por violação a princípios da Administração Pública (art. 11). Surgem, então, duas questões: o dolo e a culpa são exigíveis em todas as espécies de improbidade administrativa ou apenas na improbidade prevista no artigo 10 (improbidade por prejuízo ao erário)? E, caso se entenda pela necessidade de dolo/culpa, qual a regra geral de imputação subjetiva (se dolo, culpa ou ambos)?

Em uma primeira aproximação, à luz da literalidade do texto legal, é possível a interpretação de que é preciso dolo e culpa apenas em caso de improbidade administrativa que causa prejuízo ao erário (art.

---

[227] Vide item 2.1.2
[228] "Art. 5º Ocorrendo lesão ao patrimônio público por ação ou omissão, dolosa ou culposa, do agente ou de terceiro, dar-se-á o integral ressarcimento do dano".

10), e não nas demais espécies.²²⁹ Tal entendimento, contudo, iria de encontro à interdição da responsabilidade objetiva no âmbito da improbidade administrativa, como visto no item 2.1.2 do presente trabalho. Ademais, se é verdade que a literalidade dos artigos 5° e 10 da Lei n° 8.429/92 exige culpa e dolo apenas para a improbidade causadora de prejuízo ao erário, também a atribuição de responsabilidade objetiva, dada a sua excepcionalidade, exigiria lei expressa.²³⁰

Superada a possibilidade de atribuir-se a improbidade sem perscrutar o elemento subjetivo do agente, surge a tese que propugna sejam adjudicados o dolo e a culpa à luz do caso concreto e diante das especificidades da norma que imputa a prática de improbidade administrativa. Nesse sentido, Wallace Paiva Martins Júnior assevera que o artigo 11 da Lei n° 8.429/92 pune tanto condutas dolosas ou culposas (aqui entendida a culpa grave).²³¹ Fábio Medina Osório, de outra parte, salienta existir um silêncio eloquente restritivo no *caput* dos artigos 9° a 11 da Lei n° 8.429/92, admitindo-se o dolo como regra geral e a culpa excepcionalmente no artigo 10, diante da ressalva expressa; quanto aos incisos, contudo, dada a ausência de previsão de culpa/dolo, admitir-se-ia a imputação a título de dolo e culpa, a depender da abertura semântica do tipo e da casuística.²³² Tal autonomia entre incisos e *caput* dos dispositivos parte do pressuposto de que, no sistema da Lei n° 8.429/92, "não há uma regra de que o silêncio deva gerar presunção de que o ilícito só se pune a título doloso".²³³

Discorda-se, contudo, de tal posição. A outorga ao intérprete da tarefa de adjudicar o dolo e a culpa, a depender do caso concreto e da abertura normativa, é incompatível com um regime jurídico punitivo de *ultima ratio* como o da improbidade administrativa. Conquanto se compartilhe do entendimento que aproxima o dolo da culpa na matéria – como será visto na segunda parte do presente trabalho –, daí

---

²²⁹ Entendimento que parece ser sufragado por LEAL, Rogério Gesta. Imbricações necessárias entre moralidade administrativa e probidade administrativa. *A & C Revista de Direito Administrativo e Constitucional*, Belo Horizonte, ano 14, n. 55, p. 87-107, jan./mar. 2014, ao se filiar à posição de que "a lesão a princípios administrativos contida no artigo 11 da Lei n° 8.429/92 não exige dolo ou culpa na conduta do agente, nem prova da lesão ao erário. Basta a simples ilicitude ou imoralidade administrativa para restar configurado o ato de improbidade" (p. 103). No mesmo sentido, tratando do artigo 9° da Lei n° 8.429/92, DELGADO, José. Improbidade administrativa: algumas controvérsias doutrinárias e jurisprudenciais sobre a lei de improbidade administrativa. In: *Improbidade administrativa*: questões polêmicas e atuais. BUENO, Cássio Scarpinella; PORTO FILHO, Pedro Paulo de Rezende (coord.), 2. ed, São Paulo: Malheiros, 2003, p. 269. Também assim já decidiu o STJ: Resp n° 880.662/MG, Segunda Turma, Rel. Min. Castro Meira, julgado em 15/02/2007, DJ 1°/03/2007, p. 255.
²³⁰ Como advertem GARCIA, Emerson; ALVES, Rogério Pacheco, op. cit., p. 402.
²³¹ MARTINS JÚNIOR, Wallace Paiva. *Probidade administrativa*. 4. ed. São Paulo: Saraiva, 2009, p. 286.
²³² OSÓRIO, Fábio Medina, op. cit., p. RB-7.1/RB-7.2.
²³³ OSÓRIO, Fábio Medina, op. cit., p. RB.7.2.

não se segue a possibilidade do intérprete, no caso concreto, adjudicá-los sem um parâmetro normativo legal previamente disposto e uniforme. Seria incoerente com um regime constitucional erigido sob o vetor ideológico da culpabilidade que o agente público ou terceiros sujeitos às sanções de improbidade administrativa não saibam com segurança, de antemão, se eventuais ações ou omissões serão punidas a título de culpa ou dolo, deixando tal definição para um texto legal carente de densidade normativa – como é o caso de várias condutas previstas nos incisos dos artigos 9º a 11 da Lei nº 8.429/92.

Portanto, à semelhança do que ocorre na seara penal, a tipificação deve ser feita pela lei, de modo uniforme entre *caput* e respectivos incisos, aplicando-se analogicamente o artigo 18, inciso I, do CP: em regra, a conduta deve ser dolosa, admitindo-se, em caso de ressalva expressa (como a do artigo 10 da lei), a imputação a título de culpa.[234] Não há, sob tal interpretação, lacuna na lei, a qual deve partir de uma gramática criminal, conferindo-se sentido à previsão do seu artigo 5º – ao estipular que o agente público deve responder pelos danos que causar ao erário, por dolo ou culpa[235] – mediante um fator lógico-sistemático de exclusão,[236] admitida a restrição da culpa às hipóteses em que expressamente prevista.

O uso da gramática penal na improbidade administrativa, no que tange à alocação normativa do dolo e da culpa nas espécies previstas em lei, não subverte o regime jurídico administrativo em que inserida a matéria, apenas tornando-o compatível com o regime constitucional de garantias aos acusados em geral,[237] em um sistema com sanções aproximadas e em alguns casos até mais gravosas que as penais.[238] Como salienta José Roberto Pimenta Oliveira, a prévia imputação legal "constitui elemento de técnica punitiva, quando está em cena a produção de ato sancionatório com efeitos que extravasam o domínio das relações entre a Administração e os culpados pela ilicitude".[239]

Gerou questionamento, a propósito, o elemento subjetivo exigido pelo tipo do novel artigo 10-A da Lei nº 8.429/92, incluído pela Lei Com-

---

[234] Como defende SAFI, Dalton Abranches. Aplicação analógica de normas penais na lei de improbidade administrativa. *Revista Brasileira de Estudos da Função Pública – RBEFP*. Belo Horizonte, ano 5, n. 15, p. 61-82, set./dez. 2016, p. 69.

[235] FAZZIO JÚNIOR, Waldo, op. cit., p. 135.

[236] GARCIA, Emerson; ALVES, Rogério Pacheco, op. cit., p. 404-405.

[237] Defendendo o uso de uma "gramática" criminal na improbidade administrativa: CABRAL, Rodrigo Leite Ferreira. O elemento subjetivo no ato de improbidade administrativa. *Revista Justiça e Sistema Criminal*, vol. 9, n. 16, p. 247-268, jan./jun. 2017, p. 249-254.

[238] Aproximando as sanções da improbidade administrativa às penais, ZAVASCKI, Teori. *Processo Coletivo*: tutela de direitos coletivos e tutela coletiva de direitos. São Paulo: Revista dos Tribunais, 2006, p. 109.

[239] OLIVEIRA, José Roberto Pimenta, op. cit., p. 274-275.

plementar nº 157, de 29.12.2016 (vide subitem 2.2.2.3). Se, por um lado, tal dispositivo foi inserido topologicamente junto à improbidade administrativa por prejuízo ao erário, a qual admite a forma culposa, o legislador, de outra parte, silenciou quanto à admissão de culpa e/ou dolo, repetindo, neste particular, a redação dos artigos 9º e 11. Ante o silêncio do texto da lei, tem-se que, diante da conduta descrita pelo tipo, há exigência de dolo, sendo, ademais, de difícil visualização a concessão, aplicação ou manutenção de benefício tributário ilegal de forma culposa.[240]

Dessa forma, como reconhecido pela doutrina[241] e pela jurisprudência[242] majoritárias, a prática dos atos de improbidade previstos nos artigos 9º e 11 da Lei nº 8.429/92 exige dolo do agente; os atos de improbidade administrativa previstos no artigo 10 da referida lei, de sua parte, admitem prática por dolo ou culpa, extensão inadmitida para o tipo do artigo 10-A.

A tais constatações quanto à posição da culpa e do dolo na Lei nº 8.429/92 subjaz uma controvérsia prévia, atinente à própria constitucionalidade da previsão de uma improbidade administrativa culposa, em tema que será, agora, objeto de análise.

3.2. A constitucionalidade da improbidade administrativa culposa

O artigo 37, § 4º, da CF/1988, ao prever como ilícito um elemento típico do crime de responsabilidade – o atentado à probidade da

---

[240] Com o mesmo entendimento, CARVALHO FILHO, José dos Santos. *Elemento subjetivo na nova categoria de atos de improbidade*. Disponível em: <https://genjuridico.jusbrasil.com.br/artigos/424042934/elemento-subjetivo-na-nova-categoria-de-atos-de-improbidade>. Acesso em: 09/05/2019; ZIMMER JR, Aloisio, op. cit., p. 210.

[241] GARCIA, Emerson; ALVES, Rogério Pacheco, op. cit., p. 401-407; FAZZIO JÚNIOR, Waldo, op. cit., p. 135-139; AGRA, Walber de Moura, op. cit., p. 136-138; CABRAL, Rodrigo Leite Ferreira, op. cit., p. 249-254; BEZERRA FILHO, Aluizio. *Processo de improbidade administrativa anotado e comentado*. 2. ed. Salvador: Juspodivm, 2019, p. 38-40; PAZZAGLINI FILHO, Mário, op. cit., p. 76-80 e 113-114; OLIVEIRA, José Roberto Pimenta, op. cit., p. 274-275; GIACOMUZZI, José Guilherme. *A moralidade administrativa e a boa-fé da administração pública*: o conteúdo dogmático da moralidade administrativa. 2. ed. São Paulo: Malheiros, 2013, p. 292; DECOMAIN, Pedro Roberto. *Improbidade administrativa*. São Paulo: Dialética, 2007, p. 109; SPITCOVSKY, Celso. *Improbidade administrativa*. São Paulo: Método, 2009, p. 22-23; TOURINHO, Rita, op. cit., p. 195-250; NEVES, Daniel Amorim Assumpção; OLIVEIRA, Rafael Carvalho Rezende. *Manual de improbidade administrativa*: direito material e processual. 2. ed. São Paulo: Método, 2014, p. 85-86.

[242] Nesse sentido, o STJ já sedimentou que "para que seja reconhecida a tipificação da conduta do réu como incurso nas prescrições da Lei de Improbidade Administrativa, é necessária a demonstração do elemento subjetivo, consubstanciado pelo dolo para os tipos previstos nos artigos 9º e 11 e, ao menos, pela culpa, nas hipóteses do artigo 10." (por todos: AIA 30/AM, Rel. Ministro Teori Albino Zavascki, Corte Especial, DJe 28/09/2011; AgInt no AREsp 550.344/SP, Rel. Ministro Gurgel de Faria, Primeira Turma, DJe 21/02/2019; AgRg no AREsp 630605/MG, Rel. Min. Og Fernandes, Segunda Turma, DJe 19/6/2015; REsp 1790617/SP, Rel. Ministro Herman Benjamin, Segunda Turma, julgado em 21/03/2019, DJe 25/04/2019).

Administração Pública –, nada mencionou acerca da possibilidade de se acoimar como ímproba uma conduta culposa. Com base em tal constatação, parcela da doutrina entende inconstitucional a atribuição, pela Lei nº 8.429/92, da improbidade administrativa a título de culpa, e não só dolo, partindo da aproximação entre o regime da improbidade ao das infrações político-administrativas.[243] O legislador infraconstitucional, nessa perspectiva, não poderia definir improbidade administrativa de modo destoante com o seu conceito histórico assimilado quando da elaboração do texto constitucional.[244]

Contudo, sem desconhecer que o regime jurídico da improbidade administrativa é lindeiro ao penal – o que, como visto, condiciona a exigência de responsabilidade subjetiva –, a inserção daquela no direito administrativo sancionador tem a potencialidade de afastar tal reserva legal qualificada[245] no que tange à forma de imputação subjetiva. O artigo 37, § 4º, da CF/1988, ao reportar-se às consequências decorrentes da prática de uma sanção de índole administrativa, não adentrou no mérito do elemento subjetivo da conduta, viabilizando que o legislador ordinário o definisse.[246] Na seara da improbidade, portanto, a vedação à responsabilidade objetiva do agente não repercute na exigência constitucional de que as condutas sancionadas como ímprobas sejam apenas as praticadas a título de dolo.

Ainda que ultrapassado o obstáculo da suposta reserva legal qualificada imposta pelo texto constitucional, há entendimento no sentido de que a improbidade administrativa pressupõe a corrupção, a desonestidade do agente público ou terceiro, e tais elementos exigiriam a demonstração da vontade deliberada de malferir a ordem jurídica, ou seja, o dolo. A palavra "culposa", inserida no artigo 10, *caput*, da

---

[243] Os crimes de responsabilidade previstos na Lei nº 1.079, de 10.04.1950, se referem a fatos que lesam deveres funcionais, sujeitos a sanções políticas como o *impeachment*. Por tal razão, sujeitam-se à crítica de Damásio de Jesus, para quem os crimes de responsabilidade impróprios, definidos na lei referida, constituem "crime que não é crime." (DE JESUS, Damásio Evangelista. Ação penal sem crime. *Revista do Tribunal Regional Federal 1ª Região*, Brasília, v. 13, n. 11, p. 14-15, nov. 2001). Também Paulo Brossard, a propósito, considera censurável que os chamados crimes de responsabilidade possam designar, ao mesmo passo, entidades distintas, ilícitos políticos e penais. (BROSSARD, Paulo. *Impeachment*: aspectos da responsabilidade política do Presidente da República. 3. ed. ampliada, 1992, p. 70).

[244] Nesse sentido, BEZNOS, Clóvis. Aspectos da improbidade administrativa. *Interesse Público – IP*, Belo Horizonte, ano 17, n. 93, p. 53-65, set./out. 2015; NEIVA, José Antônio Lisboa. *Improbidade administrativa*: Legislação comentada artigo por artigo. 3. ed. Niterói: Impetus, 2012, p. 95-96; FIGUEIREDO, Isabela Giglio, op. cit., p. 140-151.

[245] A reserva legal qualificada ocorre quando "a Constituição não se limita a exigir que eventual restrição ao âmbito de proteção de determinado direito seja prevista em lei, estabelecendo, também, as condições especiais, os fins a serem perseguidos ou os meios a serem utilizados." (MENDES, Gilmar Ferreira; COELHO, Inocêncio Mártires; BRANCO, Paulo Gustavo Gonet. *Curso de direito constitucional*. 3. ed. São Paulo: Saraiva, 2008, p. 309).

[246] TOURINHO, Rita, op. cit., p. 210.

Lei nº 8.429/92 mostrar-se-ia, por tal razão, inconstitucional[247] – o que, inclusive, ensejou proposta legislativa, em tramitação, para retirar do texto legal tal previsão.[248]

Tal raciocínio apenas teria sucesso se identificada uma vinculação necessária entre o elemento *desonestidade* e o ânimo ilícito e deliberado do agente público. Contudo, a desonestidade do agente, a justificar a punição pela prática de improbidade administrativa, vai além dos casos em que há manifesta intenção ilícita. Também os casos extremos de culpa (na forma de imprudência, imperícia ou negligência) do gestor público denotam descaso no trato com a coisa pública, e isso nada mais é senão desonestidade.[249] Na probidade, afinal, se subsume o dever ético de zelar pelo patrimônio público.[250] A inabilidade grosseira do agente, dessa forma, autoriza a incidência da improbidade administrativa, mesmo sob a ótica de uma ontologia da improbidade vinculada à corrupção.

Viu-se, no primeiro capítulo do presente trabalho, que a distinção entre dolo e culpa é tênue e, de acordo com modernas teorias de corte cognitivo, fundada apenas na intensidade do conhecimento e do domínio do agente acerca do perigo. Admitida tal proximidade, resta claro que se na seara penal, onde tais conceitos devem ter contornos e consequências mais gravosas, é cada vez mais difícil distinguir entre dolo e culpa (ambos admitindo condutas conscientes do resultado ilícito), não há como se negar a viabilidade abstrata de imputação de improbidade administrativa culposa sob a justificativa de que esta é apenas compatível com o dolo.

---

[247] Entendimento, em linhas gerais, de NOBRE JÚNIOR, Edilson Pereira. Improbidade administrativa: alguns aspectos controvertidos. *Revista de Direito Administrativo*, Rio de Janeiro, 235, p. 61-91, jan./mar. 2004, p. 72; MATTOS, Mauro Roberto Gomes de. *O limite da improbidade administrativa*: o direito dos administrados dentro da Lei nº 8.429/92. 3. ed. Rio de Janeiro: América Jurídica, 2006, p. 287-291; ALVARENGA, Aristides Junqueira. Reflexões sobre a improbidade administrativa no direito brasileiro. In: BUENO, Cássio Scarpinella; PORTO FILHO, Pedro Paulo de Resende (orgs.). *Improbidade Administrativa*: Questões polêmicas e atuais. São Paulo: Malheiros, 2001, p. 89; PORTO FILHO, Pedro Paulo de Rezende. Improbidade administrativa: requisitos para a tipicidade. *Revista Interesse Público*, n. 11, 2001, p. 81-86; FIGUEIREDO, Isabela Giglio. *Improbidade administrativa*: dolo e culpa. p. 87; COSTA, José Armando da. *Contorno jurídico da improbidade administrativa*. Brasília: Brasília Jurídica, 2000, p. 23; MARINANGELO, Isabel. A incoerência da previsão de ato de improbidade administrativa na modalidade culposa e a consequente inconstitucionalidade do artigo 10 da Lei 8.429/1992. *Revista do Instituto dos Advogados de São Paulo*, vol. 26/2010, p. 261-280, jul./dez. 2010; ARÊDES, Sirlene. *Responsabilização do agente público*: individualização da sanção por ato de improbidade administrativa. Belo Horizonte: Fórum, 2012, p. 100; SIMÃO, Calil. *Lei de improbidade administrativa comentada*: Estudo em comemoração aos 20 anos da Lei de improbidade administrativa. Leme: G.H. Mizuno, 2012, p. 130.

[248] A exemplo do Projeto de Lei nº 10.887/2018, em tramitação na Câmara dos Deputados.

[249] Nesse sentido, OSÓRIO, Fábio Medina, op. cit., p. RB-7.3; GIACOMUZZI, José Guilherme, op. cit., p. 309-310.

[250] OLIVEIRA, José Roberto Pimenta, op. cit., p. 276.

De outra parte, as mesmas dificuldades atinentes ao processo de investigação do elemento anímico do agente, existentes no âmbito do direito penal, repercutem na improbidade administrativa, tornando questionável que esta não possa prescindir de uma vontade deliberada e ilícita de parte do seu sujeito ativo.[251] Se o objetivo do constituinte era outorgar a maior proteção à probidade da Administração Pública a partir da insuficiência do sistema persecutório penal, isso seria incompatível com a inadmissão da improbidade culposa, vedação que sequer é feita constitucionalmente para tipos penais.[252]

Portanto, a improbidade administrativa culposa insere-se na estrutura normativa do subsistema constitucional de proteção à probidade administrativa, a partir da escolha do legislador, à semelhança do que ocorre no direito penal. Contudo, ao contrário de tal seara, que tem nos tipos culposos uma marca da menor lesividade da conduta, na improbidade administrativa a previsão da forma culposa atua como elemento de reforço ao bem jurídico erário, albergado no artigo 10 da Lei nº 8.429/92. Trata-se de uma distinção funcional, que reconduz à relevância de admitir-se a forma culposa de improbidade.

3.3. A textura aberta dos tipos da Lei nº 8.429/92 e a delimitação do elemento subjetivo como contenção do poder punitivo

À viabilidade de fixação de uma forma legal de improbidade culposa não se segue, na matéria, a preponderância de tal forma de imputação subjetiva em relação à dolosa. Como já analisado, em que pese inserida no direito administrativo sancionador, a improbidade administrativa compartilha com o sistema penal a presumida necessidade de perquirição do dolo, ao contrário da maior parte das infrações administrativas.[253]

Se é próxima do direito penal quanto à exigência, em regra, de dolo, a improbidade administrativa possui especificidades, próprias do direito administrativo sancionador, no que tange à tipicidade. Enquanto o direito penal cuida apenas das ofensas mais graves aos bens jurídicos (fragmentariedade), na improbidade administrativa há um

---

[251] Salientando que a comprovação do estado anímico do sujeito ativo da improbidade administrativa é "quase uma quimera" a doutrina de MARTINS, Fernando Rodrigues. *Controle do patrimônio público*: comentários à lei de improbidade administrativa, 4. ed. p. 257.

[252] OSÓRIO, Fábio Medina, op. cit., p. RB-7.3.

[253] PRADO, Francisco Octávio de Almeida. *Improbidade administrativa*. São Paulo: Malheiros, 2001, p. 24-25.

mandado constitucional de proibição genérico, desautorizando uma interpretação restritiva da tutela da probidade.[254]

Como consequência, viu-se o legislador compelido a delimitar tal bem jurídico em contornos amplos, via lei geral, estabelecendo tipos afetados à proteção de alguns aspectos da probidade (vedação ao enriquecimento ilícito, proteção ao erário e aos princípios da Administração Pública) e inserindo em tais espécies normas sancionadoras em branco[255] e com textura aberta,[256] discriminando nos respectivos incisos condutas meramente exemplificativas. Diante da multiplicidade de situações potencialmente lesivas à probidade administrativa, e tendo em vista as inelimináveis contingências que fazem parte da rotina do administrador público,[257] uma tipificação feita por conceitos fechados, semelhante à penal e tributária,[258] conduziria fatalmente à subinclusão[259] de situações ímprobas, em descompasso ao mandado constitucional.

Tal forma de tipificação, aliás, tem origem histórica. Como aponta Fábio Medina Osório,[260] o berço do dever de probidade está nos crimes de responsabilidade – com tipos abertos, por se sujeitarem a julgamento político – e nos códigos de conduta, também disciplinadores de parâmetros gerais de ação ("leis-quadro"). Ambos possuem em comum espaços amplos, quase discricionários, a serem preenchidos pelo intérprete.

Dessa forma, na improbidade administrativa, autêntico "direito punitivo judicial com espaços manifestamente político-discricioná-

---

[254] OLIVEIRA, José Roberto Pimenta, op. cit., p. 238.

[255] Há várias figuras descritas na Lei nº 8.429/92 que exigem integração, por fazerem remissão a outras normas ou atos administrativos cuja violação é pressuposto para a configuração da improbidade. Por exemplo: artigo 10, VI – realizar operação financeira com inobservância das formalidades legais; artigo 10, XV – celebrar contrato de rateio de consórcio público sem observância das formalidades previstas em lei; artigo 11, I – praticar ato visando fim proibido em lei, etc). Nesse sentido: GARCIA, Emerson; ALVES, Rogério Pacheco, op. cit., p. 352.

[256] Considerar-se-á, no presente trabalho, que nas normas de textura aberta estão compreendidos os chamados conceitos jurídicos indeterminados, não obstante a polêmica acerca destes exprimida por Eros Roberto Grau, para quem "se é indeterminado o conceito, não é conceito" (GRAU, Eros, op. cit., p. 157).

[257] Pode-se dizer que, por tal razão, no direito administrativo o recurso aos chamados conceitos jurídicos indeterminados é abundante, suscitando grandes dificuldades. Nesse sentido: SOUSA, Antônio Francisco de. *Conceitos indeterminados no direito administrativo*. Coimbra: Livraria Almedina, 1994, p. 18.

[258] Defendendo, no âmbito tributário, a inviabilidade em se falar de "tipificação fechada", dado que os tipos são necessariamente abertos, a doutrina de DERZI, Misabel. *Direito tributário, direito penal e tipo*. 2. ed. São Paulo: RT, 2008.

[259] No sentido exposto por SCHAUER, Frederick. *Playing by the rules*: a philosopical examination of rule-based decision-making in law and in life. Oxford: Claredon Press, 2002, p. 31-34.

[260] OSÓRIO, Fábio Medina. Conceito e tipologia dos atos de improbidade administrativa. *Revista de doutrina da 4ª Região*. Porto Alegre, n. 50, out. 2012, p. 1-27. Disponível em: <http://www.revistadoutrina.trf4.jus.br/artigos/edicao050/Fabio_Osorio.html>. Acesso em: 13/05/2019.

rios",²⁶¹ a existência de tipos sancionadores abertos vincula-se à eficiência punitiva, o que é exigência do modelo constitucional de outorga de máxima proteção à probidade, em forma de tipificação própria das normas que serviram como seu substrato histórico.

A indeterminação, é verdade, é uma característica geral de aplicação do direito, sendo inequívoco que, hoje, a determinação prévia e absoluta de todos os elementos normativos não é atingível por meio da linguagem.²⁶² A mais precisa das regras é potencialmente imprecisa, em consequência do imperfeito conhecimento humano e da impossibilidade de prever-se o futuro.²⁶³ Contudo, na improbidade administrativa o legislador valeu-se sobremaneira de normas com textura aberta, culminando com a tipificação da sanção à violação a princípios e menção a tipos exemplificativos, algo inviável em outras searas do direito punitivo.

Tal estrutura normativa, ao potencializar a incidência da improbidade, viabilizando a mobilidade do sistema e adaptação das normas imputativas a novas situações de fato,²⁶⁴ apresenta um considerável risco: a insegurança jurídica. O destinatário da norma, previamente ao seu comportamento, deve poder conhecer o seu conteúdo com a máxima precisão, o que pressupõe a necessidade que aquela tenha um sentido claro e uma densidade normativa mínima suficiente.²⁶⁵ E tal aspecto, comum a todas as áreas do direito, adquire ainda maior relevância no direito sancionador, pela potencialidade do mal que inflige na esfera pessoal de direitos do destinatário da norma.

Dessa forma, conquanto a Lei nº 8.429/92 se valha de normas com textura aberta – como "frustrar a licitude de processo licitatório"

---

²⁶¹ Expressão de OSÓRIO, Fábio Medina, op. cit. p. 6.

²⁶² SOUSA, Antônio Francisco de. *Conceitos indeterminados no direito administrativo*. Coimbra: Livraria Almedina, 1994, p. 23.

²⁶³ Frederick Schauer, a propósito, assevera que "open texture is the ineliminable possibility of vagueness, the ineradicable contingency that even the most seemingly precise term might, when it confronts an instance unanticipated when the term was defined, become vague with respect to that instance", em tradução livre "textura aberta é a ineliminável possibilidade de vagueza, a inerradicável contingência que faz com que mesmo o termo mais preciso possa, quando confrontado com um exemplo não antecipado quando o termo foi definido, se tornar vago em relação a tal exemplo" (SCHAUER, Frederick. *Playing by the rules*: a philosopical examination of rule-based decision-making in law and in life. Oxford: Claredon Press, 2002, p. 36). No mesmo sentido, tratando da textura aberta do direito: HART, H.L.A. *O conceito de direito*. São Paulo: Martins Fontes, 2012, p. 161-176.

²⁶⁴ Nesse sentido, Paulo Otero chama a atenção que "só uma intencional imperfeição ou incompletude de muitas normas pode salvar as leis de uma vigência efêmera em matéria de bem estar e prevenção de riscos: a utilização de conceitos jurídicos indeterminados, o recurso a enumerações exemplificativas e a fuga para as cláusulas gerais" (OTERO, Paulo, op. cit., p. 159).

²⁶⁵ Tratando da insegurança jurídica, com enfoque na área tributária, por falta de determinabilidade de conteúdo da norma, em lição que pode ser aplicada ao presente trabalho, a doutrina de ÁVILA, Humberto. *Segurança jurídica*: entre permanência, mudança e realização no direito tributário. 2. ed. São Paulo: Malheiros, 2012, p. 328-341.

(art. 10, inciso VIII) ou "atentar contra os princípios da Administração Pública" (art. 11, *caput*) – isso não pode implicar a negação da necessidade do estabelecimento de tipos, outorgando-se ao aplicador da norma, posteriormente – e não ao seu destinatário, *ex ante* – a identificação da concreta conduta a ser sancionada.[266] Admitir-se que o aplicador da sanção de improbidade tenha margem indefinida de liberdade para manipular os conceitos jurídicos indeterminados contidos na lei, de modo a "escolher" a interpretação devida, implicaria inadmissível outorga de discricionariedade na punição, incompatível com o direito sancionatório-disciplinar em geral.[267] Afinal, quanto maior a abertura semântica do texto da lei, maior deve ser o ônus de justificação para a sua aplicação ao caso.[268]

Veja-se que, por uma interpretação literal da lei geral de improbidade, o agente público que, dirigindo veículo funcional, vier a causar um acidente de trânsito por desatenção (culpa), daí gerando danos materiais, poderá responder, além do ressarcimento do dano, com a perda da função pública que exerce e a suspensão dos direitos políticos, tendo em vista o *prejuízo ao erário* causado (art. 10 c/c art. 12, inciso II, da lei). Da mesma forma, o administrador que tiver contra si concedida ordem em mandado de segurança, chancelada a ilegalidade da ação/omissão por ele cometida, poderá sujeitar-se à perda da função pública e ao pagamento de multa civil de até cem vezes o valor da remuneração, dada a abstrata *violação ao princípio da legalidade* (art. 11, *caput* c/c art. 12, inciso III).

É evidente, portanto, que a estrutura normativa dos tipos de improbidade administrativa, na forma com que dispostos na Lei nº 8.429/92, possibilita a ampliação desmesurada do poder punitivo estatal. O amplo espaço para concretização de normas com textura aberta converte-se, facilmente, em arbítrio.

Isso ensejou a criação, pela doutrina e pela jurisprudência, de formas de contenção de tal poder, a fim de diminuir o potencial enquadramento de condutas potencialmente ímprobas. A proporcionalidade[269] atua como balizador de uma correspondência mínima entre a gra-

---

[266] OLIVEIRA, José Roberto Pimenta, op. cit., p. 251.

[267] Tratando da incompatibilidade da discricionariedade em matéria disciplinar, SOUSA, Antônio Francisco de. *Conceitos indeterminados no direito administrativo*. Coimbra: Livraria Almedina, 1994, p. 217-221.

[268] MITIDIERO, Daniel. *Precedentes*: da persuasão à vinculação. 2. ed. São Paulo: Revista dos Tribunais, 2017, p. 62.

[269] Tida por Humberto Ávila como postulado normativo aplicativo, e não princípio, destinado ao controle de uma relação meio/fim intersubjetivamente controlável (ÁVILA, Humberto. *Teoria dos princípios*. p. 208-224).

vidade da sanção e a conduta perpetrada, a fim de evitar o excesso na punição.[270] Também merece destaque, neste particular, a delimitação de um conteúdo material à improbidade administrativa em casos concretos, pela importação, à matéria, de parâmetros penais de limitação dos tipos, como a insignificância, a viabilizar que meras irregularidades não se sujeitem a sancionamento[271], assim como a aplicação da teoria da imputação objetiva, exigindo-se do sujeito ativo, como etapa prévia ao processo de atribuição subjetiva da improbidade, a criação de um risco proibido e a violação das expectativas sociais no seu agir.[272]

Além da imposição de limites materiais à improbidade administrativa – tema ainda pouco explorado pela doutrina –, a contenção do poder punitivo estatal na matéria dá-se pela obrigatória exigência de um elemento subjetivo (culpa e dolo) como premissa para a imputação das sanções previstas pela Lei nº 8.429/92. A exigência que o agente público ou terceiro tenham tomado uma atitude interna em direção à prática ímproba, tendo consciência de uma situação de fato apta a gerar uma consequência específica (prejuízo ao erário, enriquecimento ilícito e/ou violação a princípios), a ela aderindo subjetivamente ou descuidando-se de um dever evidente, atua como modo de filtragem do poder punitivo. Estribada no princípio constitucional da culpabilidade, tal exigência encontra redobrada relevância no âmbito da improbidade administrativa, tendo em vista a estrutura normativa dos respectivos tipos.

Pode-se dizer, dessa forma, que a inserção da improbidade administrativa no direito administrativo sancionador conduz a uma abertura tipológica que exige do aplicador a utilização de um arsenal dogmático próprio ao direito penal – como a imputação subjetiva – para a limitação do poder punitivo estatal,[273] reduzindo-se a insegurança jurídica. O tipo da improbidade se inspira no direito administrativo; a culpa e o dolo, por sua vez, bebem na fonte do direito penal. E a jurisprudência

---

[270] MELLO, Rafael Munhoz de. Sanção administrativa e princípio da culpabilidade. *A & C Rev. de Dir. administrativo e constitucional*, Belo Horizonte, ano 5, n. 22, p. 25-57, out./dez. 2005, p. 35-36; OSÓRIO, Fábio Medina, op. cit., p. RB-7.1.

[271] Admitido, dentre outros, por BARROS, Rodrigo Janot de; AMORIM JÚNIOR, Sílvio Roberto Oliveira de. O cabimento da tentativa e a aplicação do princípio da insignificância no âmbito do ato de improbidade administrativa. In: MARQUES, M.C. (coord). *Improbidade administrativa*: Temas atuais e controvertidos. Rio de Janeiro: Forense, 2017, p. 322; OLIVEIRA, José Roberto Pimenta, op. cit., p. 280-285. Também Aluizio Bezerra Filho adverte que "sendo um desvio administrativo considerado insignificante, uma mera irregularidade, ou seja, uma irregularidade insignificante, não se constitui em ato de improbidade administrativa, cuja valoração afasta a aplicação de sanções" (BEZERRA FILHO, Aluizio. *Processo de improbidade administrativa*: anotado e comentado. 2. ed. Salvador: Juspodivm, 2019, p. 43).

[272] Defendendo tal aplicação, CAPEZ, Fernando. *Improbidade administrativa*: limites constitucionais. 2. ed. São Paulo: Saraiva, 2015.

[273] Tratando da ideia de dolo como contenção do poder punitivo, a partir da problematização do elemento "vontade", a doutrina de VIANA, Eduardo, op. cit., p. 156-158.

é prova prática disso: como será analisado com maior pormenor na segunda parte do trabalho, a absolvição do(s) acusado(s) de prática ímproba se dá, usualmente, apenas com fundamento na ausência de prova do elemento subjetivo.

A aproximação da improbidade administrativa ao direito penal, no que tange ao elemento subjetivo, traz consigo a necessidade de, uma vez investigada a estrutura normativa na qual se dá tal imputação, adentrar no exame do conteúdo da culpa e do dolo ímprobos. A questão a respeito *do que é* o dolo e a culpa na improbidade administrativa permitirá estudar os complexos limites da utilização, nesta, do acervo teórico desenvolvido nos direitos civil e penal, traçado no primeiro capítulo deste trabalho, com o propósito de levar a um melhor controle intersubjetivo desse processo atributivo. Tal, em suma, é o objeto da segunda parte do presente trabalho.

Segunda Parte

O conteúdo do dolo e da culpa do administrador público na improbidade administrativa (Lei nº 8.429/92)

4. O DOLO NA IMPROBIDADE ADMINISTRATIVA

4.1. O dolo do agente público em face dos novos parâmetros de atuação da administração pública

"Administrar é aplicar a lei de ofício". A conhecida definição de Miguel Seabra Fagundes[274] resume os limites tradicionais da Administração Pública no século XIX e início do século XX, os quais remontam ao ideário político oriundo da Revolução Francesa.[275]

Hoje, contudo, a Administração Pública encontra-se em expansão, pouco se assemelhando ao ente impessoal novecentista, o que se revela nos novos limites do que é *administrar* e da própria *lei* ensejadora da sua atuação.

O Estado social de bem-estar, erigido a partir das duas últimas grandes guerras, passou a exigir do administrador público respostas prontas, impossíveis de serem tomadas pela via legislativa.[276] À Administração Pública transferiu-se a incumbência de agir proativamente, apontando soluções a novas demandas e solvendo conflitos. Isso fez

---

[274] FAGUNDES, Miguel Seabra. *O controle dos atos administrativos pelo Poder Judiciário*. 7. ed. Rio de Janeiro: Forense, 2005, p.3.

[275] A qual, segundo Eduardo García de Enterría, foi claramente subvertida no momento em que os revolucionários tiveram que plasmar o Estado novo, criando um poder administrativo poderoso e autônomo (GARCÍA DE ENTERRÍA, Eduardo. *Revolución francesa y administración contemporânea*. 4. ed. Madrid: Civitas, 1994, p. 41-50).

[276] COUTO E SILVA, Almiro do. Princípios da legalidade da Administração Pública e da segurança jurídica no Estado de Direito contemporâneo. In: *Conceitos fundamentais do direito no Estado Constitucional*. São Paulo: Malheiros, 2015, p. 19-41, p. 27.

com que o Poder Executivo, berço da tradicional atividade administrativa, não mais possuísse um papel secundário e subordinado ao Poder Legislativo, assumindo protagonismo, até mesmo na formação da vontade legislativa.[277] O século XX, portanto, assistiu à transformação do Estado-legislativo em um Estado-administrativo[278] voltado para o futuro, tornando anacrônica a visão de que a atividade administrativa é de mera aplicação de leis.[279]

De outra parte, como consectário da complexidade dos campos em que é levado a atuar e em face da dilargada amplitude de sua atuação, o poder administrativo se tornou policêntrico: a tomada de decisão passou a ser transferida de um órgão centralizado para órgãos (ou entes) técnicos e burocráticos, dissociados – e até independentes – de um poder central.[280]

A transformação da atividade da Administração Pública é reflexo da mudança do conteúdo da lei que ela é demandada a aplicar.[281] Há uma progressiva indeterminação do direito legislado,[282] o qual incorpora normas de tessitura propositalmente abertas, com princípios gerais e conceitos jurídicos indeterminados para viabilizar sua adaptação a uma realidade complexa e cambiante[283]. O conteúdo das leis perde precisão.[284] Como consequência, o administrador público, premido pela necessidade constante de agir, tem diante de si leis que lhe conferem uma ampla margem de atuação.

A uma maior liberdade, contudo, contrapõem-se maiores responsabilidades do agente público, pelos danos causados e pelas condutas praticadas.[285] A abertura da Administração Pública às demandas da sociedade tornou necessária a democratização do espaço de formação da

---

[277] OTERO, Paulo, op. cit., p. 144-146.
[278] Como assinala LOEWENSTEIN, Karl. *Teoria de La Constitución*. 2. ed. Barcelona: Ariel, 1979, p. 66-67.
[279] COUTO E SILVA, Almiro do. Poder discricionário no direito administrativo brasileiro. In: *Conceitos fundamentais do direito no Estado Constitucional*. São Paulo: Malheiros, 2015, p. 168-184, p. 170.
[280] SOUTO, Marcos Juruena Villela. Agências reguladoras. *Revista de direito administrativo*, n. 276, abr./jun. 1999, p. 125-162; BINENBOJM, Gustavo. *Uma teoria do direito administrativo*: direitos fundamentais, democracia e constitucionalização. 3. ed. Rio de Janeiro: Renovar, p. 42-45.
[281] COUTO E SILVA, Almiro do. *Princípios da legalidade da Administração Pública e da segurança jurídica no Estado de Direito contemporâneo*. op. cit., p. 27.
[282] OTERO, Paulo, op. cit., p. 158-159.
[283] Eduardo García de Enterría, nesse sentido, trata dos conceitos jurídicos indeterminados como "órganos respiratórios del derecho" (GARCÍA DE ENTERRÍA, Eduardo. *Reflexiones sobre la ley y los principios generales del derecho*. 2. ed. Madrid: Cuadernos Civitas, 1996, p. 23).
[284] OTERO, Paulo, op. cit., p. 292.
[285] ARÊDES, Sirlene. *Responsabilização do agente público*: Individualização da sanção por ato de improbidade administrativa. Belo Horizonte: Fórum, 2012, p. 19-47.

vontade administrativa, de transparência na sua atuação.[286] Sobretudo em face da nova legislação de controle da Administração Pública (com destaque para a Lei nº 12.846/2013), avulta a necessidade de criação de mecanismos internos de integridade (*compliance*), destinados à prevenção e detecção de atos de corrupção.[287]

A isso se segue a transformação da atividade administrativa em uma atividade obrigatoriamente vinculada ao atingimento de determinados resultados, além dos parâmetros de legalidade.[288] O administrador público deve bem administrar, atendendo às legítimas expectativas dos administrados, o que se converte em direito fundamental da coletividade.[289] Sua atuação, sobretudo quando ablativa de direitos, deve observar não mais à estrita correspondência a uma lei formal, mas também a princípios constitucionais. A legalidade transforma-se em juridicidade,[290] exigindo do agente público a atenção a princípios como a boa-fé dos administrados e proteção substancial da confiança, ainda que *contra legem*.[291] A função garantística transfere-se da lei para a Constituição,[292] implicando, no dizer de Gustavo Binenbojm, uma "superação do dogma da imprescindibilidade da lei para mediar a relação entre a Constituição e a Administração Pública".[293]

Nesse processo de constitucionalização do poder administrativo, seguido da democratização e profissionalização dos espaços de tomada de decisão pela Administração Pública, há uma inevitável releitura de tradicionais espaços de imunidade de poder como a discricionariedade

---

[286] DI PIETRO, Maria Sylvia Zanella. *Tratado de direito administrativo*. Volume 1, Edição 2015, p. 26.

[287] FORIGO, Camila Rodrigues. Controle da corrupção na administração pública: uma perspectiva através da compliance. *Revista Brasileira de Ciências Criminais*, vol. 153/2019, p. 17-40, mar. 2019.

[288] MEDAUAR, Odete. *O direito administrativo em evolução*. 3. ed. Brasília: Gazeta Jurídica, 2017, p. 155.

[289] FREITAS, Juarez. *Direito fundamental à boa administração pública*. 3. ed. São Paulo: Malheiros, 2014.

[290] Tratando do princípio da juridicidade: MORAES, Germana de Oliveira. *Controle jurisdicional da Administração Pública*. 2. ed. São Paulo: Dialética, 2004, p. 29-31; ROCHA, Carmen Lúcia Antunes. *Princípios constitucionais da administração pública*. Belo Horizonte: Del Rey, 1994; Moreira Neto, no mesmo sentido, fala em "princípio da legitimidade" (MOREIRA NETO, Diogo de Figueiredo. *Mutações do Direito Administrativo*. Rio de Janeiro: Renovar, 2001, p. 17/32), ao passo que Juarez Freitas trata do "princípio da constitucionalidade" (FREITAS, Juarez. Repensando a natureza da relação jurídico-administrativa e os limites principiológicos à anulação dos atos administrativos. In: *Estudos de Direito Administrativo*. 2. ed. São Paulo: Malheiros, 1997, p. 11-19).

[291] MAFFINI, Rafael. *Princípio da proteção substancial da confiança no direito brasileiro*. Porto Alegre: Verbo Jurídico, 2006; MAURER, Hartmut. Garantia de continuidade e proteção à confiança. In: MAURER, Hartmut. *Contributos para o direito do Estado*. Luís Afonso Heck (tradutor). Porto Alegre: Livraria do Advogado, 2007, p. 59-145.

[292] MIRANDA, Jorge. *Manual de direito constitucional*. Tomo V. Coimbra: Coimbra, 1997, p. 129.

[293] BINENBOJM, Gustavo. *Uma teoria do direito administrativo*: direitos fundamentais, democracia e constitucionalização. 3. ed. Rio de Janeiro: Renovar, p. 36-37.

administrativa, com o aumento da sindicabilidade judicial da ampla margem de atuação do administrador público.[294]

A maior conflituosidade, inerente a um direito por princípios,[295] somada à democratização do acesso ao Poder Judiciário – estimulada pela garantia de universal acesso à jurisdição[296] – e à complexidade das relações em que a Administração Pública é chamada a intervir, trouxeram à tona a ascensão de um maior controle judicial sobre os rumos da atividade administrativa.[297]

É fácil entrever, pelo exposto até aqui, que esse percurso – do maior protagonismo da Administração Pública à correlata intensificação do controle da sua atividade pelo Poder Judiciário – aflui no conturbado tema da responsabilização pessoal do administrador público por improbidade administrativa, sobretudo no que tange à delimitação de um elemento subjetivo (dolo) na sua ação ou omissão.

A assunção de maiores responsabilidades no contexto da obrigatória vinculação a resultados em uma sociedade complexa, a outorga constitucional de um amplo espaço para a concretização do direito e a estrutura burocrática, tecnicista e descentralizada da Administração Pública atual tornam difícil a investigação do elemento anímico do administrador. A sua atividade, em um ambiente profissional, direciona-se à gestão impessoal de um interesse alheio,[298] do que decorre o dever de motivação e formalização dos seus atos, sendo infensa, em regra, ao elemento *vontade* como aspecto decisivo. Além disso, a burocracia engendra uma miríade de instâncias de poder, não raro sobrepostas, tornando difusa a imputação das condutas ao comportamento de um agente. Resulta daí que a assimilação do dolo do administrador público ao *conhecimento* e *vontade*, à moda penal, se cerca de notórias dificuldades.

Como aferir a efetiva vontade – por exemplo, de lesar ao erário – do Prefeito Municipal que, chancelando edital preparado por seu secretariado, promove uma licitação restritiva à concorrência? Como ter-se

---

[294] GARCÍA DE ENTERRÍA, Eduardo. *La lucha contra las inmunidades del Poder en el derecho administrativo*: poderes discrecionales, poderes de gobierno, poderes normativos. 3. ed. Madrid: Civitas, 1983, p. 24-49. Também Germana de Oliveira Moraes fala em um "gradual decréscimo de liberdade e autonomia da Administração Pública" (MORAES, Germana de Oliveira. *Controle jurisdicional da Administração Pública*. 2. ed. São Paulo: Dialética, 2004, p. 35).

[295] OTERO, Paulo, op. cit., p. 168.

[296] artigo 5º, inciso XXXV, da CF/1988.

[297] MOREIRA, João Batista Gomes. *Direito administrativo*: da rigidez autoritária à flexibilidade democrática. Belo Horizonte: Fórum, 2005. p. 414-416. Tratando de tal fenômeno, na perspectiva de direito comparado, JORDÃO, Eduardo. *Controle judicial de uma administração pública complexa*: a experiência estrangeira na adaptação da intensidade do controle. São Paulo: Malheiros, 2016; MORAES, Germana de Oliveira, op. cit., p. 30.

[298] CIRNE LIMA, Ruy. *Princípios de direito administrativo*. 7. ed. revista e reelaborada por Paulo Alberto Pasqualini. São Paulo: Malheiros, 2007, p. 37.

por dolosamente afrontosa ao princípio da impessoalidade a conduta do agente político que, com dinheiro público, publica encarte em jornal com as obras públicas realizadas em seu mandato, do que decorre inevitável promoção pessoal? Como avaliar o conhecimento da ilicitude do agente público que possui bens em valor desproporcional à sua renda?

Além da difícil precisão de critérios válidos para o controle intersubjetivo do processo de aferição do dolo do agente, o Poder Judiciário, responsável pela imposição das sanções pela prática de improbidade, tem claros problemas estruturais e funcionais,[299] tendo-se mostrado incapaz de, ao mesmo tempo, solver os inúmeros litígios a ele submetidos e definir pautas seguras à atuação do administrador público. O resultado é um sistema manifestamente ineficaz no combate à corrupção sistêmica.[300]

A fim de possibilitar maior operatividade e segurança no processo de inferência do dolo do administrador público na improbidade administrativa, tornado complexo em face dos novos parâmetros de atuação da Administração Pública e dificultado por limitações estruturais e funcionais, é imprescindível avaliar situações controvertidas submetidas à apreciação do Poder Judiciário, nas quais foi apurado ou afastado a dolo da conduta do gestor público. Tal avaliação é premissa para, após, serem delineados os limites do que é o dolo ímprobo, aproximando-o ou distanciando-o dos seus contornos nas dogmáticas civil e penal.

4.2. O dolo ímprobo na jurisprudência do STJ

4.2.1. Metodologia de análise

Além das dificuldades já mencionadas acerca da investigação do dolo do administrador público na improbidade administrativa, o exame do processo de imputação subjetiva ao agente público por intermédio das decisões tomadas pelos Tribunais revela óbices adicionais.

---

[299] Apontados por SILVA, Ovídio Baptista da. Da função à estrutura. In: STRECK, Lenio Luiz; DE MORAIS, José Luis Bolzan (Org). *Constituição, Sistemas Sociais e Hermenêutica*. Porto Alegre: Livraria do Advogado, 2009, p. 89-99.

[300] Cita-se, a propósito, estudo de Carlos Higino Ribeiro de Alencar e Ivo Gico Jr, o qual demonstrou que a chance de um servidor público já punido administrativamente por corrupção ser condenado criminalmente é de meros 3,17%, ao passo que ser condenado civilmente é de ínfimos 1,59%, o que, segundo os autores, demonstra que "a eficácia do sistema judicial de combate à corrupção no Brasil é desprezível". (ALENCAR, Carlos Higino Ribeiro de; GICO JR, Ivo. Corrupção e Judiciário: A (in)eficácia do sistema judicial no combate à corrupção. *Revista Direito GV*, vol. 13, jan./jun. 2011, p. 75-98).

A organização judicial brasileira atribui competências distintas aos diversos Tribunais da Federação, tornando possível que a análise de processos envolvendo improbidade administrativa seja efetuada nos diversos ramos do Poder Judiciário, a partir de critérios não necessariamente harmônicos. Há, também, uma limitação do Tribunal responsável pela uniformização da jurisprudência (STJ) quanto à análise de provas,[301] o que faz com que grande parte dos Recursos Especiais de condenações ou absolvições pela possível prática de improbidade administrativa não sejam conhecidos, inviabilizando, por consequência, a extração de parâmetros uniformes de decisão. À semelhante limitação se sujeita o STF, responsável, em regra, pelo controle de constitucionalidade difuso, via Recurso Extraordinário.[302]

Embora presentes tais dificuldades, o exame da jurisprudência, sobretudo do STJ, viabiliza, ao menos, um cotejo das principais situações envolvendo o processo de atribuição subjetiva da improbidade administrativa a agentes públicos. A negativa de conhecimento dos Recursos Especiais de decisões dos demais Tribunais da federação, baseada na impossibilidade do reexame de provas, deixa entrevistas as situações mais comuns em que a imputação do dolo se dá a partir de uma determinada situação de fato. O próprio STJ, conquanto presente tal obstáculo, não raro analisa a compatibilidade da tese jurídica firmada pelos diversos Tribunais aos pressupostos por ele firmados de incidência das normas dos artigos 9° a 11 da Lei n° 8.429/92.[303]

Isso possibilita que, da análise dos casos mais comuns constantes na jurisprudência de tal Corte Superior, responsável pela uniformização da interpretação do direito federal, tenha-se uma radiografia do processo de imputação subjetiva da improbidade administrativa no país, justificando a opção de, a partir de tal análise, agrupá-los tendo como parâmetro a constatação da presença (ou não) de dolo à luz de algumas situações controvertidas em que discutidas as respectivas espécies de improbidade. Em que pese tais casos tenham sido selecionados aleatoriamente – sem, portanto, um critério preciso de escolha –, a circunstância de ensejarem diferentes interpretações, não raro no próprio STJ, permite concluir versarem sobre controvérsias recorrentes a respeito da imputação do dolo na improbidade administrativa.

---

[301] Exposta na Súmula 7 daquele Tribunal: "A pretensão de simples reexame de prova não enseja recurso especial".

[302] Súmula n° 279 do STF: "Para simples reexame de prova não cabe recurso extraordinário".

[303] A propósito, o STJ tem orientação no sentido de que a revaloração das provas e dos fatos expressamente delineados pelas instâncias ordinárias não viola o disposto na Súmula 7 do STJ. Nesse sentido: REsp n° 1628618/MA, 3ª Turma, DJe de 04/04/2017; REsp n° 1455296/PI, 3ª Turma, DJe de 15/12/2016; e REsp n° 1369571/PE, DJe de 28/10/2016.

Tendo em vista o objetivo de analisar a imputação subjetiva do dolo em casos-limite de improbidade administrativa – na maior parte das vezes mediante a violação a princípios da Administração Pública (art. 11 da Lei nº 8.429/92) –, deixou-se propositalmente de fora de tal análise situações em que apurada culpa do agente (discussão que será feita no próximo capítulo), assim como aquelas em que patente uma intenção lesiva – por exemplo, casos envolvendo fraudes ou corrupção manifesta.

4.2.2. Aquisição de bens de valor desproporcional

O artigo 9º da Lei nº 8.429/92 sanciona como ímprobas as hipóteses de enriquecimento ilícito do agente público, quando este aufere "qualquer tipo de vantagem patrimonial indevida em razão do exercício de cargo, mandato, função, emprego ou atividade" nas entidades que compõem o sujeito passivo da referida lei. Como já visto, trata-se de punição antiga, oriunda da CF/1946, para a qual o dolo, em geral, é dessumido da própria conduta (*in re ipsa*), pois "no próprio conceito de enriquecimento insere-se o elemento subjetivo da improbidade".[304]

Em tal dispositivo, chama atenção a possibilidade, prevista no respectivo inciso VII,[305] de improbidade administrativa em razão da mera aquisição, pelo agente público no exercício de cargo ou função pública, de bens de qualquer natureza cujo valor seja desproporcional à evolução do seu patrimônio ou renda. Em que pese não seja uma novidade no direito brasileiro,[306] tal dispositivo invoca uma presunção *juris tantum*[307] de ilegitimidade no enriquecimento, aproximando a ausência de justa causa à prática de um ilícito.[308]

Em verdade, a punição como ímproba da aquisição de bens em valor desproporcional decorre de um sistema que permite o rigoroso controle da evolução patrimonial dos agentes públicos, a partir do dever de apresentar declaração de bens no ingresso no serviço público como requisito para posse e exercício, bem como no final de cada exercício financeiro, término da gestão ou mandato e nas hipóteses de exoneração,

---

[304] ORTIZ, Carlos Alberto. *Improbidade Administrativa*. Cadernos de Direito Constitucional e Eleitoral. São Paulo: Imprensa Oficial do Estado, v. 28.

[305] "VII – adquirir, para si ou para outrem, no exercício de mandato, cargo, emprego ou função pública, bens de qualquer natureza cujo valor seja desproporcional à evolução do patrimônio ou à renda do agente público".

[306] Como demonstrado por MARTINS JÚNIOR, Wallace Paiva. Enriquecimento ilícito de agentes públicos: evolução patrimonial desproporcional à renda ou patrimônio – Lei Federal 8.429/92. *Revista dos Tribunais*, vol. 755/1998, set. 1998, p. 94-112.

[307] GARCIA, Emerson; ALVES, Rogério Pacheco, op. cit., p. 465.

[308] MARTINS JÚNIOR, Wallace Paiva, op. cit., p. 100.

renúncia ou afastamento definitivo (art. 13 da Lei n° 8.429/92[309] e art. 1° da Lei n° 8.730/93[310]). A irrestrita possibilidade de acompanhamento da evolução patrimonial dos agentes públicos também decorre da própria lei que assegura acesso público às suas informações vencimentais (Lei n° 12.527/2011).[311] O agente público, portanto, tem presumida consciência de que sua vida patrimonial será objeto de escrutínio público e fiscalização por parte da Administração Pública.

A grande questão suscitada pelo dispositivo diz respeito ao ônus da prova de demonstração de tal evolução patrimonial desproporcional a descoberto. Nesse particular, o STJ tem jurisprudência consolidada no sentido de que "em matéria de enriquecimento ilícito, cabe à Administração comprovar o incremento patrimonial significativo e incompatível com as fontes de renda do servidor, competindo, a este, por outro lado, o ônus da prova no sentido de demonstrar a licitude da evolução patrimonial constatada pela Administração, sob pena de configuração de improbidade administrativa por enriquecimento ilícito".[312]

Na linha da doutrina majoritária,[313] portanto, o STJ entende que cabe ao órgão acusatório a prova do incremento patrimonial incompatível com as fontes de renda do servidor, cabendo a este, por outro lado, demonstrar a origem lícita dos bens acumulados. A despeito de

---

[309] Art. 13. A posse e o exercício de agente público ficam condicionados à apresentação de declaração dos bens e valores que compõem o seu patrimônio privado, a fim de ser arquivada no serviço de pessoal competente.

[310] Art. 1°. É obrigatória a apresentação de declaração de bens, com indicação das fontes de renda, no momento da posse ou, inexistindo esta, na entrada em exercício de cargo, emprego ou função, bem como no final de cada exercício financeiro, no término da gestão ou mandato e nas hipóteses de exoneração, renúncia ou afastamento definitivo, por parte das autoridades e servidores públicos adiante indicados: I – Presidente da República; II – Vice-Presidente da República; III – Ministros de Estado; IV – membros do Congresso Nacional; V – membros da Magistratura Federal; VI – membros do Ministério Público da União; VII – todos quantos exerçam cargos eletivos e cargos, empregos ou funções de confiança, na administração direta, indireta e fundacional, de qualquer dos Poderes da União.

[311] ALVES, Rogério Pacheco. *Zona de luminosidade dos agentes públicos*: Estudos sobre improbidade administrativa em homenagem ao professor J. J. Calmon de Passos. p. 137-158.

[312] MS 21.084/DF, Rel. Ministro Mauro Campbell Marques, Primeira Seção, julgado em 26/10/2016, DJe 01/12/2016; MS 18.460/DF, Rel. Ministro Napoleão Nunes Maia Filho, Rel. p/ Acórdão Ministro Mauro Campbell Marques, Primeira Seção, julgado em 28/08/2013, DJe 02/04/2014; MS 13.142/DF, Rel. Ministro Humberto Martins, Primeira Seção, julgado em 24/06/2015, DJe 04/08/2015.

[313] COSTA, José Armando da. *Direito administrativo disciplinar*. 2. ed. São Paulo: Método, 2009; p. 541-542; OLIVEIRA, Suzana Fairbanks Schnitzlein. A evolução patrimonial do agente público em desproporcionalidade aos seus rendimentos: uma presunção de enriquecimento ilícito – exegese do inciso VII do artigo 9° da Lei n. 8.429/1992. In: *Questões práticas sobre improbidade administrativa*. Samantha Chantal Dobrowski (coord). Brasília: ESMPU, 2011, p.76-81; GARCIA, Emerson; ALVES, Rogério Pacheco, op. cit., p. 466; MEIRELLES, Hely Lopes. *Direito Administrativo Brasileiro*. 26. ed. São Paulo: Malheiros, 2001, p. 469.

substancial entendimento em sentido contrário,³¹⁴ a mesma jurisprudência do STJ entende, à luz da literalidade do tipo em comento, sequer ser necessária a prova do ilícito administrativo praticado pelo agente no exercício da função.³¹⁵

Há uma evidente *objetivização* do tipo de improbidade administrativa em comento, tornando desnecessária, à luz da jurisprudência do STJ, a incursão no elemento anímico do agente público sujeito às penas pela evolução patrimonial a descoberto. Não se questiona, em regra, seu conhecimento acerca da desproporcionalidade do patrimônio acumulado, tampouco a efetiva vontade de praticar algum ilícito e, com isso, locupletar-se em razão do cargo ou função pública exercidos.³¹⁶ A questão atinente à imputação da improbidade administrativa resolve-se pela mera imposição da regra ordinária de distribuição do ônus da prova quanto à evolução patrimonial, sendo certo que a licitude do patrimônio desproporcional é suscetível de prova produzida pelo próprio beneficiado – observados, é claro, parâmetros como o *in dubio pro reo*.³¹⁷

4.2.3. Contratação sem concurso público

Segundo se infere da jurisprudência do STJ, a contratação irregular de servidores pela Administração Pública sem a realização de concurso público, em ofensa ao artigo 37, inciso II, da CF/1988, pode caracterizar ato de improbidade administrativa por violação a princípios da Admi-

---

³¹⁴ FAZZIO JÚNIOR, Waldo, op. cit., p. 178-179; AGRA, Walber de Moura, op. cit., p. 106-107; PAZZAGLINI FILHO, Marino. *Lei de improbidade administrativa comentada*. 3. ed. São Paulo: Atlas, 2007, p. 69-73.

³¹⁵ Nesse sentido, já decidiu a Terceira Seção do STJ no MS 12.536/DF (Min. Laurita Vaz, DJe 26/09/2008), que "a conduta do servidor tida por ímproba não precisa estar, necessária e diretamente, vinculada com o exercício do cargo público". No mesmo sentido: MS 12.660/DF, Rel. Ministra Marilza Maynard (Desembargadora convocada do TJ/SE), Terceira Seção, julgado em 13/08/2014, DJe 22/08/2014. Na doutrina, colhe-se tal posição em GARCIA, Emerson; ALVES, Rogério Pacheco, op. cit., p. 468-469.

³¹⁶ Como salientam Fernando da Fonseca Gajardoni, Luís Otávio Sequeira de Cerqueira, Luiz Manoel Gomes Júnior e Rogério Favreto, "a simples aquisição" (de bens em valor desproporcional) "já demonstra o dolo, pois uma pessoa honesta e que atue de forma correta tem ciência de que a aquisição de bens ou direitos superiores à capacidade financeira é algo impraticável" (GAJARDONI, Fernando da Fonseca; CRUZ, Luana Pedrosa de Figueiredo; CERQUEIRA, Luís Otávio Sequeira de; GOMES JÚNIOR, Luiz Manoel; FAVRETO, Rogério. *Comentários à Lei de Improbidade Administrativa*. 1. ed. em e-book baseada na 3. ed. Impressa. São Paulo: Revista dos Tribunais, 2014, p. 12). No mesmo sentido, MARTINS, Fernando Rodrigues. *Controle do patrimônio público*: comentários à lei de improbidade administrativa. 4. ed. São Paulo: Revista dos Tribunais, 2010, p. 269.

³¹⁷ Leonardo Bofill Vanoni, nesse sentido, enxerga direito fundamental à presunção de probidade administrativa, extraído da presunção de inocência prevista no artigo 5°, inciso LVII, da CF/1988 (VANONI, Leonardo Boffil. Presunção de probidade administrativa: da fundamentalidade às repercussões probatórias. In: *A proteção judicial da probidade pública e da sustentabilidade*. SARLET, Ingo; LUDWIG, Roberto José (org.). Porto Alegre: Livraria do Advogado, 2017, p. 134-147).

nistração Pública (art. 11, *caput* e inciso V da Lei nº 8.429/92), contanto que praticada dolosamente.[318] Isso ocorre, por exemplo, nos casos de nomeação de servidor comissionado para exercer, com desvio de função e em detrimento de concursados, atividade para a qual se exige a realização de concurso público.[319]

Aquela Corte, em geral, não ingressa no reexame das provas que ensejaram as respectivas condenações ou absolvições, pelos Tribunais de origem, da prática de improbidade pela contratação irregular, enfatizando, porém, a necessidade de as decisões de origem apontarem a presença de dolo "genérico" do agente. Não há, contudo, uma especificação acerca de qual seria a exigência para configuração de tal dolo genérico. Teria o agente que ter demonstrado *vontade* de fraudar a contratação de servidores – por exemplo, tencionando contratar pessoas com ele relacionadas? Bastaria a chancela de tal contratação ilegal, ainda que não apontado um elemento anímico vinculando o agente ordenador ao ilícito administrativo?

Tais questões, da análise da jurisprudência do STJ, não ficam claras.

Alguns indicativos, contudo, podem ser extraídos. Em um caso, a Corte endossou entendimento do Tribunal de origem cujo acórdão fundava o dolo genérico na consciência, pelo Prefeito Municipal, da exigência constitucional de restrição à contratação mediante concurso, inferindo-se isso do fato deste ter realizado "dois concursos públicos na sua Administração Municipal".[320] Em julgado recente, a Segunda Turma do STJ decidiu que "o dolo genérico decorre da própria contratação sem concurso público", pois "o gestor público precisa ter ciência de que não pode haver contratação de servidor efetivo sem a prévia aprovação em concurso público".[321] Ou seja, dessumiu-se o dolo do conhecimento exigido da necessidade de realização de concurso público, constante no texto constitucional, ainda que ausente uma prova de intenção fraudulenta.

O mesmo STJ tem julgados no sentido de que, havendo lei municipal (ou estadual) autorizando as contratações diretas sem concurso

---

[318] AgRg no AREsp 712.341/MS, Rel. Ministro Gurgel de Faria, Primeira Turma, julgado em 02/06/2016, DJe 29/06/2016; AgRg no AREsp 112.873/PR, Rel. Ministra Regina Helena Costa, Primeira Turma, julgado em 04/02/2016, DJe 17/02/2016; REsp 1230352/SP, Rel. Ministro Napoleão Nunes Maia Filho, Rel. p/ Acórdão Ministro Sérgio Kukina, Primeira Turma, julgado em 27/08/2013, DJe 05/11/2013.

[319] AgInt no REsp 1660156/RS, Rel. Ministra Regina Helena Costa, Primeira Turma, julgado em 11/09/2018, DJe 15/10/2018REsp 1.505.360/SE, Rel. Ministro Herman Benjamin, Segunda Turma, julgado em 05/03/2015, DJe 12/02/2016; REsp 772.241/MG, Rel. Ministro Luiz Fux, Primeira Turma, julgado em 15/04/2008, DJe 24/06/2009.

[320] AgRg no AREsp 788.735/SE, Rel. Ministro Mauro Campbell Marques, Segunda Turma, julgado em 03/12/2015, DJe 14/12/2015.

[321] AgInt no AREsp 1366330/MG, Rel. Ministro Francisco Falcão, Segunda Turma, julgado em 16/05/2019, DJe 23/05/2019.

público, mesmo que inconstitucional – porém de inconstitucionalidade não declarada –, não há se falar em ato de improbidade administrativa por parte do agente, dada a ausência de "propósito desonesto" do agir do agente público.[322] Da mesma forma, em um caso de profunda reestruturação administrativa em um Município, o STJ chancelou a conclusão do Tribunal de origem no sentido de que a recontratação temporária de funcionários sem concurso público era justificável e atendia ao interesse público, afastando, portanto, o elemento subjetivo da improbidade administrativa.[323]

Tal análise leva à conclusão de que o dolo necessário para a prática de ato de improbidade administrativa decorrente da contratação sem concurso público pelo administrador é inferido da presumida ciência da exigência, constante em preceito constitucional expresso, o que se reforça pela constatação de que semelhante prática é objeto de crime de responsabilidade.[324] Tal elemento subjetivo, contudo, pode ser afastado em determinado contexto (por exemplo, quando presente quadro de reestruturação administrativa) ou quando presente legislação do respectivo ente autorizando a contratação direta inconstitucional, de aplicação compulsória pelo respectivo gestor enquanto não declarada formalmente a sua inconstitucionalidade.

4.2.4. Acumulação ilegal de cargos públicos

Havendo violação, por parte do agente público, ao disposto no artigo 37, inciso XVI, da CF/1988[325] – constatando-se, portanto, a acumulação ilegal de cargos públicos –, a recente jurisprudência do STJ inclina-se pela subsunção da conduta à improbidade administrativa prevista no artigo 11 da Lei nº 8.429/92, valendo-se, em regra, da suficiência probatória de demonstração, pelas instâncias de origem, do "dolo genérico" do agente.[326]

---

[322] AgInt no REsp 1330293/SP, Rel. Ministro Benedito Gonçalves, Primeira Turma, julgado em 23/10/2018, DJe 31/10/2018; REsp 1457238/MG, Rel. Ministro Mauro Campbell Marques, Segunda Turma, julgado em 17/09/2015, DJe 28/09/2015; REsp 1248529/MG, Rel. Ministro Napoleão Nunes Maia Filho, Primeira Turma, julgado em 03/09/2013, DJe 18/09/2013.

[323] STJ, REsp n. 1660398, Rel. Min. Herman Benjamin, Segunda Turma, j. 27/06/2017, DJe: 30/06/2017.

[324] A nomeação, admissão ou designação de servidor contra expressa disposição de lei é prevista como crime de responsabilidade pelo artigo 1º, inciso XIII, do Decreto-Lei nº 201/1967 e pelos artigos 9º, alínea 5, e 74 da Lei nº 1.079/1950.

[325] XVI – é vedada a acumulação remunerada de cargos públicos, exceto, quando houver compatibilidade de horários, observado em qualquer caso o disposto no inciso XI: a) a de dois cargos de professor; b) a de um cargo de professor com outro técnico ou científico; c) a de dois cargos ou empregos privativos de profissionais de saúde, com profissões regulamentadas.

[326] AgInt no REsp 1711374/RJ, Rel. Ministro Mauro Campbell Marques, Segunda Turma, julgado em 12/06/2018, DJe 20/06/2018; REsp 1658192/RJ, Rel. Ministro Herman Benjamin,

O mesmo STJ, contudo, possui decisões mais antigas no sentido de que, na hipótese de acumulação ilegal de cargos, se consignada a efetiva prestação do serviço público, valor irrisório de contraprestação e boa-fé do contratado, há de se afastar a violação ao artigo 11 da Lei nº 8.429/92, entendendo tratar-se, no caso, de mera irregularidade administrativa.[327]

Na investigação de quais aspectos a jurisprudência mais recente do STJ tem entendido como relevantes para firmar o dolo genérico do agente público que acumula cargos de modo inconstitucional, merece relevo a valoração, por parte da Corte, da declaração por escrito, firmada na posse do respectivo cargo, de não acumulação.[328]

Tendo o agente firmado declaração não correspondente à verdade de que não ocupava outro cargo público além do já permitido constitucionalmente – praticando, portanto, um ato positivo de ciência da proibição –, o Tribunal tem inferido o seu dolo, autorizando a incidência da improbidade administrativa por violação a princípios da Administração Pública, notadamente a honestidade e legalidade.

4.2.5. Publicidade como promoção pessoal

Segundo o artigo 37, § 1º, da CF/1988, a publicidade dos atos, programas, obras, serviços e campanhas dos órgãos públicos "deverá ter caráter educativo, informativo ou de orientação social", vedando-se expressamente que dela constem "nomes, símbolos ou imagens que caracterizem promoção pessoal de autoridades ou servidores públicos".

Com fundamento em tal dispositivo, é controvertida a possibilidade de punir-se por improbidade administrativa o agente público que promove publicidade oficial com promoção pessoal. O STJ, esbarrando no limite da vedação ao reexame de provas, considera válida, para fins de confirmar o entendimento dos Tribunais de origem, a menção à análise da existência de promoção pessoal do agente, para entender viável a subsunção da improbidade por violação ao princípio constitucional

---

Segunda Turma, julgado em 06/06/2017, DJe 30/06/2017; AgInt no AREsp 1122596/MS, Rel. Ministro Francisco Falcão, Segunda Turma, julgado em 14/08/2018, DJe 17/08/2018; AgRg no AREsp 712.341/MS, Rel. Ministro Gurgel de Faria, Primeira Turma, julgado em 02/06/2016, DJe 29/06/2016.

[327] AgRg no REsp. 1.245.622/RS, Rel. Min. Humberto Martins, DJe 24.6.2011; REsp 996.791/PR, Rel. Min. Herman Benjamin, Segunda Turma, julgado em 08/06/2010, DJe 27.4.2011.

[328] Utilizada como *ratio decidendi*, por exemplo, no AgInt no REsp 1711374/RJ, Rel. Ministro Mauro Campbel Marques, Segunda Turma, julgado em 12/06/2018, DJe 20/06/2018 e no REsp 1658192/RJ, Rel. Ministro Herman Benjamin, Segunda Turma, julgado em 06/06/2017, DJe 30/06/2017.

da impessoalidade (art. 11 da Lei nº 8.429/92),³²⁹ ainda que não custeada com recursos públicos.³³⁰

A questão, de fato, é complexa, uma vez que a publicidade oficial dos atos praticados pela Administração Pública, que têm o cidadão como destinatário e beneficiário, é um dever público.³³¹ Há uma exigência constitucional expressa, contudo, de que tal publicidade atenha-se ao caráter educativo, informativo ou de orientação social, sendo tênue a distinção entre publicidade vinculada ao dever de prestar contas à população dos atos de gestão e publicidade indevida, visando à promoção pessoal do agente. Afinal, o dever de a Administração Pública tornar públicos seus atos torna quase impossível que, de alguma forma, não se identifique o agente público responsável.

Tendo em vista tal dificuldade, a análise do enquadramento da conduta de promover publicidade como ímproba passa necessariamente pelo exame das particularidades de cada caso – o que, de resto, seria incompatível com um trabalho como o presente.

Mesmo assim, do exame da jurisprudência do STJ podem ser estabelecidos alguns parâmetros para divisar os limites da publicidade oficial e da promoção pessoal indevida do agente. E tais parâmetros dizem respeito justamente ao dolo do agente em obter um benefício particular por meio de publicidade institucional. Em julgado recente, a Segunda Turma do STJ considerou ímproba a conduta de Prefeito Municipal que veiculou vídeo institucional com "desvio da função objetiva da linguagem de cunho meramente informativo", tendo se aproveitado de evento comemorativo municipal para difundir propaganda pessoal. Na ocasião, assentou o Ministro Relator, Francisco Falcão, que:

> Nenhum alcaide pode alegar desconhecimento dos princípios regentes da administração pública e, a partir daí, supor que é lícita a sua promoção pessoal em evento festivo patrocinado pelo município gerido. A impessoalidade é princípio e noção basilar na gestão pública. Se é dever do prefeito conhecer as diretrizes normativas que jurou servir enquanto timoneiro de um município, não lhe é dado adotar postura que claramente personaliza realizações locais que não são suas, mas sim do povo de quem é mandatário efêmero.³³²

---

³²⁹ AgInt no REsp 1738246/MG, Rel. Ministra Regina Helena Costa, Primeira Turma, julgado em 19/03/2019, DJe 20/05/2019; AgInt no AREsp 1209815/MT, Rel. Ministro Sérgio Kukina, Primeira Turma, julgado em 05/06/2018, DJe 08/06/2018; AgInt no AREsp 653.764/ES, Rel. Ministro Sérgio Kukina, Primeira Turma, julgado em 20/02/2018, DJe 06/03/2018; AgInt no REsp 1573264/PB, Rel. Ministro Gurgel de Faria, Primeira Turma, julgado em 16/02/2017, DJe 10/03/2017.

³³⁰ AREsp 672.726/SC, Rel. Ministro Napoleão Nunes Maia Filho, Rel. p/ Acórdão Ministro Sérgio Kukina, Primeira Turma, julgado em 27/11/2018, DJe 04/02/2019.

³³¹ MARTINS JÚNIOR, Wallace Paiva. Publicidade oficial: moralidade e impessoalidade. *Revista dos Tribunais*, vol. 705/1994, p. 82-88, jul.1994.

³³² AgInt no AREsp 1342737/MG, Rel. Ministro Francisco Falcão, Segunda Turma, julgado em 11/04/2019, DJe 03/05/2019.

A pessoalização da publicidade, com a associação de frases ou de imagens que remetem claramente à pessoa do agente público (em geral, agente político), tem sido considerada como indício suficiente do dolo ímprobo do agente por algumas decisões.³³³ Já se considerou também, no julgamento do REsp nº 765.212/AC – em que a questão foi debatida com maior profundidade – não constituir erro escusável ou mera irregularidade o agente "olvidar princípio constitucional da magnitude da impessoalidade e vedação contida no artigo 37, § 1º, da Constituição da República".³³⁴

Por outro lado, em sentido contrário, alguns julgados consideram inexistente improbidade administrativa em publicidade oficial, referindo inexistir dolo do agente mesmo em face de situações nas quais a propaganda governamental continha nítida pessoalização da conduta, como a frase "não podemos esquecer e sempre devemos lembrar: ele (prefeito) corre atrás das coisas"³³⁵ ou no (já célebre) caso do Prefeito Municipal que, no dia de finados, se valeu de servidores municipais para que distribuíssem por todos os túmulos existentes no cemitério municipal um botão de rosa acompanhado de cartão.³³⁶

Extrai-se, portanto, aparente divergência no âmbito do STJ acerca do elemento subjetivo necessário para caracterizar o dolo de promoção pessoal constante em publicidade oficial. Enquanto alguns julgados, em geral mais recentes, consideram a inviabilidade do agente público desconhecer o dever de não a personalizar – admitindo, a partir daí, dolo genérico quando existente um elemento de promoção pessoal –, outros, mesmo em face de situações que implicam clara vinculação publicitária à pessoa do responsável, reputaram inexistente o mencionado "propósito desonesto" necessário à caracterização da improbidade administrativa.

4.2.6. Nepotismo

A contratação de parentes por agentes públicos para provimento de cargos em comissão, de direção, chefia ou assessoramento da Admi-

---

³³³ Considerou-se, por exemplo, suficiente para a prática da improbidade administrativa ser a publicidade intitulada "A cidade que mora em mim – três anos de governo" (AgInt no REsp 1611275/SC, Rel. Ministro Mauro Cambpell Marques, Segunda Turma, julgado em 15/03/2018, DJe 20/03/2018); ou a padronização, pelo agente, de bens públicos com as cores de sua campanha política (AgInt no REsp 1573264/PB, Rel. Ministro Gurgel de Faria, Primeira Turma, julgado em 16/02/2017, DJe 10/03/2017).

³³⁴ REsp 765.212/AC, Rel. Ministro Herman Benjamin, Segunda Turma, julgado em 02/03/2010, DJe 23/06/2010

³³⁵ REsp 1186192/MT, Rel. Ministro Napoleão Nunes Maia Filho, Primeira Turma, julgado em 12/11/2013, DJe 02/12/2013.

³³⁶ AgRg no AREsp 21.662/SP, Rel. Ministro Napoleão Nunes Maia Filho, Primeira Turma, julgado em 07/02/2012, DJe 15/02/2012.

nistração Pública, conquanto já proibida por alguns dispositivos legais esparsos,[337] encontrou expressa vedação no âmbito do Poder Judiciário após a edição da Resolução nº 7/2006 do Conselho Nacional de Justiça. Questionada no STF, tal Resolução teve afirmada a sua constitucionalidade no julgamento da ADC nº 12/DF,[338] ocasião em que a Corte editou o enunciado da sua Súmula Vinculante nº 13,[339] aplicável em todas as esferas da Administração Pública.

Na sessão plenária de julgamento da referida ADC, o Ministro Gilmar Mendes, em seu voto, salientou que "a indeterminação semântica dos princípios da moralidade e da impessoalidade não pode ser um obstáculo à determinação da regra da proibição do nepotismo". Considerou-se, portanto, o nepotismo, à exceção de quando envolva a nomeação para cargos políticos,[340] como prática ilícita pela afronta à moralidade e à impessoalidade, em forma de corrupção pelo desvio do interesse público, alicerçada no patrimonialismo que historicamente é arraigado à Administração Pública no país.[341]

A recente jurisprudência do STJ, superando entendimento anterior,[342] tem admitido que a prática do nepotismo, ainda que antes da edição da Súmula Vinculante nº 13 do STF, é suscetível de ser enquadrada como improbidade administrativa por violação a princípios da Administração Pública (art. 11 da Lei nº 8.429/92).[343] Tal entendimento

---

[337] Por exemplo, artigo 10 da Lei 9.421/96, artigo 6º, da Lei Federal 11.416/2006 e artigo 117, inciso VIII, da Lei nº 8.112/90.

[338] ADC 12, Relator Min. Carlos Britto, Tribunal Pleno, julgado em 20/08/2008, DJe-237 publicado 18/12/2009.

[339] "A nomeação de cônjuge, companheiro ou parente em linha reta, colateral ou por afinidade, até o terceiro grau, inclusive, da autoridade nomeante ou de servidor da mesma pessoa jurídica investido em cargo de direção, chefia ou assessoramento, para o exercício de cargo em comissão ou de confiança ou, ainda, de função gratificada na administração pública direta e indireta em qualquer dos poderes da União, dos Estados, do Distrito Federal e dos Municípios, compreendido o ajuste mediante designações recíprocas, viola a Constituição Federal".

[340] O próprio STF, posteriormente, flexibilizou a regra inserta em sua Súmula Vinculante nº 13, excepcionando da referida violação constitucional a contratação de parentes para cargos políticos (Ministros, Secretários de Estado e Secretários Municipais) (Rcl 6650 MC-AgR, Relatora Min. Ellen Gracie, Tribunal Pleno, julgado em 16/10/2008, DJe-222, publicado em 21/11/2008).

[341] OLIVEIRA, Almerinda Alves de. Nepotismo na Administração Pública brasileira: panorama histórico e associação à corrupção. *Rev. da Controladoria Geral da União*, Brasília 9(14), p. 511-533, jan/jul. 2017.

[342] REsp nº1.193.248/MG, relator Min. Napoleão Nunes Leal Maia Filho, Primeira Turma, julgado em 24/04/2014, DJe 18/08/2014.

[343] AgRg no AREsp 550.607/RJ, Rel. Ministro Napoleão Nunes Maia Filho, Rel. p/ Acórdão Ministro Benedito Gonçalves, Primeira Turma, julgado em 19/03/2019, DJe 01/04/2019; AgInt no AREsp 625.949/MG, Rel. Ministro Gurgel de Faria, Primeira Turma, julgado em 04/10/2018, DJe 08/11/2018 AgRg no REsp 1362789/MG, Segunda Turma, Rel. Ministro Humberto Martins, DJe 19/05/2015; AgRg no REsp 1535600/RN, Rel. Ministro Mauro Campbell Marques, Segunda Turma, julgado em 03/09/2015, DJe 17/09/2015REsp 1286631/MG, Segunda Turma, Rel. Ministro Castro Meira, DJe 22/08/2013; REsp 1009926/SC, Segunda Turma, Rel. Ministra Eliana Calmon, DJe 10/02/2010.

não considera o referido entendimento sumular como marco divisório da ilegalidade e imoralidade da conduta, ao argumento de que a vedação ao nepotismo já decorria do texto original da CF/1988. O agente público responsável pela nomeação já *devia saber*, nessa perspectiva, a ilicitude da prática. Pertinente, a propósito, o argumento do Ministro Sérgio Kukina, lançado em decisão monocrática no AREsp n. 873249/PR, *verbis*:

> Por essa ótica, descabe enxergar na Súmula Vinculante 13, do STF (que rechaça o nepotismo), pretenso marco divisor a partir do qual, e somente então, a prática do nepotismo no serviço público teria sido guindada ao plano da ilicitude. Na mão inversa, exsurge igualmente equivocado o viés de que essa mesma Súmula 13 não poderia alcançar fatos anteriores a ela. Com efeito, tal discussão de cunho cronológico se mostra inócua, uma vez que, como anteriormente pontuado, a força vedatória do nepotismo sempre decorreu da tão-só letra do art. 37 da CF e antes mesmo da edição do sobredito verbete vinculante (em 2008), que teve papel não mais que declaratório sobre o tema.[344]

Dessa forma, em que pese ser prática comum na cultura administrativa pretérita à edição da Súmula Vinculante nº 13 – o que, aliás, ensejou a própria necessidade de edição de um verbete jurisprudencial vinculante –, o STJ entende como possível inferir o dolo ímprobo do agente público que contrata parentes da atribuída clareza do texto da CF/1988. Não há como se dizer, nessa perspectiva, que o agente desconhecia a irregularidade do nepotismo em face da suficiência, para firmar tal ilicitude, das normas constantes sobretudo no artigo 37 do texto constitucional, de conhecimento presumido de parte do administrador público.

4.2.7. Omissão no dever de prestação de contas

O artigo 11, inciso VI, da Lei nº 8.429/92 consigna caracterizar improbidade por violação a princípios da Administração Pública a conduta do agente público que "deixar de prestar contas quando esteja obrigado a fazê-lo". A obrigatoriedade da prestação de contas decorre do texto expresso da CF/1988,[345] cuja omissão enseja o julgamento de irregularidade nas contas perante o Tribunal de Contas da União, de acordo com o artigo 16, inciso III, da Lei nº 8.443/92.[346]

---

[344] AREsp nº 873.249/PR, Rel. Ministro Sérgio Kukina, Segunda Turma, DJe 06/04/2018.

[345] "Art. 70. (...) Parágrafo único. Prestará contas qualquer pessoa física ou jurídica, pública ou privada, que utilize, arrecade, guarde, gerencie ou administre dinheiros, bens e valores públicos ou pelos quais a União responda, ou que, em nome desta, assuma obrigações de natureza pecuniária".

[346] "Art. 16. As contas serão julgadas: (...) III – irregulares, quando comprovada qualquer das seguintes ocorrências: a) omissão no dever de prestar contas".

Tendo em vista tal dever, contraposto à expressa cominação feita pela Lei nº 8.429/92, o STJ tem reiterado entendimento no sentido de que "não configura ato ímprobo o mero atraso na prestação de contas pelo gestor público, sendo necessário, para a adequação da conduta ao artigo 11, inciso VI, da Lei nº 8.429/1992, a demonstração de dolo, ainda que genérico".[347]

Já se considerou presente dolo genérico do ex-gestor municipal quando os protocolos das prestações de contas, com base nos quais o Tribunal de origem o absolveu, foram feitos somente após tomar ciência da acusação de improbidade administrativa.[348] No mesmo julgado, a Segunda Turma do STJ, em conclusão que diverge do entendimento reiterado da Corte, assinalou que "se o convênio fixava prazo para a prestação de contas e o administrador público o desprezou por longo tempo, deixando de justificar o emprego dos recursos recebidos, sua conduta caracteriza violação dolosa dos princípios regentes da atividade administrativa".

Infere-se, portanto, uma aparente necessidade de intencionalidade do retardamento na prestação de contas como premissa para fixar o dolo genérico necessário à imputação subjetiva da improbidade administrativa. Não obstante, o próprio STJ, em recentes julgados, parece flexibilizar tal entendimento, admitindo que a mera desconsideração do prazo para prestação de contas, previsto em convênio, caracteriza violação dolosa autorizadora da incidência do artigo 11 da Lei nº 8.429/92.

4.2.8. A "simples" ilegalidade[349]

O STJ tem reiterados julgados cuja ementa afirma a impropriedade em se considerar a mera violação à legalidade administrativa causa de improbidade por violação a princípios da Administração Pública. É recorrente, a propósito, a citação de excerto do entendimento do Ministro Teori Zavascki:

---

[347] AgRg no AREsp 409.732/DF, Rel. Ministro Og Fernandes Segunda Turma, DJe 16/12/2013; AgInt no REsp 1784979/MA, Rel. Ministro Mauro Campbell Marques, Segunda Turma, julgado em 23/05/2019, DJe 28/05/2019; AgInt no REsp. 1.518.133/PB, Rel. Min. Napoleão Nunes Maia Filho, DJe 21.09.2018; AgRg no REsp. 1.223.106/RN, Rel. Min. Og Fernandes, DJe 20.112014; REsp. 1.306.756/DF, Rel. Min. Napoleão Nunes Maia Filho, DJe 24.10.2013; REsp. 1.307.925/TO, Rel. Min. César Asfor Rocha, DJe 23.08.2012

[348] AgInt no AREsp 1327393/MA, Rel. Ministro Francisco Falcão, Segunda Turma, julgado em 09/04/2019, DJe 12/04/2019.

[349] O trabalho adota um viés crítico à expressão "simples ilegalidade", conquanto se reconheça ser ela reiteradamente utilizada pela doutrina e jurisprudência, dado que, se a própria Lei nº 8.429/92 estabelece a possibilidade de incidência de improbidade administrativa pela violação ao princípio da legalidade (art. 11), é porque uma ilegalidade nunca será "simples". Daí o uso de tal adjetivação entre aspas.

[...] não se pode confundir improbidade com simples ilegalidade. A improbidade é ilegalidade tipificada e qualificada pelo elemento subjetivo da conduta do agente. Por isso mesmo, a jurisprudência do STJ considera indispensável, para a caracterização de improbidade, que a conduta do agente seja dolosa, para a tipificação das condutas descritas nos artigos 9º e 11 da Lei 8.429/92, ou pelo menos eivada de culpa grave, nas do artigo 10.[350]

Em geral, tal entendimento vem acompanhado pela conclusão de que "meras irregularidades não sujeitam o agente às sanções da Lei 8.429/92",[351] e de que "a lei de improbidade administrativa não visa punir o inábil, mas sim o desonesto, o corrupto, aquele desprovido de lealdade e boa-fé".[352]

A Corte, aparentemente, faz uma dissociação, para fins de apuração do elemento subjetivo: tratando-se de um ilícito menor, consubstanciado em afronta a um dispositivo de lei, sem enriquecimento do agente ou prejuízo ao erário, há uma exigência maior do elemento subjetivo, que deve ser caracterizado pela desonestidade do agente. Considera-se, com razão, que a improbidade administrativa "é o grau mais elevado do ato ilícito administrativo".[353] Deve haver prova, nesse caso, de que o agente, de modo proposital e com intento ilícito, quis descumprir uma regra legal.

O reforçado elemento subjetivo tratando-se de ilicitudes administrativas "menores", aliás, decorre da própria complexidade da atividade administrativa – analisada acima –, a qual sujeita o agente público a uma profusão de normas, cuja aplicação, não raro, é controvertida. A aplicação da sanção pela prática de improbidade ao agente público que comete uma ilegalidade – *v.g.*, aquele que tem contra ato por si praticado deferida ordem em mandado de segurança[354] – implicaria elastecimento demasiado do poder punitivo do Estado, tornando necessária, a teor da jurisprudência do STJ, a caracterização excepcional do dolo como *vontade* do agente cometer um ilícito.

---

[350] AIA 30/AM, Rel. Ministro Teori Albino Zavascki, Corte Especial, DJe 28/9/2011.

[351] REsp 1.512.831/MG, Rel. Ministro Herman Benjamin, Segunda Turma, julgado em 13/12/2016, DJe 19/12/2016; AgInt no AREsp 569.385/SE, Rel. Ministro Og Fernandes, Segunda Turma, julgado em 02/10/2018, DJe 06/03/2019; REsp 1567511/RN, Rel. Ministro Herman Benjamin, Segunda Turma, julgado em 13/12/2016, DJe 19/12/2016.

[352] AgRg no REsp 1.500.812/SE, Rel. Ministro Mauro Campbell Marques, Segunda Turma, DJe 28/5/2015; REsp 1.512.047/PE, Rel. Ministro Herman Benjamin, Segunda Turma, DJe 30/6/2015; AgRg no REsp 1.397.590/CE, Rel. Ministra Assusete Magalhães, Segunda Turma, DJe 5/3/2015; AgRg no AREsp 532.421/PE, Rel. Ministro Humberto Martins, Segunda Turma, DJe 28/8/2014; REsp 1.508.169/PR, Rel. Ministro Herman Benjamin, Segunda Turma, julgado em 13/12/2016, DJe 19/12/2016.

[353] RIZZARDO, Arnaldo. *Ação civil pública e ação de improbidade administrativa*. 3. ed. Rio de Janeiro: Forense, 2014, p. 502.

[354] Situação aventada por PORTO FILHO, Pedro Paulo de Rezende. Improbidade administrativa: requisitos para a tipicidade. *Interesse Público IP*, São Paulo, ano 3, n. 11, p. 81/86, jul./set. 2001.

4.3. A caracterização do dolo ímprobo

4.3.1. A distinção "dolo genérico" e "dolo específico"

O exame de casos-limite em que realizada a imputação subjetiva permite verificar um aparente paradoxo. Exigir-se demais do dolo, tendo como a ele indispensáveis provas claras de uma vontade anímica do agente público, leva à ineficiência do subsistema de combate à improbidade administrativa,[355] retroalimentando práticas perniciosas, pela certeza da impunidade, não raro acobertadas por uma "virtual pureza"[356] do agente. Por outro lado, a relativização absoluta do elemento subjetivo, mediante utilização indiscriminada de presunções ou por intermédio da manipulação de signos linguísticos pouco concretos, cai no extremo oposto: a insegurança jurídica do administrador – o qual, não raro, prefere o imobilismo, ainda que com reflexos negativos ao interesse público, ao risco de ser responsabilizado.[357]

Em uma primeira análise, verifica-se que o STJ, sobretudo a partir do julgamento do paradigmático REsp n. 765.212/AC, afastou a possibilidade de associar o elemento subjetivo da conduta à mera voluntariedade do agente – exigindo-se, portanto, dolo e, excepcionalmente, culpa.[358]

Perscrutando o conteúdo desse elemento subjetivo, verifica-se ser recorrente, numa análise da jurisprudência do STJ como a empreendida no item 4.2 *supra*, a menção pela Corte à desnecessidade da presença de "dolo específico" e correlata imperiosidade do apontamento, pelos Tribunais de origem, do dolo meramente "genérico" do agente a quem se atribui a pecha de improbidade. Várias decisões da Primeira e Segunda Turmas[359] mencionam o seguinte entendimento, colhido de voto do Ministro Mauro Campbell Marques:

---

[355] Como observou Susana Henriques da Costa, em análise à jurisprudência do STJ no ano de 2014, o maior número de absolvições em recursos atinentes a ações de improbidade que chegam à corte decorrem da falta de dolo (COSTA, Susana Henriques da. O papel dos Tribunais Superiores no debate jurídico sobre a Improbidade Administrativa. In: GALOTTI, Isabel; DANTAS, Bruno; FREIRE, Alexandre; GAJARDONI, Fernando da Fonseca; MEDINA, José Miguel Garcia (coord.). *O papel da jurisprudência no STJ*. 1. ed. em e-book baseada na 1. ed. impressa. São Paulo: RT, 2014).

[356] Expressão de Caio Tácito, ao salientar que "A ilegalidade mais grave é a que se oculta sob a aparência da legitimidade. A violação maliciosa encobre os abusos de direito com capa da virtual pureza" (TÁCITO, Caio. *Direito administrativo*. São Paulo: Saraiva, 1975, p. 6).

[357] PEREIRA, Flávio Henrique Unes. *Improbidade administrativa e dolo genérico*: o risco de ser gestor público. Disponível em: <https://www.jota.info/opiniao-e-analise/artigos/improbidade-administrativa-e-o-dolo-generico-10082015>. Acesso em: 03/06/2019.

[358] Como demonstra FERREIRA, Vivian Maria Pereira. O dolo da improbidade administrativa: uma busca racional pelo elemento subjetivo na violação aos princípios da Administração Pública. *Revista Direito GV*, v. 15, n. 3, set./dez. 2019.

[359] Cita-se, a título de exemplo, AgInt no AREsp 1397770/MG, Rel. Ministro Francisco Falcão, Segunda Turma, julgado em 14/05/2019, DJe 21/05/2019; REsp 1658192/RJ, Rel. Ministro Herman

O dolo que se exige para a configuração de improbidade administrativa é a simples vontade consciente de aderir à conduta, produzindo os resultados vedados pela norma jurídica – ou, ainda, a simples anuência aos resultados contrários ao Direito quando o agente público ou privado deveria saber que a conduta praticada a eles levaria –, sendo despiciendo perquirir acerca de finalidades específicas.[360]

Infere-se, portanto, que a não perquirição de finalidades específicas amolda o conteúdo do dolo ímprobo, em regra, à simples vontade de o agente aderir a uma conduta cujo resultado lesivo o agente sabia ou devia saber.

A distinção entre "dolo genérico" e "dolo específico", como já visto,[361] é objeto de críticas mesmo na seara penal, de onde oriunda. O dolo, com efeito, sempre deve compreender os elementos objetivos do tipo, os quais devem ser de domínio do agente, sejam eles genéricos ou específicos. O que não pode ocorrer é exigir-se para a imputação do dolo o conhecimento de elementos fora do tipo que ensejou a sanção.

Na improbidade administrativa, contudo, a recorrente distinção entre "dolo genérico" e "dolo específico", que permeia todo o processo de imputação subjetiva das condutas, é utilizada para justificar a aplicação de conteúdos diversos ao dolo exigido do agente público para caracterização da improbidade.[362]

Enquanto na aquisição de bens com valor desproporcional há a desnecessidade de inquirição do elemento subjetivo do agente locupletar-se à custa da função pública que exerce, na publicidade como promoção pessoal, na omissão do dever de prestar contas e, acima de tudo, na "simples" ilegalidade exige-se, em geral, um propósito desonesto do agente para autorizar a incidência de improbidade administrativa. Vai-se, portanto, de um extremo a outro, ora relativizando-se a exigência de dolo, ora dotando-o de uma carga valorativa que deve ingressar no ânimo interno do agente.

Contudo, pode-se observar uma clara tendência nas decisões mais recentes do STJ – *v.g.*, nos casos de contratação sem concurso público, acumulação ilegal de cargos públicos e nepotismo – de considerar presente o dolo em face de ações ou omissões cuja ilicitude o agente, pela posição ocupada, não poderia desconhecer. Isso, aliás, fica claro no

---

Benjamin, Segunda Turma, julgado em 06/06/2017, DJe 30/06/2017; AgInt no AREsp 297.450/SP, Rel. Ministra Assusete Magalhães, Segunda Turma, julgado em 16/05/2017, DJe 23/05/2017; AgRg no REsp 1395625/PE, Rel. Ministro Olindo Menezes (Desembargador convocado do TRF da 1ª Região), Primeira Turma, julgado em 16/02/2016, DJe 22/02/2016).

[360] AgRg no REsp n. 1.539.929/MG, Rel. Ministro Mauro Campbell Marques, Segunda Turma, DJe de 2/8/2016.

[361] Vide item 1.2.2.

[362] No mesmo sentido FERREIRA, Vivian Maria Pereira, op. cit., p. 13.

excerto do voto do Ministro Campbell Marques, *supra*, reiteradamente citado nas ementas dos julgados.

Nessa perspectiva, basta o domínio pelo agente da prática que enseja concreto risco de enriquecimento ilícito, prejuízo ao erário ou – mais comumente – lesão a princípios da Administração Pública, para daí se inferir o correlato conhecimento da sua ilicitude e, por consequência, o dolo. É o chamado *dolus ex re*,[363] o qual apenas é excepcionado de forma clara nos casos de violação a dispositivos de lei não reconduzidos imediatamente a algum dispositivo constitucional (a chamada "simples" ilegalidade ou mera irregularidade).

Seguindo o que propugnam novas tendências na dogmática penal – estudadas no primeiro capítulo deste trabalho –, a jurisprudência do STJ firma como elemento principal do dolo ímprobo o intelectual, normativizando a vontade psicológica do agente público a partir dos deveres que lhe são exigíveis. Dentre tais deveres destaca-se, para tal fim, o de exibir um padrão de racionalidade próprio, superior à média, do qual deriva a necessidade de conhecimento e zelo pelas regras básicas que delineiam o regime jurídico da Administração Pública, dispostas na CF/1988.

A contextualização dos casos, é verdade, tem grande relevância, podendo indicar situações que contraindicam o dolo. Viu-se, por exemplo, o caso da existência de leis dos respectivos entes, ainda que inconstitucionais, autorizativas da contratação sem concurso público; da mesma forma, a possibilidade de haver alguma justificativa relevante, imputável a terceiro, para a não apresentação tempestiva das contas pelo agente público ou o respaldo da ação do agente por um parecer jurídico (tema esse que será objeto de análise no próximo capítulo). Há expressa necessidade legal e regulamentar, ademais, de considerar-se a complexidade da matéria e das atribuições exercidas pelo agente público, para fins de responsabilização.[364]

---

[363] Rodrigo Leite Ferreira Cabral, tratando sobre o dolo na improbidade administrativa, coaduna com a aplicação do *dolus ex re*, o qual "ao contrário do que muitos entendem, não é dolo presumido, mas é dolo extraído das circunstâncias de fato" (CABRAL, Rodrigo Leite Ferreira. O elemento subjetivo do ato de improbidade administrativa. *Revista Justiça e Sistema Criminal*, vol. 9, n. 16, p. 247-268, jan./jun. 2017, p. 261.)

[364] Nesse sentido, o artigo 22, *caput* e § 1º, da LINDB determina que "Na interpretação de normas sobre gestão pública, serão considerados os obstáculos e as dificuldades reais do gestor e as exigências das políticas públicas a seu cargo, sem prejuízo dos direitos dos administrados. § 1º Em decisão sobre regularidade de conduta ou validade de ato, contrato, ajuste, processo ou norma administrativa, serão consideradas as circunstâncias práticas que houverem imposto, limitado ou condicionado a ação do agente". Também o artigo 12, § 4º, do Decreto nº 9.830, de 10/06/2019, ao regulamentar o artigo 20 da LINDB, dispõe que: "A complexidade da matéria e das atribuições exercidas pelo agente público serão consideradas em eventual responsabilização do agente público".

A situação mais comum (e controvertida) em que necessária a consideração de aspectos fáticos particulares dos respectivos casos, contudo, reside na chamada mera irregularidade ou "simples" ilegalidade cometida pelo agente. Em tais casos, quando não constatada gravidade suficiente na conduta (sem enriquecimento ilícito ou prejuízo ao erário), o STJ tende a ser mais rigoroso na avaliação do dolo, exigindo a demonstração de desonestidade/má-fé do agente. Há, aqui, um conteúdo distinto ao mencionado "dolo genérico", o que implica uma aparente ruptura com a coerência do sistema de imputação subjetiva, inserindo-se um elemento (a *gravidade* da conduta), sobre o qual não há qualquer critério intersubjetivo de controle, no processo de aferição do dolo.[365]

Entende-se que uma melhor solução para tais situações passaria pela adoção de um conteúdo material mínimo para adequação dos casos à improbidade administrativa[366] – mediante, por exemplo, o uso de parâmetros como a insignificância ou a teoria da imputação objetiva –, viabilizando que o controle da gravidade da ação ou omissão fosse anterior, e não simultâneo, à imputação subjetiva.

De qualquer forma, e sem desconhecer que mesmo a jurisprudência do STJ ainda não é unívoca neste ponto, extrai-se de julgados mais recentes da Corte um padrão para afastar a referida "mera irregularidade": quando se tratar de uma regra constitucional expressa, que conforma o regime jurídico básico administrativo, há de presumir-se o conhecimento por parte do agente, sendo desnecessário o cotejo de um propósito desonesto manifesto ao infringi-la. Afinal, como acertadamente referiu o Ministro Herman Benjamin em seu voto no REsp nº 1.658.192/RJ, "não se pode considerar a violação à Carta Magna uma mera irregularidade".[367]

Portanto, a dissociação entre dolo genérico e específico, carente de sentido no âmbito penal, de onde é originária, mostra-se também artificial na improbidade administrativa.[368] Em verdade, ambas as

---

[365] Isso justifica a crítica de José Guilherme Giacomuzzi, o qual, também em análise à jurisprudência do STJ, acentua que "o raciocínio dos Ministros autoriza o intérprete a pensar que impera um preocupante subjetivismo: não vendo gravidade na conduta, os Ministros absolvem o agente e aduzem a expressão "necessidade de prova do elemento subjetivo"; vendo gravidade na conduta, condenam o agente e aduzem a linguagem da desnecessidade do dolo específico" (GIACOMUZZI, José Guilherme, op. cit., p. 317).

[366] Nesse sentido, OLIVEIRA, Alexandre Albagli. A tormentosa abordagem do elemento subjetivo nos atos de improbidade administrativa. In: *Estudos sobre improbidade administrativa em homenagem ao Prof. J.J. Calmon de Passos*. Alexandre Albagli Oliveira; Cristiano Chaves; Luciano Ghignone (organizadores). Rio de Janeiro: Lúmen Júris, 2010, p. 67-96, p. 69; CABRAL, Rodrigo Leite Ferreira. *O elemento subjetivo do ato de improbidade administrativa*. p. 256.

[367] REsp 1658192/RJ, Rel. Ministro Herman Benjamin, Segunda Turma, julgado em 06/06/2017.

[368] No mesmo sentido, afastando a utilidade da distinção entre dolo genérico e específico no direito administrativo sancionador, OSÓRIO, Fábio Medina. *Direito administrativo sancionador*. p. R-B 5.6.

expressões mais têm sido usadas como signos linguísticos para possibilitar a adequação da imposição das sanções da Lei n° 8.429/92 conforme a subjetividade do julgador, do que decorrem soluções incompatíveis entre si. Não obstante, o que deve relevar para fins de incidência ou não do dolo é o nível de conhecimento (domínio) do agente acerca dos riscos do(s) ato(s) praticado(s),[369] os quais devem ser inferidos das circunstâncias fáticas a partir da prova produzida, partindo-se do pressuposto, expresso em grande parte das recentes decisões do STJ, de que a nenhum agente público pode ser dado desconhecer as regras básicas para a sua atuação, previstas na CF/1988.

4.3.2. A má-fé e o dolo eventual do agente público

No direito civil, como já visto, o dolo tem como característica uma perversidade de propósitos, uma "direção da vontade para contrariar direito",[370] caracterizado por ser um *dolus malus*, que tem em si imbuída a consciência, pelo agente, da contrariedade de direito.[371] No direito penal, ao contrário, o percurso do causalismo até o finalismo retirou do dolo o elemento consciência da ilicitude, transferindo-o para a culpabilidade, a qual cumpre um papel de juízo de valor a incidir sobre a formação do querer do comportamento.[372]

No direito administrativo sancionador, onde inserida a improbidade administrativa, o dolo do agente tem como elemento necessário o conhecimento da ilicitude, à semelhança do que ocorre na seara civil. Além da matéria não ter o mesmo apuramento teórico do direito penal, que lá justifica seu deslocamento para a esfera da censurabilidade da conduta, o tipo no direito administrativo sancionador é aberto, diferentemente do criminal.[373] A diferença entre os tipos indica a impossibilidade de transferir-se o conhecimento da ilicitude do agente para um momento posterior à imputação subjetiva: ao subsumir-se subjetivamente a conduta praticada a um tipo aberto, necessariamente se exige a prova de que o agente tinha, ou devia ter, conhecimento da sua ilicitude, sob pena de restar esvaziado o próprio dolo.

---

[369] Nesse sentido, José César Naves de Lima Júnior salienta que a discussão em torno do dolo genérico ou específico na improbidade administrativa deve-se deslocar para o seu grau de intensidade (LIMA JÚNIOR, José César Naves de. O gradualismo eficacial do *dolus malus* na improbidade administrativa. Carta Forense, edição n. 110, julho de 2012. Disponível em: <http://www.cartaforense.com.br/conteudo/artigos/o-gradualismo-eficacial-do-dolus-malus-na-improbidade-administrativa/8842>. Acesso em: 06/11/2019.

[370] MIRANDA, Pontes de. *Tratado de direito privado*: Parte Geral. Tomo II, 3. ed. Rio de Janeiro: Borsói, 1970, p. 248.

[371] Vide item 1.1.2.

[372] Vide item 1.2.1.

[373] Vide item 3.3.

Portanto, quando se aduz que na improbidade administrativa o dolo pressupõe a má-fé do agente, isso significa que este deve ter atuado tendo conhecimento da ilicitude do seu agir, que seu propósito era animado pelo sentimento de praticar uma ação ou omissão contrária ao direito.[374] O dolo ímprobo é um *dolus malus*, similar neste particular ao dolo civil, o que é uma decorrência da maior abertura dos respectivos tipos.[375]

Da exigência de conhecimento da ilicitude, contudo, não se extrai qual o nível exigido de evidência dessa ilicitude a partir do qual se pode inferir o dolo do agente. A contrariedade ao direito, para a incidência das sanções previstas na Lei nº 8.429/92, exige um resultado: enriquecimento ilícito, prejuízo ao erário ou violação a princípios da Administração Pública. Os tipos previstos na referida lei não prescindem do atingimento de um fim determinado para que se configure o ilícito administrativo. E é no risco concreto desse(s) resultado(s) que deve centrar-se a perquirição do elemento subjetivo do agente.

Tratando-se da hipótese mais conturbada – a violação a princípios da Administração Pública – o nível de evidência do risco concreto torna-se complexo, pela própria abertura do tipo. A jurisprudência do STJ, não sem oscilações, divide-se neste ponto: tratando-se de uma violação de menor censurabilidade (a mencionada "simples" ilegalidade), exige-se uma evidência máxima do conhecimento da ilicitude pelo agente, culminando com a prova de um propósito desonesto; tratando-se, contudo, de uma violação direta a uma regra vital ao regime jurídico constitucional da Administração Pública, a evidência do conhecimento da ilicitude é indiciada da presumida ciência, por parte do agente, do conteúdo da norma desobedecida.

Tal entendimento parte da acertada premissa de que o agente público deve conduzir suas ações com o rigor esperado daquele que administra algo alheio. Na lição imorredoura de Ruy Cirne Lima, a "administração", conceito antagônico ao de propriedade, exige condu-

---

[374] A jurisprudência do STJ, neste particular, tem reiterado entendimento – o qual será, depois, objeto de análise crítica no presente trabalho – no sentido de que "[...] a Lei de Improbidade Administrativa não visa a punir o inábil, mas sim o desonesto, o corrupto, aquele desprovido de lealdade e boa-fé. [...] (AgRg no REsp 1.500.812/SE, Rel. Ministro Mauro Campbell Marques, Segunda Turma, DJe 28/5/2015; REsp 1.512.047/PE, Rel. Ministro Herman Benjamin, Segunda Turma, DJe 30/6/2015; AgRg no REsp 1.397.590/CE, Rel. Ministra Assusete Magalhães, Segunda Turma, DJe 5/3/2015; AgRg no AREsp 532.421/PE, Rel. Ministro Humberto Martins, Segunda Turma, DJe 28/8/2014; REsp .508.169/PR, Rel. Ministro Herman Benjamin, Segunda Turma, julgado em 13/12/2016, DJe 19/12/2016).

[375] Em sentido contrário, entendendo que o dolo na improbidade administrativa não exige a má-fé do agente: SOUZA, Eduardo Nepomuceno de. Elemento subjetivo nas ações de improbidade administrativa. *Revista de doutrina da 4ª Região*. Porto Alegre, n. 50, out. 2012. Disponível em: <http://www.revistadoutrina.trf4.jus.br/artigos/edicao050/Eduardo_Sousa.html>. Acesso em: 15/10/2018; CABRAL, Rodrigo Leite Ferreira, op. cit., p. 252.

ção não vinculada à vontade ou personalidade do administrador, mas à finalidade impessoal a que essa vontade deve servir.[376] Sendo uma atividade necessariamente vinculada a um fim,[377] pressupõe ela uma norma que estabeleça, entre ambos (atividade e fim), o nexo necessário.[378] Disso decorre que ao administrador público como gestor de um bem alheio, se não se pode exigir a onisciência de todas as múltiplas regras a que sujeito, não se permite o desconhecimento das regras básicas que devem direcionar o alcance do fim a ser cogentemente atingido. A ele o paradigma de conhecimento – a partir do qual se infere o dolo – é mais elevado do que ao cidadão comum, sujeito às regras ordinárias de direito penal, justamente porque esse conhecimento é uma exigência mínima da própria condição por ele assumida.

A presunção de que o agente público deve possuir um determinado nível de conhecimento mínimo – que o habilita a exercer a função e é constitutivo da sua própria condição – não implica aceitar um retorno à responsabilização objetiva, oculta sob a aparência de exigência do dolo.[379] Isso porque, como se verá com maior pormenor a seguir, o estado subjetivo do agente sempre será objeto de investigação, podendo ele subverter essa presunção de conhecimento mediante prova de que excepcionalmente não tinha ciência da violação constitucional cometida ou de que agira cercado por todas as cautelas para evitar a prática ímproba. Além disso, tal via, a partir de um paradigma preciso (como o regime jurídico administrativo delineado na CF/1988), possibilita uma saída para o impasse entre a exigência de demonstração, pela acusação, de um dolo psíquico do agente público – a qual leva à ineficiência do subsistema de combate à improbidade – e uma absoluta relativização da necessidade de conhecimento de quaisquer ilegalidades – a qual, por outro lado, flerta com um regime de responsabilidade objetiva.

Essa interpretação leva, na maior parte das situações, ao enfraquecimento da exigência probatória do aspecto psíquico do agente a quem se atribui a prática de conduta subsumida aos tipos de improbidade administrativa, exigindo da imputação subjetiva o dolo eventual – do agente que, por praticar uma conduta "axiologicamente relevante",[380] deve saber de um perigo concreto da sua ação ou omissão (de enrique-

---

[376] CIRNE LIMA, Ruy, op. cit., p. 37. GRÉGOIRE, Roger. *La fonction publique*. Paris: Librairie Armand Colin, 1954, p. 296.

[377] "À relação jurídica que se estrutura ao influxo de uma finalidade cogente, chama-se relação de administração" (CIRNE LIMA, Ruy, op. cit., p. 105).

[378] CIRNE LIMA, Ruy, op. cit., p. 39.

[379] Objeto de crítica de NEISSER, Fernando Gaspar, op. cit., p. 73-74; FERREIRA, Vivian Maria Pereira. *O dolo da improbidade administrativa*: uma busca racional pelo elemento subjetivo na violação aos princípios da Administração Pública. op. cit., p. 14.

[380] Expressão utilizada por Jorge de Figueiredo Dias ao tratar de condutas às quais já corresponde uma "ampla valoração moral, cultural ou social", e que têm, por isso, na base da sua "factualidade

cer ilicitamente, lesionar o erário ou violar os princípios constitucionais básicos da Administração Pública) e mesmo assim assume o risco da sua realização.[381]

Em casos-limite, portanto, a adaptação da exigência de conhecimento da ilicitude do agente ao sistema jurídico-administrativo leva à aproximação do elemento subjetivo ao dolo eventual.

4.3.3. A prova dos elementos do dolo ímprobo

A caracterização do dolo ímprobo a partir da jurisprudência do STJ, até aqui vista, permitiu verificar que: *i)* a distinção entre dolo genérico e específico pouco – ou nada – serve para delimitar um conteúdo do dolo, o qual deve ser inferido do nível de conhecimento do agente acerca dos riscos de sua ação/omissão; *ii)* a exigência de demonstração de tal conhecimento, no momento da imputação do dolo, exige uma avaliação jurídica do agir do agente, tendo como perspectiva aquilo que ele sabia ou devia saber à luz da sua posição de administrador público.

Tais assertivas indiciam a relevância de adotar-se uma compreensão processualizada do dolo na improbidade administrativa, com foco nos elementos empíricos que permitem a sua caracterização. Com efeito, a ênfase que é dada ao elemento intelectual do agente público (o conhecimento dos riscos da sua atividade, em regra formalizada) e o pressuposto de que deve ele ter ciência do conteúdo das normas essenciais a que sujeito tornam possível a extração de parâmetros para a prova processual, a partir da qual se possa inferir a dolosidade no seu agir.[382]

Tais parâmetros, à luz da jurisprudência do STJ e do mesmo do senso comum,[383] partem de uma subdivisão entre condutas especialmente aptas a um resultado ímprobo (enriquecer ilicitamente, lesionar

---

típica" a questão da consciência da ilicitude. (DIAS, Jorge de Figueiredo. *O problema da consciência da ilicitude em direito penal*. 5. ed. Coimbra: Coimbra, 2000, p. 398 e 401).

[381] Nesse sentido, o recente Decreto nº 9.830, de 10/06/2019, que regulamentou o artigo 20 da LINDB, admite expressamente a responsabilização do agente público em caso de dolo, direto ou eventual.

[382] Cretella Júnior, tratando da prova do desvio de poder, compactua com tal tese ao salientar que "[...] No exame da prova, convém tomar precauções, pois seria erro pensar que a Administração examina a internação subjetiva, o *processus* interno da vontade do agente. Ele não perscruta seus rins e coração: é ao próprio ato e aos documentos administrativos que o acompanham que se pede a prova do desvio de poder" (CRETELLA JÚNIOR, José. A prova no "desvio de poder". *Revista de Direito Administrativo*, n. 230, out./dez. 2002, p. 197-216, p. 199).

[383] Como salienta Michele Taruffo, é o "senso comum quem fornece material semântico e *standards* de individualização das acepções dos enunciados normativos, não apenas quando estes estão expressos por meio da linguagem ordinária, mas também quando as normas são formuladas integralmente em linguagem técnico-jurídica" (TARUFFO, Michele. Senso comum, experiência e ciência no raciocínio do juiz. *Revista da Escola Paulista da Magistratura*, v. 2, n. 2, p. 171-204, jul./dez. 2001, p. 175).

o erário ou violar princípios da Administração Pública) e condutas remotamente aptas a tal resultado.[384] Dentre as primeiras têm-se, além dos casos de acréscimo patrimonial injustificado e fraudes evidentes que ensejam perda patrimonial dos entes públicos, os casos de violação direta, pelo agente, de regras constitucionais; dentre as segundas, estão hipóteses de violação esparsa de regras infraconstitucionais, que não acarretam enriquecimento do agente ou prejuízo evidente ao erário.

Para a efetiva caracterização de improbidade administrativa, as condutas especialmente aptas a um resultado ímprobo exigem prova (ainda que indiciária[385]) de parte da acusação de que o acusado tinha, ou devia ter, ciência dos riscos de sua atuação. Cabe a ele, por outro lado, o ônus de comprovar algum fato apto a elidir o presumido domínio da situação de risco – por exemplo, de que agira com respaldo em lei (ainda que inconstitucional), em parecer jurídico,[386] em uma cultura administrativa consolidada ou de que não tinha conhecimento dos fatos por alguma circunstância excepcional.

Já as situações remotamente aptas a um resultado ímprobo implicam maior exigência probatória à acusação. Deve ela comprovar que o agente tinha conhecimento dos riscos da sua atuação e, mesmo assim, agiu com propósito deliberado de violar uma norma – o que pode ser inferido, por exemplo, do fato de ter praticado um ato positivo firmando a ciência da situação de fato lesiva, de ter conluio com terceiros que se beneficiariam da ilegalidade, etc.

A delimitação de um correto ônus probatório[387] para o dolo na improbidade administrativa permite maior segurança na sua atribuição

---

[384] Tal critério tem como fonte divisão similar efetuada por Ramón Ragués I Vallès, ao tratar da prova do dolo no caso de delitos de resultado, sob a ótica do conhecimento dos riscos pelo agente (RAGUÉS I VALLÈS, Ramon. Consideraciones sobre la prueba del dolo. *Revista Brasileira de Ciências Criminais*, São Paulo, ano 15, v. 69, nov./dez. 2007, p. 908-910).

[385] Sobre o conceito de indício, como sendo "aquele argumento probatório indireto que deduz o desconhecido do conhecido por meio de uma relação de causalidade", a doutrina de MALATESTA, Nicola Framarino dei. *A lógica das provas em matéria criminal*. Tradução de Paolo Capitano. Campinas: Bookseller, 2004, p. 202. Em análise à jurisprudência do STF a partir do caso "Mensalão", Antônio do Passo Cabral analisa o resgate do valor da prova indiciária, o que é relevante em contextos associativos complexos – como os verificados em sede de improbidade administrativa (CABRAL, Antônio do Passo. Questões processuais no julgamento do Mensalão: valoração da prova indiciária e preclusão para o juiz de matérias de ordem pública. *Revista dos Tribunais*, vol. 933/2013, p. 131, jul. 2013).

[386] STJ, REsp nº 827.445/SP, rel. Ministro Teori Zavascki, julg. Em 02/02/2010, DJ de 08/03/2010.

[387] Ônus probatório esse que não contraria a regra do artigo 373 do CPC, pela qual cabe ao autor provar o fato constitutivo de seu direito e ao réu o fato impeditivo, modificativo ou extintivo do direito do autor. Na verdade, a proposta aqui colocada limita-se a definir o que deve se considerar o fato constitutivo a ser provado pelo autor de uma ação de improbidade administrativa – e, de forma correlata, quais os fatos impeditivos, modificativos ou extintivos a serem invocados pelos réus. No mesmo sentido, inadmitindo a inversão do ônus de prova em ações de improbidade administrativa: MEDINA, José Miguel Garcia de; GUIMARÃES, Rafael de Oliveira. O ônus da prova na ação de improbidade administrativa. *Doutrinas Essenciais de Direito Administrativo*. vol. 7, p. 1015 – 1027, nov. 2012, DTR\2008\739.

e controle. Autoriza, outrossim, a extração de parâmetros inferenciais de dolo – o que será objeto do último capítulo deste trabalho –, à luz de um modelo de constatação da prova clara e convincente.[388] Antes, porém, é hora de investigar os conturbados limites da culpa na improbidade administrativa que enseja prejuízo ao erário.

---

[388] Artur Carpes, nesse sentido, defende a aplicação de um modelo de constatação diferenciado na análise da suficiência de provas em ações de improbidade administrativa ("prova clara e convincente"), intermediário entre o modelo de ações civis, com repercussão apenas patrimonial ("preponderância das provas") e o modelo de ações penais ("prova além da dúvida razoável"), em CARPES, Artur. O direito fundamental ao processo justo: notas sobre o modelo de constatação nos processos envolvendo as ações de improbidade administrativa. In: *Improbidade administrativa*: aspectos processuais da Lei nº 8.429/92. LUCON, Paulo; COSTA, Eduardo José da Fonseca; COSTA, Guilherme Recena (coordenadores). São Paulo: Atlas, 2013, p. 44-60. No mesmo sentido, VANONI, Leonardo Boffil. *Presunção de probidade administrativa*: da fundamentalidade às repercussões probatórias, p. 145.

5. A CULPA NA IMPROBIDADE ADMINISTRATIVA

5.1. A gestão pública e a responsabilidade por culpa grave

No item 3.2 do presente trabalho, defendeu-se a constitucionalidade do tipo culposo de improbidade administrativa previsto no artigo 10 da Lei nº 8.429/92. Disso se extrai que: *i)* há possibilidade da incidência da improbidade administrativa por falta de dever objetivo de cuidado do agente público, não apenas em caso de dolo; *ii)* a culpa na improbidade administrativa exige a produção de um resultado lesivo ao patrimônio público.

É no dever de cuidado exigível do agente público que residem as maiores dificuldades para a delimitação do que é a culpa para fins da incidência do artigo 10 da Lei nº 8.429/92. A culpa, afinal, parte de um pressuposto cognitivo diverso – e ainda mais complexo: o erro do agente, por falta de um dever de cuidado objetivo que lhe era devido, o qual é diferente do mero (des)conhecimento, conquanto ambos tenham efeitos equiparados.[389] Ademais, como já visto,[390] do ponto de vista da estrutura normativa o tipo culposo é aberto, dependendo de fechamento interpretativo por parte do juiz, o que traz dificuldades atinentes à sua concretização no caso concreto.

Se a abertura dos tipos culposos enseja problemas no direito penal, isso se acentua quando se trata de sancionar o gestor público na esfera administrativa. É do cotidiano deste o dilema de prover bens e alcançar direitos a pessoas com uma necessidade quase infinita, tendo para tanto recursos escassos.[391] A complexidade das relações entre Administra-

---

[389] NEISSER, Fernando Gaspar. *Dolo e culpa na corrupção política*: improbidade e imputação subjetiva. Belo Horizonte: Fórum, 2019, p. 247.

[390] Vide item 1.2.4

[391] HAEBERLIN, Mártin. Comentários ao artigo 22 da LINDB. In: DUQUE, Marcelo Schenck; RAMOS, Rafael (coord.). *Segurança jurídica na aplicação do direito público*: Comentários à Lei 13.655/2018. Salvador: Juspodivm, 2019, p. 90-91. Tratando da necessidade orçamentária mesmo para concretização dos chamados direitos-liberdade, a paradigmática obra de HOLMES, Stephen; SUNSTEIN, Cass R. *The cost of rights*: why liberty depends on taxes. New York: W.W. Norton, 2000.

ção Pública e cidadão – não mais unidimensionais, mas poligonais,[392] envolvendo uma miríade de sujeitos e fatos a serem levados em consideração – tornou igualmente complexa a adjudicação de direitos e a satisfação dos deveres inerentes à boa gestão pública.[393] Por outro lado, não se pode desconhecer que boa parte das decisões tomadas pelos agentes públicos são políticas,[394] atinentes aos rumos do Estado definidos na seara eleitoral, sendo, dessa forma, suscetíveis de serem prejudiciais ao erário num momento imediato ou remoto.[395] Neste particular, como apontado por García de Enterría, a grande dificuldade reside no fato de que à diferença qualitativa entre política e administração não se seguiu uma diferença material de regimes jurídicos aplicáveis[396] – por exemplo, no que tange aos respectivos regimes de responsabilidade.

Daí decorre que o administrador público, em que pese incumbido de bem administrar, não detém o dever de atingimento de um resultado ótimo, havendo em suas ações/omissões uma margem tolerável de erro.[397] Do dever da Administração ser eficiente, assim, não se segue o dever de escolher o melhor meio, o mais eficaz, para atingir a determinada finalidade.[398] A ineficiência no setor público comporta diversos matizes.[399]

---

[392] ÁVILA, Humberto. Repensando o princípio da supremacia do interesse público sobre o particular. *Revista Eletrônica sobre a Reforma do Estado (RERE)*, Salvador, Instituto Brasileiro de Direito Público, n. 11, set/out/Nov 2007. Disponível em: <http://www.direitodoestado.com.br/rere.asp>. Acesso em: 23/09/2019.

[393] Pedro de Hollanda Dionisio bem adverte que "o gestor público atua, permanentemente, em cenários de complexidade, risco e incerteza, sendo necessário para a tomada de diversas decisões administrativas que realize projeções (imperfeitas) a respeito de situações que deverão ou não ocorrer". (DIONISIO, Pedro de Hollanda. O erro no direito administrativo: conceito, espécies e consequências jurídicas. In: MAFFINI, Rafael; RAMOS, Rafael (coord.). *Nova LINDB: consequencialismo, deferência judicial, motivação e responsabilidade do gestor público*. Rio de Janeiro: Lumen Juris, 2020, p. 233).

[394] No dizer de Rui Barbosa, atos políticos "na acepção em que esse qualificativo traduz exceção à competência da justiça, consideram-se aqueles a respeito dos quais a lei confiou a matéria à discrição prudencial do poder, e o exercício dela não lesa direitos constitucionais do indivíduo". (BARBOSA, Rui. *Obras Completas de Rui Barbosa*. vol. XX 1893, Tomo V – Trabalhos Jurídicos. Rio de Janeiro: Ministério da Educação e Cultura, 1958, p. 134).

[395] OLIVEIRA, Alexandre Abagli, op. cit., p. 76. Também Rita Tourinho salienta que "os agentes políticos necessitam de maior liberdade funcional e, em consequência, maior resguardo para o desempenho de suas funções. Logo, pensamos que tal categoria de agentes não pode estar sujeita à responsabilização pelos padrões de culpa comum" (TOURINHO, Rita, op. cit., p. 175).

[396] GARCÍA DE ENTERRÍA, Eduardo. *La lucha contra las inmunidades en el derecho administrativo*. p. 56.

[397] OSÓRIO, Fábio Medina, op. cit., p. R-B 4.8; OLIVEIRA, Alexandre Albagli, op. cit., p. 76. DIONISIO, Pedro de Hollanda, op. cit., p. 241.

[398] ÁVILA, Humberto. Moralidade, razoabilidade e eficiência na atividade administrativa. *Revista Eletrônica de Direito do Estado*, Salvador, Instituto de Direito Público da Bahia, n. 4, out./nov./dez. 2005. Disponível em: <http://www.direitodoestado.com.br>. Acesso em: 06/11/2019; MOREIRA NETO, Diogo de Figueiredo. Moralidade administrativa: do conceito à efetivação. *Revista de direito administrativo*, volume 190, Rio de Janeiro, out./dez. 1992, p. 1-44, p. 16.

[399] OSÓRIO, Fábio Medina, op. cit., p. 146.

Por isso, é inviável a transposição de um paradigma de culpa simples, tida como falha de um dever de cuidado não essencial ou inerente à atividade exercida pelo agente, para a sanção da gestão pública que gera prejuízo ao erário, sobretudo no âmbito da improbidade administrativa – a qual, como visto, ocupa lugar de *ultima ratio* do direito administrativo sancionador. Como é predominante na doutrina[400] e na jurisprudência,[401] a responsabilidade por culpa na improbidade administrativa exige culpa grave.

A consideração dos graus de culpa para fins de incidência dos tipos sancionadores – e não apenas para a fixação da proporcionalidade destes à gravidade da conduta praticada – também vem sendo observada no âmbito do direito penal, em tendência já absorvida por alguns códigos penais de países europeus (por exemplo, Alemanha, Itália, Espanha e Portugal), os quais criminalizaram condutas apenas quando cometidas com culpa grave, ou temerária.[402]

Contudo, haveria reduzido sentido em se falar na necessidade de configuração da culpa grave do agente público como premissa para o sancionamento da improbidade administrativa se os contornos dessa não pudessem ser minimamente fixados. Diante do intento de conferir maior segurança jurídica ao aplicador da Lei nº 8.429/92, a questão que vem à tona é o que é, para fins de incidência do seu artigo 10, a culpa grave que enseja prejuízo ao erário.

No direito penal alemão, como demonstra Roxin, o Projeto do Código Penal de 1962 estabelecia em seu § 18, inciso III, que "atua temerariamente quem atua de modo gravemente culposo".[403] Segundo o mesmo projeto uma imprudência grave:

---

[400] OSÓRIO, Fábio Medina, op. cit., p. 247-249; NEIVA, José Antônio Lisboa. *Improbidade administrativa*: legislação comentada artigo por artigo. 5. ed. Niterói: Impetus, 2013, p. 110-119; OLIVEIRA, Antônio Albagli. *A tormentosa abordagem do elemento subjetivo nos atos de improbidade administrativa*. p. 86-90; MARTINS JÚNIOR, Wallace Paiva. *Probidade administrativa*. p. 286; NEVES, Daniel Amorim Assumpção; OLIVEIRA, Rafael Carvalho Rezende. *Manual de improbidade administrativa*: direito material e processual. 5. ed. São Paulo: Método, 2017, p. 87. Em sentido contrário, admitindo que o artigo 10 da Lei nº 8.429/92 não distingue os denominados graus da culpa, sendo possível serem levados em consideração para verificação da proporcionalidade entre ato e sanção, a doutrina de GARCIA, Emerson; ALVES, Rogério Pacheco. *Improbidade administrativa*. p. 404-406; OLIVEIRA, José Roberto Pimenta. *Improbidade administrativa e sua autonomia constitucional*. p. 279. No mesmo sentido, negando que o legislador tenha feito menção à culpa grave, a qual se equipara ao dolo, FAZZIO JÚNIOR, Waldo. *Improbidade administrativa*: doutrina, legislação e jurisprudência. 2. ed. p. 137-139.

[401] A jurisprudência do STJ considera indispensável, para a caracterização de improbidade, que a conduta do agente seja dolosa, para a tipificação das condutas descritas nos artigos 9º e 11 da Lei 8.429/92, ou pelo menos eivada de culpa grave, nas do artigo 10 (STJ, AIA 30/AM, Rel. Ministro Teori Albino Zavascki, Corte Especial, DJe de 28/09/2011; REsp 1.420.979/CE, Rel. Ministro Herman Benjamin, Segunda Turma, DJe de 10/10/2014; REsp 1.237.583/SP, Rel. Ministro Benedito Gonçalves, Primeira Turma, DJe de 02/09/2014).

[402] Como demonstrado por SANTANA, Selma Pereira de. *A culpa temerária*: contributo para uma construção do direito penal brasileiro. São Paulo: Revista dos Tribunais, 2005, p. 236.

[403] ROXIN, Claus. *Derecho penal*: parte general, p. 1024-1025.

[...] pode suceder quando o sujeito, por grave descuido, não se apercebe que realiza um tipo, mas também quando este, com uma frívola falta de consideração, não tem em conta a possibilidade claramente advertida da realização do tipo. Sucede, ainda, quando o sujeito infringe um dever que se há de tomar especialmente a sério.[404]

Fernando Gaspar Neisser, em posição original, defende uma aproximação da culpa prevista no artigo 10 da Lei nº 8.429/92 à culpa consciente do direito penal, única alternativa para manter a exigência de má-fé do agente público ímprobo.[405] De acordo com tal autor, o agente deve ter tido "pleno conhecimento da possibilidade de cometimento da conduta típica".[406] Conquanto se reconheça a idoneidade de tal posição, tem ela o inconveniente de exigir a análise de um estado psíquico do suposto sujeito ativo de improbidade administrativa, procedimento que – como visto – se revela assaz tormentoso mesmo na seara penal, que trabalha com tipos mais exaustivos. Além disso, a vinculação da culpa à má-fé, confundindo-a com o dolo no que tange à exigência de provas do elemento subjetivo, subverte o sentido de conferir maior proteção ao bem jurídico erário, objetivo da inclusão de um tipo sancionador a título de culpa no artigo 10 da Lei nº 8.429/92.

Portanto, em vez do paradigma da consciência da culpa, parece justificada a atenção à sua gravidade, a ser aferida da forma mais objetiva possível, como premissa para a punição da improbidade administrativa por prejuízo ao erário. A culpa grave ímproba trata-se, é certo, de uma culpa intensificada, recentemente associada à noção de erro grosseiro,[407] que exige uma ação particularmente perigosa em relação ao bem jurídico erário – uma "frívola falta de consideração', na dicção do Projeto do Código Penal alemão de 1962 – e um resultado de verificação altamente provável,[408] à luz das diligências exigíveis do agente público.[409]

Uma maior delimitação de tais diligências, contudo, não pode ser estabelecida de modo apriorístico, exigindo-se o exame do caso concreto. Por tal razão, passa-se ao estudo de duas situações controvertidas,

---

[404] Em tradução livre de "(...) puede suceder cuando el sujeto, por grave descuido, no advierte que realiza el tipo, pero también cuando el mismo, con una frívola falta de consideración, no tiene en cuenta la posibilidad claramente advertida de realización del tipo. Sucede también cuando el sujeto infringe un deber que se ha de tomar especialmente en serio" (ROXIN, Claus. *Derecho penal*: parte general, p. 1025).

[405] NEISSER, Fernando Gaspar. *Dolo e culpa na corrupção política*: improbidade e imputação subjetiva, p. 274-284.

[406] op. cit., p. 281.

[407] Como se verá a seguir, no item 5.5.

[408] SANTANA, Selma Pereira de, op. cit., p. 233.

[409] Alejandro Nieto, no âmbito do direito administrativo sancionador, defende a necessidade de perscrutar a culpabilidade do agente a partir da diligência que lhe é exigível. (NIETO, Alejandro, op. cit., p. 348).

enfrentadas pela jurisprudência, em que investigada a culpa de agentes públicos na suposta prática de improbidades prejudiciais ao erário. Tal exame permitirá um maior aprofundamento do grau de culpa exigível para a incidência das sanções da Lei nº 8.429/92.

5.2. A culpa grave do agente público na jurisprudência

5.2.1. Na responsabilização da autoridade que homologa licitação com licitude frustrada

As contratações públicas correspondem a um ponto sensível da transição cultural por que passa a gestão pública, por exigirem dos agentes responsáveis a atenção a novos paradigmas como a procedimentalização, a transparência, a obrigatoriedade da declaração de motivos e a submissão da discricionariedade administrativa a controles.[410] Não por outra razão, tais contratações são uma das principais fontes de ilícitos cometidos em desfavor da Administração Pública.[411]

A Lei nº 8.429/92 conferiu substancial proteção à contratação pública precedida de licitação ao sancionar como ímproba, por lesão ao erário, a conduta dos agentes que venham a frustrar a licitude dos processos licitatórios (art. 10, inciso VIII). Interpretando tal dispositivo, o STJ tem firme jurisprudência no sentido de que para a caracterização dessa espécie de improbidade administrativa o dano apresenta-se presumido, tratando-se, pois, de dano *in re ipsa*.[412]

Tal interpretação suscita a relevância do ato administrativo que homologa a licitação, consistente na "aprovação, pela autoridade administrativa competente, dos procedimentos observados na licitação, a fim de que produza os efeitos jurídicos que lhe são próprios".[413] Havendo dano presumido em licitação com frustrada licitude, cresce a possibilidade de responsabilização do agente público incumbido de homologar o procedimento – e que deve, em última instância, declarar a sua correspondência ao devido processo legal.

---

[410] PEREIRA JÚNIOR, Jessé Torres; DOTTI, Marinês Restelatto. *Da responsabilidade dos agentes públicos e privados nos processos administrativos de licitação e contratação*. São Paulo: NDJ, 2012, p. 178-179.

[411] Como apontado por FURTADO, Lucas Rocha. *As raízes da corrupção no Brasil*: estudo de casos e lições para o futuro. Belo Horizonte: Fórum, 2015, p. 187.

[412] STJ, REsp 1.624.224/RS, Rel. Ministro Francisco Falcão, Segunda Turma, DJe de 06/03/2018 AgInt no REsp 1.671.366/SP, Rel. Ministro Mauro Campbell Marques, Segunda Turma, DJe de 01/12/2017; REsp 1.685.214/MG, Rel. Ministro Herman Benjamin, Segunda Turma, DJe de 19/12/2017; AgRg no REsp 1.499.706/SP, Rel. Ministro Gurgel de Faria, Primeira Turma, DJe 14/3/2017; REsp 1.581.426/PB, Rel. Ministro Francisco Falcão, Segunda Turma, DJe 12/3/2018.

[413] PEREIRA JÚNIOR, Jessé Torres; DOTTI, Marinês Restelatto, op. cit., p. 224.

Por tal razão, a homologação de licitação viciada por autoridade administrativa possibilita interessante investigação acerca da culpa grave exigida para a caracterização de tal ato como improbidade administrativa. Procedimentos licitatórios possuem sucessivos atos, cada um dos quais condicionando as fases subsequentes (*v.g.*, de pesquisa de preços, convite aos interessados, juntada de certidões, habilitação, parecer jurídico, adjudicação), o que dilui a cadeia de responsabilidades dos respectivos responsáveis. Por outro lado, diante do plexo de atribuições da autoridade administrativa responsável pela homologação – em geral, a mais alta autoridade do Poder Executivo –, é inexigível desta a conferência detalhada de todas as fases do procedimento, a fim de apurar eventuais vícios.

O STJ, em recente julgamento do AgInt no AREsp 1252262/AL,[414] considerou presente a responsabilidade por improbidade administrativa da autoridade responsável pela homologação de licitação (Prefeito Municipal) que continha vícios evidentes – tais como a inexistência de pesquisa de preços, com superfaturamento; ausência de atos de abertura do procedimento e de portaria designando a Comissão de Licitação; não disponibilização do processo de pagamento do convênio, etc. Na ocasião, salientou o relator, Ministro Benedito Gonçalves, não ser possível "sustentar que tamanhas irregularidades traduzem tão somente inexperiência ou inabilidade dos agentes públicos envolvidos". Foi afastada a mera irregularidade, concluindo-se pela presença de culpa grave do agente responsável, o qual teria homologado licitação com resultado claramente direcionado.

Por outro lado, a Primeira Turma do STJ entendeu não configurada a culpa grave necessária para o enquadramento da improbidade administrativa prevista no artigo 10 da Lei nº 8.429/92 "tão somente em razão de haver discrepância entre os valores efetivamente alcançados e aqueles que, em tese, poderiam ser praticados".[415]

Exemplos de análise da culpa grave do agente público responsável pela homologação de procedimentos licitatórios viciados também se colhem em julgados de outros Tribunais da federação.

A Terceira Turma do Egrégio TRF da 4ª Região considerou caracterizada a improbidade administrativa do Prefeito Municipal que coadunou com trâmite irregular de processo de dispensa de licitação, em situação na qual não havia contrato no processo administrativo, "requisito primordial cuja ciência é, naturalmente, esperada do prefeito

---

[414] AgInt no AREsp 1252262/AL, Rel. Ministro Napoleão Nunes Maia Filho, Rel. p/ Acórdão Ministro Benedito Gonçalves, Primeira Turma, julgado em 23/10/2018, DJe 20/11/2018.

[415] AREsp 553.150/ES, Rel. Ministro Gurgel de Faria, Primeira Turma, julgado em 12/09/2017, DJe 23/10/2017.

municipal".⁴¹⁶ O mesmo órgão fracionário, por outro lado, já decidiu que "a só homologação dos resultados da licitação fraudada, sem outras provas, não configura culpa grave, mormente considerando a aparente normalidade da licitação".⁴¹⁷

A Quarta Turma da mesma Corte rechaçou a prática de improbidade administrativa em razão de prosseguimento de licitação (na modalidade convite) com somente uma empresa, em procedimento equivocado, porém respaldado em orientação do Tribunal de Contas do Estado.⁴¹⁸ No mesmo sentido, absolveu-se acusado da prática de improbidade administrativa que seguiu orientação ilegal repassada pela Procuradoria-Geral do Município.⁴¹⁹

Seguindo o mesmo entendimento, a Vigésima Segunda Câmara Cível do Egrégio Tribunal de Justiça do Estado do Rio Grande do Sul considerou inexistente prova do elemento subjetivo necessário ao enquadramento da improbidade administrativa no caso de licitação ilegal realizada com base em cotação de preços e parecer favorável da Assessoria Jurídica do Município.⁴²⁰ A Segunda Câmara Cível da mesma Corte, também na mesma senda, absolveu Prefeito Municipal responsável pela homologação de licitação que incidiu em vedação disposta no artigo 9º, inciso II, da Lei nº 8.666/93,⁴²¹ tendo o feito com respaldo em análise da Comissão de Licitação e da assessoria jurídica, que o induziram a erro.⁴²² O mesmo órgão fracionário, de outra parte, entendeu presente culpa grave na homologação de processo licitatório antes revogado, por alegadas razões de interesse público, "sobrevindo determinação para realização de nova licitação, meses depois, em que houve a contratação de empresa, antes inabilitada, por preço significativamente superior ao proposto no primeiro certame".⁴²³

---

⁴¹⁶ TRF4, AC nº 5005586-75.2010.4.04.7002, Terceira Turma, Relator Rogério Favreto, juntado aos autos em 13/02/2019.

⁴¹⁷ TRF4 AC nº 5003397-55.2014.4.04.7012, Terceira Turma, Relator Sérgio Renato Tejada Garcia, juntado aos autos em 10/08/2016.

⁴¹⁸ TRF4, AC 5008282-55.2013.4.04.7204, Quarta Turma, Relatora Vivian Josete Pantaleão Caminha, juntado aos autos em 08/01/2019.

⁴¹⁹ TRF4, AC 5006163-12.2013.4.04.7208, Quarta Turma, Relatora Vivian Josete Pantaleão Caminha, juntado aos autos em 27/12/2018.

⁴²⁰ TJ/RS, AC nº 70081299638, Vigésima Segunda Câmara Cível, Tribunal de Justiça do RS, Relator Miguel Ângelo da Silva, Julgado em 13/06/2019.

⁴²¹ Artigo 9º. Não poderá participar, direta ou indiretamente, da licitação ou da execução de obra ou serviço e do fornecimento de bens a eles necessários: (...) II – empresa, isoladamente ou em consórcio, responsável pela elaboração do projeto básico ou executivo ou da qual o autor do projeto seja dirigente, gerente, acionista ou detentor de mais de 5% (cinco por cento) do capital com direito a voto ou controlador, responsável técnico ou subcontratado.

⁴²² TJ/RS, AC nº 70078445558, Segunda Câmara Cível, Tribunal de Justiça do RS, Relatora: Lúcia de Fátima Cerveira, Julgado em 30/01/2019.

⁴²³ TJ/RS, AC, nº 70079637781, Segunda Câmara Cível, Tribunal de Justiça do RS, Relator: Ricardo Torres Hermann, Julgado em 12/12/2018.

Do exame sumário de alguns julgados do STJ, do TRF4 e do TJ/RS, verifica-se uma aparente convergência à tese de que a mera homologação de licitação com licitude frustrada não implica culpa grave necessária ao enquadramento da improbidade administrativa. Para tanto, faz-se necessário o apontamento de elementos de fato que permitam caracterizar uma omissão em dever de cuidado elementar do agente público – por exemplo, quando inexistente contrato administrativo, cotação de preços ou quando presentes claros indícios de direcionamento da licitação. Ainda assim, alguns elementos, como a existência de parecer jurídico favorável à homologação ou orientação do Tribunal de Contas, devem ser levados em consideração a fim de apurar a presença ou não do elemento subjetivo.

5.2.2. Na responsabilização do advogado parecerista

É controvertida a possibilidade de se imputar responsabilidade por improbidade administrativa ao Procurador que exara parecer responsável por subsidiar ato administrativo causador de prejuízo ao erário. A questão que subjaz é até que ponto o consultor pode vir a responder, na seara da improbidade administrativa, pelas opiniões técnicas exaradas que direcionam conclusão a qual vem a se revelar desfavorável à Administração Pública.

O marco legal de tal discussão é o artigo 42 da Lei nº 9784/99,[424] e seu marco jurisprudencial são as decisões proferidas pelo STF nos MS nºs 24.073, 24.584 e 24.631. No primeiro julgado (MS nº 24.073),[425] o STF decidiu que um advogado da Petrobrás não poderia ser responsabilizado pelo parecer exarado perante o TCU, por se tratar de ato de mera opinião. No MS nº 24.584/DF,[426] a discussão residiu em saber se o parecerista, inclusive membro da advocacia pública, deveria comparecer perante o TCU para prestar informações, tendo decidido o STF que há possibilidade de responsabilização solidária quando o parecer for vinculante, especialmente ante o artigo 38, parágrafo único, da

---

[424] Artigo 42. Quando deva ser obrigatoriamente ouvido um órgão consultivo, o parecer deverá ser emitido no prazo máximo de quinze dias, salvo norma especial ou comprovada necessidade de maior prazo. § 1º Se um parecer obrigatório e vinculante deixar de ser emitido no prazo fixado, o processo não terá seguimento até a respectiva apresentação, responsabilizando-se quem der causa ao atraso. § 2º Se um parecer obrigatório e não vinculante deixar de ser emitido no prazo fixado, o processo poderá ter prosseguimento e ser decidido com sua dispensa, sem prejuízo da responsabilidade de quem se omitiu no atendimento.

[425] MS 24073, Relator Min. Carlos Velloso, Tribunal Pleno, julgado em 06/11/2002, DJ 31/10/2003.

[426] MS 24584, Relator Min. Marco Aurélio, Tribunal Pleno, julgado em 09/08/2007, DJe-112 19/06/2008.

Lei nº 8.666/93.[427] A Corte seguiu a mesma dicotomia (entre parecer vinculante ou não vinculante) no MS nº 24.631/DF,[428] admitindo a possibilidade de responsabilização solidária do advogado naquele, porém apenas em caso de "culpa ou erro grosseiro".

Em que pese o entendimento a que chegou o STF seja alvo de fundadas críticas[429] – cujo aprofundamento refoge ao objeto do presente trabalho –, e conquanto não tenha versado sobre casos de possível imputação de improbidade administrativa, reforça ele a necessidade de aferição do elemento subjetivo (culpa/erro grosseiro e/ou dolo/má-fé) do advogado parecerista, como premissa para a sua responsabilização *lato senso* ao opinar em parecer vinculante.[430] Tal entendimento tem sido ligeiramente adaptado pelo STJ, que utiliza a expressão "erro grosseiro ou má-fé".[431] No mesmo sentido, o artigo 12, § 6º, do Decreto nº 9.830/2019[432] deixa claro que:

> § 6º A responsabilização pela opinião técnica não se estende de forma automática ao decisor que a adotou como fundamento de decidir e somente se configurará se estiverem presentes elementos suficientes para o decisor aferir o dolo ou o erro grosseiro da opinião técnica ou se houver conluio entre os agentes.

Afastadas as hipóteses claras de fraude/dolo, há uma identificação da culpa grave do agente com a ideia de "erro grosseiro" do responsável pela confecção do parecer. A questão, de fato, é delicada, na medida em que, como ressaltado por Marçal Justen Filho, "o emitente de um parecer não pode ser punido nem responsabilizado por adotar uma dentre diversas interpretações ou soluções possíveis e teoricamente equivalentes".[433] Gustavo Binenbojm e André Cyrino assim referem possíveis exemplos de erro grosseiro do parecerista:

> Será erro grosseiro, *e.g.*, a aplicação de norma jurídica revogada, ou a decisão (e/ou opinião) que ignore a ocorrência de uma prescrição, a despeito de as informações per-

---

[427] Parágrafo único. As minutas de editais de licitação, bem como as dos contratos, acordos, convênios ou ajustes devem ser previamente examinadas e aprovadas por assessoria jurídica da Administração.

[428] MS 24631, Relator Min. Joaquim Barbosa, Tribunal Pleno, julgado em 09/08/2007, DJe-018 31-01-2008.

[429] HEINEN, Juliano. Impossibilidade de responsabilização dos advogados públicos no exercício da função consultiva. *A & C – Revista de Direito Administrativo & Constitucional*. Belo Horizonte, ano 14, n. 57, p. 167-192, jul./set. 2014; CUNHA, Bruno Santos. A responsabilização do advogado de Estado perante os Tribunais de Contas pela emissão de pareceres jurídicos. *RDA – Revista de Direito Administrativo*, Rio de Janeiro, v. 256, p. 23-46, jan./abr. 2011.

[430] CUNHA, Bruno Santos, op. cit., p. 36.

[431] REsp 1454640/ES, Rel. Ministro Benedito Gonçalves, Primeira Turma, julgado em 15/10/2015, DJe 05/11/2015; REsp 1183504/DF, Rel. Ministro Humberto Martins, Segunda Turma, julgado em 18/05/2010, DJe 17/06/2010.

[432] Editado para regulamentar os artigos 20 a 30 da LINDB.

[433] JUSTEN FILHO, Marçal. *Comentários à lei de licitações e contratos administrativos*. 14. ed. São Paulo: Dialética, 2010, p. 528-529.

tinentes constarem no processo administrativo. Também será erro grosseiro o erro que aplique a legislação municipal para fins de licenciamento federal.[434]

O Projeto de Lei nº 7.448/2017 tencionava introduzir o § 1º do artigo 28 da LINDB,[435] definindo o erro grosseiro do agente, tendo sido, contudo, objeto de veto de parte da Presidência da República. A despeito de tal veto, tal dispositivo serve como norte interpretativo, ao dispor que uma interpretação razoável, fundada em doutrina e jurisprudência, mesmo que não pacificada e posteriormente não aceita pelos órgãos de controle, não pode ser qualificada como erro grosseiro.

5.3. A culpa grave do agente público na jurisprudência do TCU: em busca do "administrador médio"

A jurisprudência do TCU também fornece exemplo de busca de uma definição dos limites da culpa necessária para ensejar a responsabilização do administrador público. Em que pese o TCU não analise processos envolvendo a imputação de improbidade administrativa – a qual, em princípio, parte de pressupostos mais rigorosos do que aqueles que perfazem os ilícitos sancionados pela Corte de Contas –, a análise nele empreendida, por sua abrangência, serve como referencial à tentativa de fixação do nível do dever de cuidado que deve ser inobservado pelo agente público para viabilizar a sua punição administrativa.

O TCU, já há algum tempo, se vale de uma métrica, a do "administrador médio" para apurar o critério de atuação esperado do agente público. Em pesquisa no sítio eletrônico do Tribunal,[436] nada menos que 145 (cento e quarenta e cinco) Acórdãos fazem referência a tal figura como parâmetro de um comportamento previsível do administrador público, cujo desvio enseja a sua responsabilização.

A ideia de um "administrador médio" remete à do "homem-médio", "agente modelo", *reasonable man*, utilizadas na doutrina penal e civil. Faz-se, por tais *standards*, uma comparação entre um arquétipo de comportamento e uma situação concreta, identificando o dever de cuidado descumprido a partir de um critério generalizador.[437]

---

[434] BINENBOJM, Gustavo; CYRINO, André. O artigo 28 da LINDB: a cláusula geral do erro administrativo. *Revista de Direito Administrativo*, Rio de Janeiro, Edição Especial: Direito Público na Lei de Introdução às Normas de Direito Brasileiro – LINDB (Lei nº 13.655/2018), p. 203-224, nov. 2018, p. 213.

[435] "Não se considera erro grosseiro a decisão ou opinião baseada em jurisprudência ou doutrina, ainda que não pacificadas, em orientação geral ou, ainda, em interpretação razoável, mesmo que não venha a ser posteriormente aceita por órgãos de controle ou judiciais".

[436] Disponível em: <https://portal.tcu.gov.br/inicio/index.htm>.

[437] SANTANA, Selma Pereira. *A culpa temerária*: contributo para uma construção no direito penal brasileiro. p. 145-146.

Juliana Bonacorsi de Palma, em estudo crítico dos Acórdãos nos quais o TCU fundamentou suas conclusões a partir do "administrador médio", assim delimitou os contornos de tal figura-padrão:

> Mas quem é o administrador médio do TCU? Para o Tribunal, o administrador médio é, antes de tudo, um sujeito leal, cauteloso e diligente (Ac. 1781/2017; Ac. 243/2010; Ac. 3288/2011). Sua conduta é sempre razoável e irrepreensível, orientada por um senso comum que extrai das normas seu verdadeiro sentido teleológico (Ac. 3493/2010; Ac. 117/2010). Quanto ao grau de conhecimento técnico exigido, o TCU titubeia. Por um lado, precisa ser sabedor de práticas habituais e consolidadas, dominando com mestria os instrumentos jurídicos (Ac. 2151/2013; Ac. 1659/2017). Por outro, requer do administrador médio o básico fundamental, não lhe exigindo exame de detalhes de minutas de ajustes ou acordos administrativos que lhe sejam submetidos à aprovação, por exemplo (Ac. 4424/2018; Ac. 3241/2013; Ac. 3170/2013; 740/2013). Sua atuação é preventiva: ele devolve os valores acrescidos da remuneração por aplicação financeira aos cofres federais com prestação de contas, e não se apressa para aplicar esses recursos (Ac. 8658/2011; Ac. 3170/2013). Não deixa de verificar a regularidade dos pagamentos sob sua responsabilidade (Ac. 4636/2012), não descumpre determinação do TCU e não se envolve pessoalmente em irregularidades administrativas (Ac. 2139/2010).[438]

Como se antevê das percucientes críticas acima, a grande dificuldade no seguimento de tal parâmetro reside na circunstância, levantada por Roxin, de ser difícil determinar um efetivo modelo-padrão.[439] Juliano Heinen, nesse sentido, bem aponta que sequer o TCU possui entendimento uniforme quanto ao grau de conhecimento técnico exigido do gestor público – o que seria premissa para a construção, neste particular, de um padrão de exigência cujo descumprimento ensejasse responsabilização.[440]

A figura do "administrador médio" acaba sendo inferida de um juízo subjetivo do julgador,[441] não raro desconsiderando as peculiaridades do caso e gerando soluções próximas à responsabilização objetiva[442] – o que, como já visto, é incoerente com o sistema de improbidade administrativa.[443]

---

[438] PALMA, Juliana Bonacorsi de. *Quem é o "administrador médio" do TCU?* Disponível em: <https://www.jota.info/paywall?redirect_to=//www.jota.info/opiniao-e-analise/colunas/controle-publico/quem-e-o-administrador-medio-do-tcu-22082018>. Acesso em: 29/11/2018.

[439] ROXIN, Claus. *Derecho penal*: parte general, p. 1009.

[440] HEINEN, Juliano. Comentários ao artigo 28 da LINDB. In: DUQUE, Marcelo Schenck; RAMOS, Rafael (coord.). *Segurança jurídica na aplicação do direito público*: Comentários à Lei 13.655/2018. Salvador: Juspodivm, 2019, p. 166.

[441] TAVARES, Juarez, op. cit., p. 137.

[442] FERRAZ, Luciano. *Alteração na LINDB e seus reflexos sobre a responsabilidade dos agentes públicos*. Disponível em: <https://www.conjur.com.br/2018-nov-29/interesse-publico-lindb-questao-erro-grosseiro-decisao-tcu>. Acesso em: 29/11/2018.

[443] Nesse sentido, inadmitindo a aplicação do parâmetro do "homem-médio" para averiguar a incidência de culpa na improbidade administrativa, CABRAL, Rodrigo Leite Ferreira. *O elemento subjetivo do ato de improbidade administrativa*. p. 266.

5.4. A inabilidade e a desonestidade do agente público

Difundiu-se na jurisprudência nacional a tese de que a lei de improbidade administrativa não se destina a punir o administrador inábil, mas sim aquele desonesto.[444] Tal entendimento, ao que parece, faz uma vinculação entre improbidade e corrupção, exigindo do agente ímprobo um propósito indigno no trato da coisa pública, não constante na mera conduta desavisada, imperita.

Já se viu, contudo, que a aplicação da Lei nº 8.429/92 pela própria jurisprudência acaba por contrariar a tese acima.[445] São reiterados os casos de responsabilização por improbidade administrativa de agentes públicos inábeis – que descumprem, de modo não intencional, um dever de cuidado elementar à função exercida.[446] Portanto, como já estudado quando refutada a inconstitucionalidade da improbidade culposa,[447] a desonestidade, no sentido de uma conduta propositalmente má, imbuída de dolo, não é pressuposto da improbidade administrativa.

Subjaz à questão, em verdade, uma dificuldade conceitual. A relação entre desonestidade e inabilidade do agente é bem mais complexa do que parece indicar a jurisprudência que dissocia, de forma clara, uma da outra. Há uma zona cinzenta na qual ambas se confundem. Isso porque a inabilidade do agente público, levada a um extremo, pressupõe a desonestidade no trato da coisa pública;[448] e esse extremo, onde converge a improbidade e a inabilidade, é a culpa grave do agente. O responsável por órgão administrativo cuja manifesta desorganização

---

[444] STJ, AgInt no AREsp 838.141/MT, Rel. Ministro Og Fernandes, Segunda Turma, julgado em 27/11/2018, DJe 03/12/2018; REsp 1761202/MG, Rel. Ministro Herman Benjamin, Segunda Turma, julgado em 27/11/2018, DJe 11/03/2019; AgRg no REsp 1.500.812/SE, Rel. Ministro Mauro Campbell Marques, Segunda Turma, DJe 28/5/2015; REsp 1.512.047/PE, Rel. Ministro Herman Benjamin, Segunda Turma, DJe 30/6/2015; AgRg no REsp 1.397.590/CE, Rel. Ministra Assusete Magalhães, Segunda Turma, DJe 5/3/2015; AgRg no AREsp 532.421/PE, Rel. Ministro Humberto Martins, Segunda Turma, DJe 28/8/2014; REsp 1.508.169/PR, Rel. Ministro Herman Benjamin, Segunda Turma, julgado em 13/12/2016, DJe 19/12/2016.

[445] Emerson Garcia e Rogério Pacheco Alves, ao tratarem do bordão pelo qual "a lei alcança o administrador desonesto, não o inábil", salientam que "as proposições oferecidas por esse bordão não passam de puras exortações retóricas, sem qualquer densidade para ultrapassar o imaginário individual e encontrar receptividade na ordem jurídica". (GARCIA, Emerson; ALVES, Rogério Pacheco. *Improbidade administrativa*. p. 569).

[446] Cita-se, a propósito, os casos já estudados, de responsabilização da autoridade responsável pela homologação de licitação com vício e de procurador que exara parecer vinculante com erro grosseiro.

[447] Vide item 3.2

[448] Nesse sentido, José Guilherme Giacomuzzi adverte que não há incompatibilidade entre desonestidade e culpa, porque "a honestidade de propósito que se quer do agente público também inclui a observância desse dever jurídico" (no caso, o dever objetivo de cuidado). (GIACOMUZZI, José Guilherme, op. cit., p. 309. Também Pedro Roberto Decomain salienta que o pouco caso com a coisa pública também significa desonestidade (DECOMAIN, Pedro Roberto. *Improbidade administrativa*. 2. ed. São Paulo: Dialética, 2014, p. 122).

causa lesão ao erário – por exemplo, com a perda de bens públicos valiosos –, pode vir a ser considerado ímprobo, desde que a omissão em dever mínimo de cuidado (no caso, ao não estruturar minimamente o órgão, de modo a dificultar a possibilidade do desfalque patrimonial) reste evidenciada.

Como acertadamente ressalta Fábio Medina Osório, "o fato de não alcançar a mera inabilidade de agentes públicos não retira da LGIA a legítima possibilidade de proibir e sancionar comportamentos gravemente culposos".[449] A escusa de incompetência, traduzida na comum alegação de que o agente não agiu de má-fé, mas apenas com inépcia absoluta no exercício da sua função, não se presta a obstar a improbidade administrativa nos casos em que a conduta gravemente culposa venha a causar lesão ao erário. Há, de fato, um espaço infenso à responsabilização, sobretudo nas situações em que os agentes públicos realizam escolhas discricionárias, inerentes aos cargos ocupados, que podem vir a se revelar prejudiciais ao erário;[450] fora de tal espaço legítimo, contudo, não pode haver a falta de um dever mínimo de cuidado do agente que seria apto a prevenir o desfalque ao erário, sob pena de caracterizar-se a culpa grave que atrai a improbidade.

A Lei nº 8.429/92, portanto, pode sancionar a má gestão pública, ou gestão temerária, contanto que presente o elemento subjetivo culpa grave.[451] A eficiência, afinal, é princípio constitucional expresso, o qual, se não exige do administrador público a tomada de soluções ótimas, torna ele sujeito à responsabilização em caso de manifesto descumprimento[452]. Tal abordagem tem a potencialidade, sob a ótica da análise econômica do direito, de dissuadir a prática de atos de corrupção[453], os quais não raro são perpetrados em ambientes desorganizados, pouco controlados e sem rotinas definidas.[454]

---

[449] OSÓRIO, Fábio Medina, op. cit., p. R-B 7.3.

[450] São exemplos disso os reiterados casos de vultosas e dispendiosas obras públicas que não se justificam sob o prisma da necessidade da população – como, *v.g.*, a construção de estádios de futebol "padrão FIFA" ou de suntuosos prédios públicos.

[451] É o entendimento, em linhas gerais, de OLIVEIRA, Alexandre Albagli. *A tormentosa abordagem do elemento subjetivo nos atos de improbidade administrativa*. p. 76-89; BERTONCINI, Mateus. *Ato de improbidade administrativa*: 15 anos da Lei nº 8.429/92. p. 64. TOURINHO, Rita, op. cit., p. 209-213; MAZZILLI, Hugo Nigro, op. cit., p. 181.

[452] GARCIA, Emerson; ALVES, Rogério Pacheco. *Improbidade administrativa*. p. 564-569.

[453] É o que indica o estudo de PROLA JÚNIOR, Carlos Humberto; TABAK, Benjamin Miranda; AGUIAR, Júlio César de. *Gestão pública temerária como hipótese de improbidade administrativa*: possibilidade e efeitos na prevenção e no combate à corrupção. Brasília, Senado Federal, Núcleo de Estudos e Pesquisas da Consultoria Legislativa, 2015, 38 p.

[454] Como aponta SILVA, Jorge Luís Terra da. *O princípio da eficiência como fator transformador*. Dissertação (Mestrado em Direito) – Universidade Federal do Rio Grande do Sul, Porto Alegre, 2006; OSÓRIO, Fábio Medina, op. cit., p. RB-2.1.

Mais uma vez, a grande dificuldade reside nos limites da inabilidade do agente que podem ser considerados "culpa grave" apta a ensejar-lhe responsabilização. Como já observado em análise da jurisprudência dos Tribunais Superiores[455], tais casos se aproximam do dolo eventual – o que, aliás, remete ao clássico aforismo *culpa lata dolo aequiparatur*.[456] A legislação, absorvendo essa tendência, culminou por estabelecer mais um paradigma para a constatação da culpa grave: o já mencionado erro grosseiro, a ser analisado com maior pormenor a seguir.

5.5. A aproximação entre a culpa grave e o dolo: o erro grosseiro (art. 28 da LINDB)

A Lei nº 13.655/2018 introduziu disposições sobre segurança jurídica e eficiência na criação e aplicação do direito público no corpo da LINDB (Decreto-Lei nº 4.657/42). No entendimento dos seus idealizadores, tal lei visa a atacar vários problemas, como o alto grau de indeterminação das normas de direito público e a correlata incerteza quanto ao seu conteúdo; a superficialidade na formação do juízo sobre questões complexas e a consequente instabilidade dos atos jurídicos públicos, pelo risco potencial de invalidação e responsabilização.[457]

Dentro da premissa de colocar os órgãos de controle no lugar do gestor público de boa-fé,[458] a Lei nº 13.655/2018 introduziu o artigo 28 na LINDB, dispondo que "o agente público responderá pessoalmente por suas decisões ou opiniões técnicas em caso de dolo ou erro grosseiro". O artigo possui duas vertentes: parametriza o nível de cuidado que será exigido dos agentes públicos no trato da coisa pública e conforma

---

[455] MAFFINI, Rafael. É inadmissível a responsabilidade objetiva na aplicação da Lei 8.429/1992, exigindo-se a presença de dolo nos casos dos artigos 9º e 11 (que coíbem o enriquecimento ilícito e o atentado aos princípios administrativos, respectivamente) e ao menos de culpa nos termos do artigo 10, que censura os atos de improbidade por danos ao Erário. In: DI PIETRO, Maria Sylvia Zanella; NOHARA, Irene Patrícia (coord.). *Teses jurídicas dos Tribunais Superiores*. Volume II. São Paulo: Revista dos Tribunais, 2017, p. 37.

[456] NORONHA, Fernando, op. cit., p. 145-195, mencionado na página 16 deste trabalho.

[457] SUNDFELD, Carlos Ari; MARQUES NETO, Floriano de Azevedo. Uma nova lei para aumentar a qualidade jurídica das decisões públicas e de seu controle. In: SUNDFELD, Carlos Ari (org.). *Contratações públicas e seu controle*. São Paulo: Malheiros, 2013, p. 278-279.

[458] HEINEN, Juliano. Comentários ao artigo 28 da LINDB. In: DUQUE, Marcelo Schenck; RAMOS, Rafael (coord.). *Segurança jurídica na aplicação do direito público*: Comentários à Lei 13.655/2018. Salvador: Juspodivm, 2019, p. 167; PALMA, Juliana Bonacorsi de. *A proposta da lei de segurança jurídica na gestão e do controle públicos e as pesquisas acadêmicas*. Disponível em: <http://www.sbdp.org.br/wp/wp-content/uploads/2019/06/LINDB.pdf>. p. 13. Acesso em: 04/11/2019; TOSTA, André Ribeiro. Realismo e LINDB: amor à primeira vista? In: MAFFINI, Rafael; RAMOS, Rafael (coord.). *Nova LINDB: consequencialismo, deferência judicial, motivação e responsabilidade do gestor público*. Rio de Janeiro: Lumen Juris, 2020, p. 5-31.

a atuação dos órgãos de controle,⁴⁵⁹ ao densificar a moralidade administrativa na atividade de atribuição de responsabilidade aos agentes públicos.⁴⁶⁰

Em que pese tal dispositivo – como, de resto, todo o teor da lei – tenham sido objeto de críticas,⁴⁶¹ sobretudo por recair no paradoxo de tentar conferir maior segurança jurídica mediante o uso de conceitos jurídicos indeterminados,⁴⁶² entende-se que o artigo 28 da LINDB apenas condensa interpretação que já havia sido feita pelo STJ ao exigir dolo ou culpa grave para a improbidade administrativa, equiparando, dessa forma, a culpa grave ao erro grosseiro.⁴⁶³ O texto, portanto, não traz propriamente uma novidade apta a modificar o arcabouço normativo da improbidade administrativa.⁴⁶⁴

O TCU, em sucessivas oportunidades, já fez referência ao "erro grosseiro" do agente público como premissa para a sua responsabilização, à luz do novo texto da LINDB. No processo de Tomada de Contas

---

⁴⁵⁹ ARAÚJO, Thiago C.; FERREIRA JR, Fernando; VORONOFF, Alice. *Delimitação de 'erro grosseiro' na jurisprudência do TCU*. Disponível em: <https://www.jota.info/paywall?redirect_to=//www.jota.info/opiniao-e-analise/colunas/tribuna-da-advocacia-publica/delimitacao-do-conceito-de-erro-grosseiro-na-jurisprudencia-do-tcu-15042019>. Acesso em: 15/04/2019.

⁴⁶⁰ MARQUES NETO, Floriano de Azevedo; FREITAS, Rafael Véras de. *O artigo 28 da nova LINDB*: um regime jurídico para o administrador honesto. Disponível em: <https://www.conjur.com.br/2018-mai-25/opiniao-lindb-regime-juridico-administrador-honesto>. Acesso em: 17/02/2019.

⁴⁶¹ Vide, nesse sentido: ASSOCIAÇÃO DOS MEMBROS DOS TRIBUNAIS DE CONTAS DO BRASIL (ATRICON). *Nota Técnica n. 01/2018*. Disponível em: <http://www.atricon.org.br/wp-content/uploads/2017/03/Nota-Tecnica-01-2018-PL-7448-2017Atricon-Audicon.pdf>. Acesso em: 13/09/2019.

⁴⁶² ARAÚJO, Thiago C.; FERREIRA JR, Fernando; VORONOFF, Alice, op. cit. No mesmo sentido, Caroline Müller Bitencourt e Rogério Gesta Leal questionam, com percuciência: "consequências práticas da decisão é menos indeterminado do que valores abstratos?" (BITENCOURT, Caroline Müller; LEAL, Rogério Gesta. Consequencialismo das decisões e os valores jurídicos abstratos a partir da Lei 13.655/18: uma análise crítica sob a perspectiva da (in)segurança jurídica. In: MAFFINI, Rafael; RAMOS, Rafael (coord.). *Nova LINDB: consequencialismo, deferência judicial, motivação e responsabilidade do gestor público*. Rio de Janeiro: Lumen Juris, 2020, p. 112)

⁴⁶³ No mesmo sentido, HEINEN, Juliano. Comentários ao artigo 28 da LINDB. In: DUQUE, Marcelo Schenck; RAMOS, Rafael (coord.). *Segurança jurídica na aplicação do direito público*: Comentários à Lei 13.655/2018. Salvador: Juspodivm, 2019, p. 162; NOBRE JÚNIOR, Edilson Pereira. *As normas de direito público na Lei de Introdução ao Direito Brasileiro*: paradigmas para a interpretação e aplicação do direito administrativo. São Paulo: Contracorrente, 2019, p. 193; MAFFINI, Rafael. LINDB, Covid-19 e sanções administrativas aplicáveis a agentes públicos. In: MAFFINI, Rafael; RAMOS, Rafael (coord.). *Nova LINDB: consequencialismo, deferência judicial, motivação e responsabilidade do gestor público*. Rio de Janeiro: Lumen Juris, 2020, p. 215.

⁴⁶⁴ Nesse sentido: MAFFINI, Rafael; HEINEN, Juliano. Análise acerca da aplicação da Lei de Introdução às Normas do Direito Brasileiro (na redação dada pela Lei n° 13.655/2018) no que concerne à interpretação de normas de direito público: operações interpretativas e princípios gerais de direito administrativo. *Revista de Direito Administrativo*, Rio de Janeiro, v. 277, n. 3, p. 247-278, set./dez. 2018, p. 265; NOBRE JÚNIOR, Edilson Pereira, op. cit., p. 194. Em sentido contrário, entendendo que a redação do novo artigo 28 da LINDB revogou parcialmente o artigo 10 da Lei n° 8.429/92, a tese de: FERRAZ, Luciano. *Alteração da LINDB revoga parcialmente Lei de Improbidade Administrativa*. Disponível em: <https://www.conjur.com.br/2018-mai-10/interesse-publico-alteracao-lindb-revoga-parcialmente-lei-improbidade>. Acesso em: 29/11/2018.

Especial que culminou com o Acórdão n° 2.391/18, o relator, Ministro Benjamin Zymler, assim diferenciou os erros leve e grosseiro, associando este à culpa grave, *verbis*:

> Tomando como base esse parâmetro, o erro leve é o que somente seria percebido e, portanto, evitado por pessoa de diligência extraordinária, isto é, com grau de atenção acima do normal, consideradas as circunstâncias do negócio. O erro grosseiro, por sua vez, é o que poderia ser percebido por pessoa com diligência abaixo do normal, ou seja, que seria evitado por pessoa com nível de atenção aquém do ordinário, consideradas as circunstâncias do negócio. Dito de outra forma, o erro grosseiro é o que decorreu de uma grave inobservância de um dever de cuidado, isto é, que foi praticado com culpa grave.[465]

O mesmo órgão também já considerou erro grosseiro, para fins do artigo 28 da LINDB, "o descumprimento, sem a devida motivação, de determinação expedida pelo TCU, pois tal conduta revela grave inobservância do dever de cuidado, o que configura culpa grave",[466] assim como "o direcionamento de licitação para marca específica sem justificativa técnica",[467] "a decisão do gestor que desconsidera, sem a devida motivação, parecer da consultoria jurídica do órgão ou da entidade que dirige",[468] o "descumprimento de regra expressa em instrumento de convênio"[469] e "a realização de pagamento antecipado sem justificativa do interesse público na sua adoção e sem as devidas garantias que assegurem o pleno cumprimento do objeto pactuado".[470]

Tratando-se de um conceito jurídico indeterminado, o "erro grosseiro" possui um núcleo e um halo conceitual, o qual é impreciso.[471] Transposto ao âmbito da improbidade administrativa, tal parâmetro de aferição da culpa grave deve consistir na "inobservância dos mais singelos deveres objetivos de cuidado",[472] vinculando-se a um agir "com desleixo, incúria, desmazelo, desprezo à coisa pública".[473]

---

[465] TCU, Plenário, Acórdão n° 2.391/2018 (Tomada de Contas Especial), relator Min. Benjamin Zymler, publicado no Boletim de Jurisprudência n° 241, de 06/11/2018.

[466] TCU, Plenário, Acórdão n° 1.941/2019 (Representação), Min. Augusto Nardes, julgado em 21/08/2019.

[467] TCU, Plenário, Acórdão n° 1.264/2019 (Representação), Min. Augusto Nardes, julgado em 05/06/2019.

[468] Idem.

[469] TCU, Primeira Câmara, Acórdão n° 2.681/2019 (Tomada de Contas Especial), relator Min. Benjamin Zymler, julgado em 26/03/2019.

[470] TCU, Plenário, Acórdão n° 185/2019 (Tomada de Contas Especial), relator Min. Benjamin Zymler, julgado em 06/02/2019.

[471] Terminologia usada por ENGISCH, Karl, op. cit., p. 209.

[472] CRUZ, Alcir Moreno da; BORGES, Mauro. *O artigo 28 da LINDB e a questão do erro grosseiro*. Disponível em: <https://www.conjur.com.br/2018-mai-14/opiniao-artigo-28-lindb-questao-erro-grosseiro>. Acesso em: 15/09/2019.

[473] CRUZ, Alcir Moreno da; BORGES, Mauro, op. cit.

No mesmo sentido, o artigo 12, § 1º, do Decreto nº 9.830/2019[474] considera erro grosseiro "aquele manifesto, evidente e inescusável praticado com culpa grave, caracterizado por ação ou omissão com elevado grau de negligência, imprudência ou imperícia". Portanto, apenas pode ser tachado de erro grosseiro para fins de incidência das gravosas sanções da improbidade administrativa aquele que, de modo claro, ofende a um padrão mínimo de diligência do agente, sendo próximo ao dolo eventual.

O contorno intelectivo da grosseria do erro ímprobo, contudo, apenas pode ser apreendido pelo observador, a partir do caso concreto, em um juízo inegavelmente subjetivo.[475] Daí a importância da fixação, pela jurisprudência, de alguns parâmetros a partir dos quais se possa verificar a existência das figuras próximas do erro grosseiro e/ou dolo, à semelhança do que vem construindo a jurisprudência do TCU. Eis o objeto do capítulo final.

---

[474] Editado para regulamentar o disposto nos artigos 20 a 30 da LINDB.

[475] MAIA FILHO, Napoleão Nunes. *Erro grosseiro*. Disponível em: <https://diariodonordeste.verdesmares.com.br/editorias/opiniao/erro-grosseiro-1.1066428>. Acesso em: 31/07/2019; DIONISIO, Pedro de Hollanda. O erro no direito administrativo: conceito, espécies e consequências jurídicas. In: MAFFINI, Rafael; RAMOS, Rafael (coord.). *Nova LINDB: consequencialismo, deferência judicial, motivação e responsabilidade do gestor público*. Rio de Janeiro: Lumen Juris, 2020, p. 232.

6. A INFERÊNCIA DO DOLO E DA CULPA NA IMPROBIDADE ADMINISTRATIVA

6.1. A parametrização do dolo e da culpa grave e a segurança jurídica

Defendeu-se no presente trabalho a aplicação à improbidade administrativa de uma concepção processualizada de dolo, a exigir o perscrutamento do seu elemento cognitivo, e uma concepção de culpa atrelada à gravidade da falta de dever cuidado, equiparada ao erro grosseiro e lindeira ao dolo eventual. Trata-se de uma via intermediária, que partilha de elementos da dogmática penal (como a estrutura normativa em que feita imputação subjetiva) e da dogmática civil (como a ideia de *dolus malus* e de graus da culpa). Ambos – dolo e culpa –, como se demonstrou nas searas penal e civil, não são conceitos ontológicos, a serem descobertos na realidade, mas sim conceitos normativos, a serem construídos.[476]

Tendo-se tal como pressuposto, é possível a fixação de alguns parâmetros, extraídos de determinadas situações de fato, que indiciam[477] a presença, ou não, de dolo ou erro grosseiro do agente público. A partir de um raciocínio por inferência,[478] balizado pela lógica formal e pelas máximas da experiência[479] [480] que indicam um padrão racional de ações

---

[476] NEISSER, Fernando Gaspar, op. cit., p. 126.

[477] Dolo e culpa, à semelhança do desvio de finalidade, são elementos que não permitem prova direta, como acentuam BANDEIRA DE MELLO, Celso Antônio. *Discricionariedade e controle judicial*. 2. ed. São Paulo: Malheiros, 1998, p. 97; KNIJNIK, Danilo. *A prova nos juízos cível, penal e tributário*. Rio de Janeiro: Forense, 2007, p. 27.

[478] De acordo com Simon Blackburn, raciocínio por inferência é específico "processo de se mover da (possivelmente provisória) aceitação de algumas proposições para a aceitação de outras" (BLACKBURN, Simon. *Dicionário Oxford de Filosofia*. Rio de Janeiro: Zahar, 2014, p. 332).

[479] COSTA, Pedro Jorge. *Dolo penal e sua prova*. p. 187.

[480] Friederich Stein conceitua as máximas da experiência como "definiciones o juicios hipotéticos de contenido general, desligados de los hechos concretos que se juzgan em el proceso, procedentes de la experiência, pero independientes de los casos particulares de cuya observacion se han inducido y que, por encima de esos casos, pretenden tener validez para otros nuevos." (STEIN, Friedrich. *El conocimiento privado del juez*: investigaciones sobre derecho probatório en ambos procesos. Traducción y notas de André de la Oliva Santos. Reimpresión de la segunda edición. Santa Fé de Bogotá: Temis S.A. 1999, p. 27).

ou omissões do agente público, pode-se considerar determinado conjunto de fatos como sintomático da existência de algumas representações atribuídas à sua subjetividade, como o presumido conhecimento acerca dos riscos do(s) ato(s) praticado(s) – no caso do dolo –, ou do dever de cuidado latente posteriormente inobservado – no caso da culpa grave.[481]

A busca de uma parametrização das situações em que evidenciados dolo e culpa ímprobos não implica indevida presunção absoluta[482] da presença de tais elementos subjetivos, como se a constatação dos fatos indicativos dispensasse o exame do caso concreto. À investigação deste, afinal, nunca se poderá prescindir, podendo até contraindicar o dolo e a culpa mesmo nas situações em que indiciados pelo comportamento do agente.[483]

Dado que a atividade probatória, no caso, não se destina propriamente a descobrir o que o agente acusado da prática de improbidade administrativa sabia ou não, mas sim a efetuar um juízo de atribuição a partir de determinadas situações de fato típicas,[484] a condensação de algumas de tais situações – em que recorrentemente se faz um juízo de inferência de uma situação subjetiva – tem o condão de garantir maior previsibilidade em tal juízo atributivo. E uma maior previsibilidade, indicada em um padrão consistente de uma forma de interpretação das normas que imputam a prática de improbidade administrativa, redunda em maior segurança jurídica,[485] sobretudo àquele que responde pela conduta e que, nessa condição, deve ter a possibilidade da antever as situações de risco em que possivelmente inserido.

---

[481] BORGES, Ronaldo Souza. *A prova pela presunção na formação do convencimento judicial*. Belo Horizonte: D'Plácio, 2016, p. 191.

[482] Como salienta Tereza Ancona Lopez de Magalhães, "nas presunções legais *juris et de jure*, isto é, irrefragáveis, não se admite prova em contrário. Na verdade, tal presunção não existe como prova; ao contrário, ela dispensa a prova, pois admite como verdadeiros os fatos legalmente presumidos", em MAGALHÃES, Tereza Ancona Lopez. A presunção no direito, especialmente no direito civil. *Doutrinas Essenciais de Direito Civil*, vol. 5, p. 1323-1345, out. 2010, DTR-2012-1573.

[483] Castañon, nesse sentido, salienta que "una ley apoyada en la inducción explica tan sólo una clase de fenómenos; no, sin embargo, un individuo de dicha clase. Para el caso que nos ocupa, esto significa que, aun cuando puedan establecerse conexiones entre formas de comportamiento y estados mentales, de ello no se infiere necesariamente que en un caso concreto tal conexión exista" (CASTAÑON, José Manuel Paredes. Problemas metodológicos en la prueba del dolo. *Anuario de Filosofía del Derecho*, n. 18, p. 67-93, 2001, p. 86).

[484] NEISSER, Fernando Gaspar, op. cit., p. 256. Também Cretella Júnior, ao tratar da prova do desvio de poder (finalidade), revela a necessidade de serem perscrutados os "sintomas": "qualquer traço, interno ou externo, direto, indireto ou circunstancial que revele a distorção da vontade do agente público ao editar o ato [...]" (CRETELLA JÚNIOR, José. A prova no "desvio de poder". *Revista de Direito Administrativo*, n. 230, out./dez. 2002, p. 197-216, p. 201).

[485] A noção de segurança jurídica aqui empregada deriva da ideia de que deve haver clareza quanto às normas e à aplicação destas, quando confirmado seu sentido e validade. Ao conferir-se determinabilidade aos sentidos em que se aplicam o dolo e culpa ímproba dá-se maior inteligibilidade de tais normas imputativas ao seu aplicador e intérprete, no sentido de segurança jurídica exposto por ÁVILA, Humberto. *Segurança jurídica*: entre permanência, mudança e realização no direito tributário. 2. ed. São Paulo: Malheiros, 2012, p. 319-341.

O grau de relação de inferência[486] entre as situações de fato parametrizadas e o elemento subjetivo inferido (presença ou ausência de dolo ou culpa grave) é estabelecido, em regra, do desfecho de uma série de casos-paradigma. Afinal, a verdade acerca do estado subjetivo do agente público a quem se atribui a prática de improbidade administrativa, como toda verdade sobre previsões legais, é conclusão que deriva de uma construção social, a qual parte do legislador e passa pela interpretação atribuída pela jurisprudência.[487] Considera-se, portanto, que se os Tribunais têm estabelecido uma interpretação a respeito da presença do dolo e culpa ímprobos em determinadas situações, tal interpretação, por coerência,[488] será replicada em casos similares, viabilizando-se, a partir daí, o estabelecimento de um parâmetro pelo qual se possa fazer o juízo inferencial.

6.2. Parâmetros para a constatação do dolo e da culpa grave do agente público

6.2.1. A formalização e motivação dos atos administrativos praticados

É dever do administrador público a observância da forma dos atos praticados, quando necessária. O artigo 2º da Lei nº 4.717/65 (Lei da Ação Popular) considera que o vício de forma "consiste na omissão ou na observância incompleta ou irregular de formalidades indispensáveis à existência ou seriedade do ato". A partir de tal dispositivo, o termo "forma" pode ser entendido como a formalidade que cerca a prática de determinados atos, cuja inobservância pode ensejar a sua invalidação.[489]

---

[486] Expressão utilizada por KNIJNIK, Danilo, op. cit., p. 49.

[487] Como salienta Susan Haack, "as verdades sobre previsões legais são uma especial subclasse de verdades sobre instituições sociais; e, como muitas verdades sobre a sociedade, são socialmente construídas, tornadas verdade pelas coisas que as pessoas fazem – primeiramente pelas decisões do legislador, mas também em parte pelas interpretações dos juízes sobre leis e precedentes, e assim por diante", tradução livre de "Truths about legal provisions, are a special sub-class of truths about social institutions; and, lile many truths about a society, are socially constructed, made true by things people do – primarily by legislator's decisions, but also in part by judge's interpretations of statutes and precedents, and so forth" (HAACK, Susan. *Evidence matters*: science, proof and truth in law. New York: Cambridge University Press, 2014, p. XXV).

[488] Humberto Ávila salienta que, do ponto de vista dinâmico, a coerência exige a aplicação uniforme das normas, o que "concorre para reduzir a incerteza no que diz respeito a saber qual é a consequência normativa mais provável de ser futuramente imposta" (op. cit., p. 342).

[489] Defendendo uma ideia ampla e uma restrita de forma dos atos administrativos, para nela incluir tanto a exteriorização do ato quanto todas as formalidades que devem ser observadas durante o processo de formação da vontade da Administração, a doutrina de DI PIETRO, Maria Sylvia Zanella. *Direito administrativo*. op. cit., p. 196-198.

A lei federal de processo administrativo (Lei nº 9.784/99) adotou como regra o informalismo. Em geral, portanto, os atos do processo administrativo não dependem de forma determinada, senão quando a lei expressamente a exigir.[490] A própria lei condiciona a observância às formas à necessidade de "propiciar adequado grau de certeza, segurança e respeito aos direitos dos administrados" (art. 2º, inciso IX), vinculando, portanto, o formalismo à garantia dos direitos daqueles (art. 2º, inciso VIII).

Paralelamente à observância das formas, quando devida, erige-se o dever de motivação do agente público. A motivação exige a indicação dos fatos e fundamentos jurídicos que levaram à decisão administrativa, de modo claro, explícito e congruente, sobretudo nas hipóteses de limitação e/ou afetação de direitos e interesses,[491] o que viabiliza o controle da Administração Pública.[492]

A observância à formalidade essencial dos atos e o cumprimento do dever de motivação do agente público imbricam-se diretamente com a prova do seu elemento subjetivo. Isso porque as situações potencialmente ímprobas – que podem implicar enriquecimento ilícito, prejuízo ao erário ou violação a princípios jusadministrativos – exigem decisões motivadas, que devem ser previamente formalizadas no bojo de um processo administrativo. O agente público, quando deparado com uma situação de risco – em que afetados direitos e interesses alheios e/ou públicos – tem o dever de escudar-se na forma devida e motivar eventuais atos ablativos e/ou concessivos, sob pena de ter-se por configurada situação de dolo eventual e/ou, ao menos, erro grosseiro.[493]

O dever de motivação do agente foi corroborado com a edição da já mencionada Lei nº 13.655/2018, a qual implicou um reforço do ônus

---

[490] Artigo 22. Os atos do processo administrativo não dependem de forma determinada senão quando a lei expressamente a exigir.

[491] Artigo 50. Os atos administrativos deverão ser motivados, com indicação dos fatos e dos fundamentos jurídicos, quando: I – neguem, limitem ou afetem direitos ou interesses; II – imponham ou agravem deveres, encargos ou sanções; III – decidam processos administrativos de concurso ou seleção pública; IV – dispensem ou declarem a inexigibilidade de processo licitatório; V – decidam recursos administrativos; VI – decorram de reexame de ofício; VII – deixem de aplicar jurisprudência firmada sobre a questão ou discrepem de pareceres, laudos, propostas e relatórios oficiais; VIII – importem anulação, revogação, suspensão ou convalidação de ato administrativo. § 1º A motivação deve ser explícita, clara e congruente, podendo consistir em declaração de concordância com fundamentos de anteriores pareceres, informações, decisões ou propostas, que, neste caso, serão parte integrante do ato.

[492] FREITAS, Juarez. *O controle dos atos administrativos e os princípios fundamentais.* op. cit., p. 90-97.

[493] Nesse sentido, a jurisprudência do TCU, já citada, ao enquadrar como erro grosseiro "o direcionamento de licitação para marca específica sem justificativa técnica" e "a decisão do gestor que desconsidera, sem a devida motivação, parecer da consultoria jurídica do órgão ou da entidade que dirige" (TCU, Plenário, Acórdão nº 1.264/2019 (Representação), Min. Augusto Nardes, julgado em 05/06/2019).

argumentativo do administrador público⁴⁹⁴ – que passa, inclusive, a ter de ponderar as consequências práticas da sua decisão.⁴⁹⁵ Como salientam Floriano de Azevedo Marques Neto e Rafael Véras de Freitas, em comentário ao já estudado artigo 28 da LINDB, a melhor fundamentação do agir do administrador público, incentivada pela nova lei, colabora para reduzir os riscos da sua atuação, ampliando, de outra parte, o ônus de fundamentação do controlador:

> Tal dispositivo terá o condão de gerar os relevantes incentivos de: (i) contribuir para que o administrador melhor fundamente o seu agir, por intermédio de uma adequada processualização, de sorte a reduzir os riscos de que suas decisões sejam inquinadas pela pecha dos "atos dolosos" ou dos atos praticados lastreados em um "erro grosseiro"; e (ii) inverterá e ampliará o ônus de fundamentação para o controlador, que passará a ter de demonstrar, por intermédio de provas concretas, que o ato praticado pelo agente público restou maculado pela intenção de malferir a probidade administrativa.⁴⁹⁶

A forma dos atos praticados e o nível de aprofundamento da motivação administrativa em relação às situações de risco (potencialmente ímprobas), portanto, é relevante parâmetro para a inferência do dolo ou da culpa grave do agente público.

6.2.2. A existência e o cumprimento de programas de integridade no âmbito da Administração Pública

Nos últimos anos assistiu-se a uma crescente preocupação com a prevenção à corrupção no setor privado e nos entes da Administração Pública indireta. Merece destaque, nesse sentido, a Lei nº 12.846/2013 (Lei anticorrupção empresarial), regulamentada pelo Decreto nº 8.420/2015, que previu a responsabilidade objetiva da pessoa jurídica envolvida em atos que atentem contra a Administração Pública, nacional ou estrangeira. Quando da imposição da sanção à pessoa jurídica, o artigo 7º⁴⁹⁷ lista como critério a ser avaliado a existência de mecanismos e procedimentos internos de integridade, auditoria e incentivo à denúncia de irregularidades e a aplicação efetiva dos códigos de ética e

---

⁴⁹⁴ Expressão utilizada por DUQUE, Marcelo Schenck RAMOS, Rafael. *Comentários ao art. 1º da Lei 13.655/2018*. op. cit., p. 30.

⁴⁹⁵ Artigo 20. Nas esferas administrativa, controladora e judicial, não se decidirá com base em valores jurídicos abstratos sem que sejam consideradas as consequências práticas da decisão. Parágrafo único. A motivação demonstrará a necessidade e a adequação da medida imposta ou da invalidação de ato, contrato, ajuste, processo ou norma administrativa, inclusive em face das possíveis alternativas

⁴⁹⁶ MARQUES NETO, Floriano de Azevedo; FREITAS, Rafael Véras de. *O artigo 28 da nova LINDB: um regime jurídico para o administrador honesto*. Disponível em: <https://www.conjur.com.br/2018-mai-25/opiniao-lindb-regime-juridico-administrador-honesto>. Acesso em: 17/07/2019.

⁴⁹⁷ Artigo 7º Serão levados em consideração na aplicação das sanções: (...) VIII – a existência de mecanismos e procedimentos internos de integridade, auditoria e incentivo à denúncia de irregularidades e a aplicação efetiva de códigos de ética e de conduta no âmbito da pessoa jurídica.

de conduta no âmbito da pessoa jurídica. Os programas de integridade, nesta lei, reduzem a fixação da pena imposta se estiverem dentro dos parâmetros estipulados pelo artigo 42 do Decreto nº 8.420/2015.

Também a Lei das Estatais (Lei nº 13.303/2016) estabeleceu a obrigação de existência de regras de governança corporativa por tais entes. A título de exemplo, tal lei contempla a necessária adoção, por tais empresas, de regras de estruturas e práticas de gestão de riscos e controle interno (art. 9º[498]), a constante adequação de seus Códigos de Conduta e Integridade às regras de boa prática de governança corporativa (art. 12, inciso II[499]), bem como a observação, nas licitações e contratos de tais empresas, da política de integridade nas transações com partes interessadas (art. 32, inciso V[500]).

Houve a compreensão do legislador, portanto, de que a chave para o combate de um fenômeno multidimensional como a corrupção[501] reside na prevenção, e não na repressão.[502] E a eficácia de práticas preventivas da corrupção, no âmbito do controle interno da Administração Pública (arts. 37, § 8º, inciso II, e 74 da CF/1988), depende sobretudo de programas de integridade, ou *compliance*,[503] assim conceituados pelo artigo 41 do Decreto nº 8.420/2015:

---

[498] Artigo 9º A empresa pública e a sociedade de economia mista adotarão regras de estruturas e práticas de gestão de riscos e controle interno que abranjam: I – ação dos administradores e empregados, por meio da implementação cotidiana de práticas de controle interno; II – área responsável pela verificação de cumprimento de obrigações e de gestão de riscos; III – auditoria interna e Comitê de Auditoria Estatutário. § 1º Deverá ser elaborado e divulgado Código de Conduta e Integridade, que disponha sobre: I – princípios, valores e missão da empresa pública e da sociedade de economia mista, bem como orientações sobre a prevenção de conflito de interesses e vedação de atos de corrupção e fraude; II – instâncias internas responsáveis pela atualização e aplicação do Código de Conduta e Integridade; III – canal de denúncias que possibilite o recebimento de denúncias internas e externas relativas ao descumprimento do Código de Conduta e Integridade e das demais normas internas de ética e obrigacionais; IV – mecanismos de proteção que impeçam qualquer espécie de retaliação a pessoa que utilize o canal de denúncias; V – sanções aplicáveis em caso de violação às regras do Código de Conduta e Integridade; VI – previsão de treinamento periódico, no mínimo anual, sobre Código de Conduta e Integridade, a empregados e administradores, e sobre a política de gestão de riscos, a administradores.

[499] Artigo 12. A empresa pública e a sociedade de economia mista deverão: (...) II – adequar constantemente suas práticas ao Código de Conduta e Integridade e a outras regras de boa prática de governança corporativa, na forma estabelecida na regulamentação desta Lei.

[500] Artigo 32. Nas licitações e contratos de que trata esta Lei serão observadas as seguintes diretrizes: (...) V – observação da política de integridade nas transações com partes interessadas.

[501] Como apontado por VON ALEMANN, Ulrich. The unknown depths os political theory: the case for a multidimensional concept of corruption. *Crime, law and social change*, v. 42, aug. 2004, p. 25-34, p. 33.

[502] BECHARA, Ana Elisa Liberatore S. Corrupção, crise política e direito penal: as lições que o Brasil precisa aprender. *Boletim IBCCRIM*, ano 25, n. 290, jan. 2017, p. 5-7.

[503] Utilizado como sinônimo por NOHARA, Irene Patrícia. Governança pública e gestão de riscos: transformações no direito administrativo. In: PAULA, Marco Aurélio Borges de; CASTRO, Rodrigo Pironti Aguirre de. (coord.) *Compliance, gestão de riscos e combate à corrupção*: integridade para o desenvolvimento. Belo Horizonte: Fórum, 2018, p. 330. Na dicção de José Anacleto Abduch Santos, "*compliance* é expressão do dever de cumprir e fazer cumprir normas legais, códigos de

Art. 41. Para fins do disposto neste Decreto, programa de integridade consiste, no âmbito de uma pessoa jurídica, no conjunto de mecanismos e procedimentos internos de integridade, auditoria e incentivo à denúncia de irregularidades e na aplicação efetiva de códigos de ética e de conduta, políticas e diretrizes com objetivo de detectar e sanar desvios, fraudes, irregularidades e atos ilícitos praticados contra a administração pública, nacional ou estrangeira.

Parágrafo Único. O programa de integridade deve ser estruturado, aplicado e atualizado de acordo com as características e riscos atuais das atividades de cada pessoa jurídica, a qual por sua vez deve garantir o constante aprimoramento e adaptação do referido programa, visando garantir sua efetividade.

A exigência de programas de integridade no âmbito da Administração Pública marca interessante movimento de articulação da governança pública com o direito administrativo.[504] Contudo, a atenção crescente a tais mecanismos de auditoria e aplicação efetiva de códigos de ética e de conduta no âmbito da Administração Pública indireta e no setor privado não se reproduz na Administração Pública direta, seja na esfera estadual quer na federal.[505]

A despeito do amplo campo para o desenvolvimento teórico e prático dos sistemas de *compliance* público, é certo que programas de integridade na Administração Pública, contanto que devidamente estruturados, viabilizam a identificação e minimização de riscos, detectando e sanando desvios, atos ilícitos e fraudes, em autêntica blindagem do órgão público contra a corrupção.[506] E fazem-no por intermédio do detalhamento das tarefas dos agentes públicos em face de diversas situações concretas, com isso diminuindo a vagueza das normas administrativas imputativas de comportamento.[507]

Isso, de sua parte, tem implicações claras no que tange às provas do elemento subjetivo do agente público para fins de improbidade ad-

---

ética concorrencial e normas internas que regem determinada atividade econômica" (SANTOS, José Anacleto Abduch; BERTONCINI, Mateus; CUSTÓDIO FILHO, Ubirajara. *Comentários à Lei 12.846/2013*: Lei anticorrupção. 2. ed. em ebook baseada na 2. ed. impressa. São Paulo: RT, 2015, p. 13).

[504] NOHARA, Irene Patrícia. *Governança pública e gestão de riscos*: transformações no direito administrativo. op. cit., p. 330.

[505] Diagnóstico de FORIGO, Camila Rodrigues. Controle da corrupção na administração pública: uma perspectiva através do *compliance*. *Revista Brasileira de Ciências Criminais*, vol. 153/2019, p. 17-40, mar. 2019, p. 18. Enfrentando as principais objeções à aplicação de programas de integridade no âmbito da Administração Pública direta – quais sejam, a incompatibilidade com a estrutura, características e objetivos institucionais e a ausência de inovação – a doutrina de VALLE, Vanice Regina Lírio do; SANTOS, Marcelo Pereira dos. Governança e compliance na administração direta: ampliando as fronteiras do controle democrático. *A&C – Revista de Direito Administrativo & Constitucional*, Belo Horizonte, ano 19, n. 75, p. 161-177, jan./mar. 2019.

[506] NASCIMENTO, Juliana. Panorama internacional e brasileiro da governança, riscos, controles internos e *compliance* no setor público. In: *Compliance, gestão de riscos e combate à corrupção*: integridade para o desenvolvimento. Belo Horizonte: Fórum, 2018, p. 358.

[507] Como acentuado por NEISSER, Fernando Gaspar, op. cit., p. 282.

ministrativa. Pode-se dizer que um programa de integridade adequadamente estruturado diminui a possibilidade de práticas de improbidade administrativa, ao minimizar os riscos da atuação pública. Ainda assim, tais programas, ao traçarem verdadeiro "roteiro" ao agente público probo, possibilitam a visualização clara dos deveres eventualmente descumpridos, facilitando o processo de imputação subjetiva do dolo e – principalmente – da culpa travestida de erro grosseiro.

A existência e o cumprimento de programa de integridade, portanto, são parâmetros relevantes para o juízo atributivo de dolo e culpa do agente público.

6.2.3. A existência e o cumprimento de determinação do TCU ou recomendação do Ministério Público

Os agentes públicos no exercício de sua função, não raro, são admoestados pelos órgãos de controle para que pratiquem ou deixem de praticar determinadas condutas que possam se mostrar lesivas ao interesse público.

Dentre tais advertências merece destaque a determinação por parte do TCU da adoção de medidas necessárias à correção de impropriedades ou faltas identificadas no processo de julgamento das contas da Administração Pública, aprovadas com ressalva (art. 18 da Lei nº 8.443/1992[508]). O Ministério Público também possui a prerrogativa de expedir recomendação aos agentes públicos visando ao respeito dos interesses, direitos e bens pelo órgão defendidos, a teor do artigo 27, parágrafo único, inciso IV, da Lei nº 8.625/1993,[509] artigo 6º, inciso XX, da Lei Complementar nº 75/1993,[510] bem como artigo 15 da Resolução nº 23/2007 do CNMP.[511]

---

[508] Artigo 18. Quando julgar as contas regulares com ressalva, o Tribunal dará quitação ao responsável e lhe determinará, ou a quem lhe haja sucedido, a adoção de medidas necessárias à correção das impropriedades ou faltas identificadas, de modo a prevenir a ocorrência de outras semelhantes.

[509] Artigo 27. Cabe ao Ministério Público exercer a defesa dos direitos assegurados nas Constituições Federal e Estadual, sempre que se cuidar de garantir-lhe o respeito: (...) Parágrafo único. No exercício das atribuições a que se refere este artigo, cabe ao Ministério Público, entre outras providências: (...) IV – promover audiências públicas e emitir relatórios, anual ou especiais, e recomendações dirigidas aos órgãos e entidades mencionadas no caput deste artigo, requisitando ao destinatário sua divulgação adequada e imediata, assim como resposta por escrito.

[510] Artigo 6º Compete ao Ministério Público da União: (...) XX – expedir recomendações, visando à melhoria dos serviços públicos e de relevância pública, bem como ao respeito, aos interesses, direitos e bens cuja defesa lhe cabe promover, fixando prazo razoável para a adoção das providências cabíveis.

[511] Artigo 15. O Ministério Público, nos autos do inquérito civil ou do procedimento preparatório, poderá expedir recomendações devidamente fundamentadas, visando à melhoria dos serviços públicos e de relevância pública, bem como aos demais interesses, direitos e bens cuja defesa lhe caiba promover.

Em que pese ambos institutos tenham distinta natureza jurídica, revelam eles circunstância relevante no que tange à imputação subjetiva de uma conduta dolosa ou culposa do agente público: a presumida ciência, por parte deste, acerca de uma situação irregular a ser corrigida.

A faculdade do Ministério Público expedir recomendação, geralmente em inquérito civil ou procedimento administrativo, possui origem na figura do *ombudsman*,[512] mediante a qual o órgão indica aos entes recomendados as medidas necessárias à correção de eventuais ilícitos.[513] Deriva ela da função institucional do Ministério Público promover o inquérito civil e a ação civil pública para a proteção do patrimônio público e social (art. 129, inciso III, da CF/1988).

Tanto a determinação emitida pelo TCU na aprovação de contas com ressalva quanto a recomendação expedida pelo Ministério Público constituem formas eficazes de dar conhecimento ao agente público acerca de irregularidades cometidas que devem ser sanadas. Isso, à evidência, serve como prova da situação mais controvertida no que tange à imputação subjetiva no âmbito da improbidade administrativa – qual seja, a ciência, por parte do sujeito passivo, acerca de uma situação de risco.

Em regra, o agente público que se omite ao receber uma determinação do TCU ou uma recomendação do Ministério Público em uma situação de malversação de recursos públicos ou violação de princípios administrativos, sem justificar a inércia, adentra no campo do dolo ou erro grosseiro exigido pelos tipos da Lei nº 8.429/92. Como salientam Thiago André Pierobom de Ávila e Teofábio Pereira Martins, ao tratar de um dos efeitos da recomendação expedida pelo Ministério Público:

> Assim, sendo o agente público cientificado pelo Ministério Público, por intermédio da recomendação, de que seu comportamento está em desconformidade com a Lei e, em sequência, se negando a cumprir o recomendado, o agente demonstra ter consciência da ilicitude de sua conduta e vontade de violar a norma jurídica, estando formalmente explicitado seu dolo, havendo a subsunção de sua conduta à norma (LIA).[514]

---

[512] BRASIL, Luciano de Faria. *A recomendação no âmbito do inquérito civil*: breves notas sobre o instituto. Disponível em: <https://www.amprs.com.br_/public/arquivos/revista_artigo/arquivo_1273861356.pdf>. Acesso em: 02/10/2019.

[513] Segundo o artigo 1º da Resolução CNMP nº 164, de 28/03/2017, "a recomendação é instrumento de atuação extrajudicial do Ministério Público por intermédio do qual este expõe, em ato formal, razões fáticas e jurídicas sobre determinada questão, com o objetivo de persuadir o destinatário a praticar ou deixar de praticar determinados atos em benefício da melhoria dos serviços públicos e de relevância pública ou do respeito aos interesses, direitos e bens defendidos pela instituição, atuando, assim, como instrumento de prevenção de responsabilidades ou correção de condutas".

[514] ÁVILA, Thiago André Pierobom de; MARTINS, Teofábio Pereira. A recomendação ministerial como possível instrumento de delimitação do dolo da improbidade administrativa. *Boletim Científico ESMPU*, Brasília, ano 16, p. 139-173, jan./jun. 2017, p. 162.

Dessa forma, a existência de uma situação de risco cuja correção é determinada pelo Tribunal de Contas ou recomendada Ministério Público e que não é objeto de ação por parte do agente público destinatário é um parâmetro para a inferência do dolo ou culpa grave deste.

6.2.4. A existência de parecer jurídico ou lei respaldando o agir do administrador

Na análise jurisprudencial sobre o dolo e a culpa na caracterização de improbidade administrativa foram reveladas situações em que se entendeu por ausente conduta ímproba quando a ação ou omissão lesiva do agente público foi respaldada por lei preexistente ou por entendimento manifestado em parecer jurídico. É o caso da contratação sem concurso público, quando vigente lei autorizando tal contratação direta;[515] é o caso, também, da homologação de licitação com frustrada licitude, embasada em parecer de assessoria jurídica.[516]

Tais situações demonstram que quando o agente público age embasado em uma legislação aprovada pelo Parlamento ou após orientação expressa de órgão jurídico é de difícil caracterização seu dolo ou erro grosseiro. Em tais casos, afinal, presume-se que o agente acreditava não estar em situação de risco, por possuir respaldo político e/ou técnico para sua ação ou omissão.[517]

É questionável, a propósito, a possibilidade de o agente público cometer improbidade administrativa quando praticado o ato com base em lei inconstitucional. A despeito da controvérsia acerca da própria possibilidade do Poder Executivo negar a aplicação de lei com fundamento na sua inconstitucionalidade,[518] é certo que militam em favor de atos normativos da espécie uma presunção reversa, de constitucionalidade. Portanto, afora situações de fraude na própria formação da vontade legislativa, com participação do titular do Poder Executivo,[519]

---

[515] STJ, AgInt no REsp 1330293/SP, Rel. Ministro Benedito Gonçalves, Primeira Turma, julgado em 23/10/2018, DJe 31/10/2018; REsp 1457238/MG, Rel. Ministro Mauro Campbell Marques, Segunda Turma, julgado em 17/09/2015, DJe 28/09/2015; REsp 1248529/MG, Rel. Ministro Napoleão Nunes Maia Filho, Primeira Turma, julgado em 03/09/2013, DJe 18/09/2013.

[516] TJ/RS, AC nº 70081299638, Vigésima Segunda Câmara Cível, Tribunal de Justiça do RS, Relator Miguel Ângelo da Silva, Julgado em 13/06/2019.

[517] Tal presunção, evidentemente, pode ser subvertida por prova em contrário – por exemplo, da existência de um conluio entre o subscritor do parecer e o responsável pelo ato.

[518] Tratada por TAVARES, André Ramos. O tratamento da Lei Inconstitucional pelo Poder Executivo. *Boletim do Legislativo*, v. 40, p. 460-468, 2008.

[519] Como a vislumbrada pelo STJ ao chancelar a condenação de prefeito, vice-prefeito e vereadores do Município de Baependi/MG, responsáveis pela edição de lei que fixava subsídios de forma irregular, posteriormente convertida em outra lei, a qual transformou em ajuda de custo os valores majorados às remunerações, independentemente da comprovação de despesas, com vigência

o cumprimento de uma lei, ainda que inconstitucional, não pode ser tachado de ímprobo sob uma perspectiva subjetiva.[520]

De outra parte, a questão atinente à possível improbidade quando o agente segue orientação passada por assessoria jurídica vincula-se ao dever de formalização e motivação dos atos administrativos praticados em situações potencialmente ímprobas, estudado no item 6.2.1. Em tais situações, há a necessidade de o agente público motivar eventual ato praticado, no bojo de um regular procedimento administrativo, esclarecendo todas as premissas de fato que possam levar ao cometimento de uma irregularidade.[521] Na dicção de Alejandro Nieto, o agente público, em face de uma situação duvidosa, deve demonstrar um "impulso de esclarecimento".[522]

Tal impulso, próprio ao agente público de boa-fé, deve levá-lo a perscrutar os limites legais de sua ação ou omissão, o que se dá, em regra, mediante a oitiva da opinião técnica de uma assessoria jurídica. E a adesão ou não a tal manifestação ganha relevância no contexto das condutas que são exigíveis do agente público em face de uma situação de dúvida: em regra, o agente que segue o exposto em parecer técnico não viola um dever de cuidado mínimo. Como salientado no voto do Ministro Teori Zavascki, relator do REsp nº 827.445/SP:[523]

> É razoável presumir vício de conduta do agente público que pratica um ato contrário ao que foi recomendado pelos órgãos técnicos, por pareceres jurídicos ou pelo Tribunal de Contas. Mas não é razoável que se reconheça ou presuma esse vício justamente na conduta oposta: de ter agido segundo aquelas manifestações, ou de não ter promovido a revisão de atos praticados como nelas recomendado, ainda mais se não há dúvida quanto à lisura dos pareceres ou à idoneidade de quem os prolatou. Nesses casos, não tendo havido conduta movida por imprudência, imperícia ou negligência, não há culpa e muito menos improbidade.

O TCU possui jurisprudência a qual, acertadamente, entende por presente culpa grave na decisão do gestor que desconsidera, sem a devida motivação, parecer da consultoria jurídica do órgão ou da enti-

---

te a regulamentação pendente (REsp 723.494/MG, Rel. Ministro Herman Benjamin, Segunda Turma, julgado em 01/09/2009, DJe 08/09/2009).

[520] Emerson Garcia e Rogério Pacheco Alves divergem de tal posição, salientando ser possível a configuração do dolo ou culpa a depender do nível de intensidade do vício de inconstitucionalidade (GARCIA, Emerson; ALVES, Rogério Pacheco, op. cit., p. 519-523).

[521] DOTTI, Marinês Restelatto. A responsabilidade do gestor público decorrente da atuação da fiscalização do contrato e do acatamento de opiniões técnicas emitidas nos processos de contratação. In: MAFFINI, Rafael; RAMOS, Rafael (coord.). *Nova LINDB: consequencialismo, deferência judicial, motivação e responsabilidade do gestor público*. Rio de Janeiro: Lumen Juris, 2020, p. 249-250.

[522] NIETO, Alejandro, op. cit., p. 368.

[523] STJ, REsp nº 827.445/SP, rel. Ministro Teori Zavascki, julgado em 02/02/2010, DJ de 08/03/2010.

dade que dirige.[524] Com efeito, caso o agente não acolha as conclusões expostas em parecer jurídico sem a devida motivação ou referência de uma situação de fato divergente à exposta, sua conduta tangencia o dolo,[525] aproximando-se da culpa grave/erro grosseiro necessários à configuração da improbidade administrativa.

Situação duvidosa pode ocorrer nos casos em que é o entendimento jurídico, seguido pelo agente público, que está contaminado por dolo ou erro grosseiro. Nesse caso, seguindo a mesma interpretação restritiva quanto à constatação do elemento subjetivo do agente, entende-se que, ressalvada situação de conluio entre o procurador e o responsável pela edição do ato, a ser devidamente comprovada, não há como se imputar subjetivamente uma conduta como se o dolo e erro grosseiro do técnico implicasse semelhante pecha à conduta daquele que, sem o conhecimento específico, chancela a opinião manifestada.

De qualquer forma, a existência de um parecer jurídico indicando (ou contraindicando) determinada conduta que vem a se revelar lesiva ou de uma legislação prévia igualmente autorizativa servem como parâmetros inferenciais para a adesão subjetiva do agente público à improbidade administrativa.

6.2.5. A observância de standards, normas e critérios científicos e técnicos

Em 13/05/2020 foi publicada a Medida Provisória n° 966, a qual objetivou dispor sobre a responsabilização de agentes públicos por ações ou omissões em atos relacionados ao enfrentamento da emergência de saúde pública oriunda da pandemia de Coronavírus (COVID-19) e no combate aos seus efeitos econômicos e sociais.

Em que pese tal texto normativo pouco tenha inovado no ordenamento jurídico – dado tratar dos mesmos temas da LINDB, numa espécie de precaução normativa[526] –, procurou ele conferir, sobretudo em seus artigos 2° e 3°,[527] contornos mais claros ao dolo e erro grossei-

---

[524] TCU, Plenário, Acórdão n° 1.264/2019 (Representação), Min. Augusto Nardes, julgado em 05/06/2019.

[525] Entendimento de NEISSER, Fernando Gaspar, op. cit., p.266.

[526] É o entendimento de MAFFINI, Rafael; CARVALHO, Guilherme. MP 966: Vacina indevida ou precaução normativa? Disponível em <https://www.conjur.com.br/2020-mai-18/mp-966-vacina-indevida-ou-precaucao-normativa>, acesso em 03/08/2020.

[527] Artigo 2° Para fins do disposto nesta Medida Provisória, considera-se erro grosseiro o erro manifesto, evidente e inescusável praticado com culpa grave, caracterizado por ação ou omissão com elevado grau de negligência, imprudência ou imperícia. (...) Artigo 3° Na aferição da ocorrência do erro grosseiro serão considerados: I – os obstáculos e as dificuldades reais do agente público; II – a complexidade da matéria e das atribuições exercidas pelo agente público; III – a circunstância de incompletude de informações na situação de urgência ou emergência; IV – as circunstâncias

ro dos agentes públicos diante das suas ações ou omissões em face de situações de urgência ou emergência no enfrentamento da COVID-19, situação na qual mesmo a ciência tem poucas certezas, em que maiores são as possibilidades de decisões administrativas equivocadas.[528]

Tal MP, conquanto efêmera,[529] foi objeto de diversas ADI's no STF (de n°s 6.421, 6.422, 6.424, 6.425, 6.427 e 6.428 e 6.431), nas quais foi controvertida uma suposta tentativa, via ato normativo, de "imunização" dos agentes públicos em face da situação de crise sanitária e econômica. Na deliberação do pedido cautelar veiculado nas referidas ações, o STF, por maioria, além de afastar a aplicação da referida MP à improbidade administrativa,[530] conferiu interpretação conforme à CF/1988 ao artigo 2º da norma, no sentido de estabelecer que:

> [...] na caracterização de erro grosseiro, deve-se levar em consideração a observância, pelas autoridades: (i) de standards, normas e critérios científicos e técnicos, tal como estabelecidos por organizações e entidades internacional e nacionalmente conhecidas; bem como (ii) dos princípios constitucionais da precaução e da prevenção; e b) conferir, ainda, interpretação conforme à Constituição ao art. 1º da MP 966/2020, para explicitar que, para os fins de tal dispositivo, a autoridade à qual compete a decisão deve exigir que a opinião técnica trate expressamente: (i) das normas e critérios científicos e técnicos aplicáveis à matéria, tal como estabelecidos por organizações e entidades reconhecidas nacional e internacionalmente; (ii) da observância dos princípios constitucionais da precaução e da prevenção. Foram firmadas as seguintes teses: "1. Configura erro grosseiro o ato administrativo que ensejar violação ao direito à vida, à saúde, ao meio ambiente equilibrado ou impactos adversos à economia, por inobservância: (i) de normas e critérios científicos e técnicos; ou (ii) dos princípios constitucionais da precaução e da prevenção. 2. A autoridade a quem compete decidir deve exigir que as opiniões técnicas em que baseará sua decisão tratem expressamente: (i) das normas e critérios científicos e técnicos aplicáveis à matéria, tal como estabelecidos por organizações e entidades internacional e nacionalmente reconhecidas; e (ii) da observância dos princí-

---

práticas que houverem imposto, limitado ou condicionado a ação ou a omissão do agente público; e V – o contexto de incerteza acerca das medidas mais adequadas para enfrentamento da pandemia da covid-19 e das suas consequências, inclusive as econômicas.

[528] MAFFINI, Rafael. LINDB, Covid-19 e sanções administrativas aplicáveis a agentes públicos. In: MAFFINI, Rafael; RAMOS, Rafael (coord.). *Nova LINDB*: consequencialismo, deferência judicial, motivação e responsabilidade do gestor público. Rio de Janeiro: Lumen Juris, 2020, p. 193.

[529] Referida Medida Provisória perdeu sua eficácia em razão de não ter sido convertida em lei, no prazo a que se refere o artigo 62, §§3º, 4º e 7º, da CF/1988.

[530] Do voto do relator, Ministro Luís Roberto Barroso, extrai-se que "as normas que tratam do regime de responsabilidade por atos de improbidade administrativa são normas de caráter especial, que, em princípio, não são alcançadas pela MP nº 966/2020, que trata da responsabilidade civil e administrativa dos agentes em geral, desde que relacionada ao combate à pandemia. Ainda que assim não fosse, a jurisprudência tem exigido dolo, na hipótese dos artigos. 9º e 11 da Lei 8.429/1992, ou, na melhor das hipóteses, cogitado exigir culpa grave, no caso do seu artigos 9º e 10, para configuração de ato de improbidade. Não há, portanto, que se falar em abrandamento das hipóteses de improbidade pela medida provisória. Assim, tampouco abordarei, em sede cautelar, questões atinentes à responsabilização de agentes públicos por improbidade administrativa". Disponível em <https://www.conjur.com.br/dl/barroso-mp-966.pdf>, acesso em 04/08/2020.

pios constitucionais da precaução e da prevenção, sob pena de se tornarem corresponsáveis por eventuais violações a direitos [...].[531]

Como se verifica, o STF agregou um parâmetro para a aferição do erro grosseiro dos agentes públicos: a adesão às normas e aos critérios científicos e técnicos aplicáveis à situação de fato enfrentada, à luz do estabelecido por organizações e entidades reconhecidas (nacional e internacionalmente) e dos princípios da precaução e proteção. A decisão cautelar também fixou que a adesão a tais parâmetros científicos deve embasar não apenas a atuação administrativa, mas a própria solicitação de uma opinião técnica prévia à tomada de decisão. Os agentes públicos, portanto, mesmo em face de situações de urgência, não podem desconsiderar *standards*, normas e critérios técnicos oriundos de um consenso mínimo de entidades nacionais e internacionais, sobretudo ao lidar com um tema sensível como a saúde pública.

Conquanto o STF não tenha fixado tal entendimento com referência às sanções da improbidade administrativa, é certo que a Corte, ao fazê-lo, delimitou mais um parâmetro para a fixação do dolo e/ou erro grosseiro do agente público, o que revela potencial aplicação às sanções da Lei nº 8.429/92.

6.2.6. *A cultura administrativa*

O referencial para a análise do elemento subjetivo do agente acusado de improbidade administrativa orbita em torno da cultura administrativa em que inserido. Por cultura administrativa, noção oriunda da ciência da administração, entende-se "o conjunto de lógicas e valores contextualizados de forma recorrente na maneira de administrar de diferentes sociedades".[532] Pode-se dizer, dessa forma, que as lógicas e valores próprios do ambiente organizacional do agente público servem de substrato para a aferição do seu comprometimento interno, por dolo ou culpa grave.[533]

Os limites da influência da cultura administrativa na imputação subjetiva da improbidade são de difícil delimitação. Há uma grande atividade informal da Administração Pública, a qual não raro se desen-

---

[531] STF, Plenário, ADIs 6.421, 6.422, 6.424, 6.425, 6.427 e 6.428 e 6.431, relator Min. Luís Roberto Barroso, por maioria, julgado em sessão virtual de 21/05/2020.

[532] BARBOSA, Lívia Neves de Holanda. Cultura administrativa: uma nova perspectiva das relações entre antropologia e administração. RAE – *Revista de Administração de Empresas*, vol. 36, n. 4, out./dez. 1996, p. 6-19. Disponível em: <http://www.fgv.br/rae/artigos/revista-rae-vol-36-num-4-ano-1996-nid-46437/>. Acesso em: 21/10/2019.

[533] Nesse sentido, Fábio Medina Osório salienta que "as normas culturais que compõem o quadro político-administrativo integram o substrato axiológico da LGIA e suas normas tipificatórias da improbidade administrativa" (OSÓRIO, Fábio Medina, op. cit., p. R-B 7.14).

volve à margem dos mecanismos previstos formalmente em normas jurídicas.[534] Tal informalidade, aliás, sustenta a ideia de corrupção como "ilegalidade tolerada",[535] a qual é produto de um arranjo institucional entre a esfera pública e a privada, dependente de padrões recorrentes de interação entre indivíduos que compartilham de determinados valores.[536]

No Brasil, a cultura administrativa encontrou uma conotação peculiar, dado que o país passou de uma ética administrativa absolutista para uma ética da administração gestora sem, contudo, passar por uma ética da legalidade.[537] Como salienta Tércio Sampaio Ferraz Jr.:

> [...] as decisões administrativas, mesmo no âmbito da legalidade à moda francesa, admitem certa flexibilidade, que coloca funcionários e cidadãos dentro de uma rede de favores recíprocos, de tal modo que o bom êxito de numa operação proposta seja visto como um favor do funcionário e não como resultante do mérito legal. Isto exige a construção, por parte das empresas, de verdadeiras redes de relações pessoais de confiança, que não são percebidas como violações à ética administrativa. Ao contrário, o comportamento estritamente legalista é visto como prejudicial ao bom êxito dos objetivos econômicos e, por conseguinte, como falta de solidariedade e compreensão.[538]

A falta de uma tradição de apego à lei, precedida da informalidade no trato da coisa pública, ensejou uma concepção enviesada[539] que, paradoxalmente, vê na corrupção um instrumento para a propulsão dos negócios públicos, autêntico "mal necessário" para o desenvolvimento econômico.[540]

Por outro lado, a introdução de conceitos próprios ao Estado-gestor não se deu, no país, despida de instrumentos jurídicos próprios para imunizar as escolhas do governante de ocasião a um controle di-

---

[534] OTERO, Paulo, op. cit., p. 181-191.

[535] SCHILLING, Flávia. Corrupção, crime organizado e democracia. *Revista Brasileira de Ciências Criminais*, ano 09, n. 36, out./dez., 2001, p. 401-409.

[536] FILGUEIRAS, Fernando de Barros. Notas críticas sobre o conceito de corrupção: um debate com juristas, sociólogos e economistas. *Revista de informação legislativa*, v. 41, n. 164, p. 125-148, out./dez. 2004, p. 126.

[537] FERRAZ JÚNIOR, Tércio Sampaio. *Ética administrativa num país em desenvolvimento*. Disponível em: <http://www.pge.sp.gov.br/centrodeestudos/revistaspge/revista2/artigo12.htm>. Acesso em: 21/10/2019.

[538] FERRAZ JÚNIOR, Tércio Sampaio. *Ética administrativa num país em desenvolvimento*. Disponível em: <http://www.pge.sp.gov.br/centrodeestudos/revistaspge/revista2/artigo12.htm>. Acesso em: 21/10/2019.

[539] Nesse sentido, Lucas Rocha Furtado salienta que "não cabe falar em benefícios advindos da corrupção administrativa. Dela, somente efeitos negativos podem ser esperados" (FURTADO, Lucas Rocha, op. cit., p. 55). Também Petter Langseth e Bryane Michael, em estudo da realidade da Tanzânia, concluíram que as propinas antes pioram que melhoram as transações econômicas e a qualidade dos serviços públicos (LANGSETH, Petter; MICHAEL, Bryane. Are bribe payments in Tanzania "grease" or "grit"? *Crime, law and social change*. Vol. 29, p. 197-208, 1993).

[540] A discussão a respeito da interação entre corrupção e crescimento econômico é tratada por ERTIMI, Basem Elmukhtar; SAE, Mohamed Ali. The impact of corruption on some aspects of the economy. *International Journal of Economic and Finance*, Vol. 5, n. 8, jul. 2013, p.1-8.

reto, neutralizando divergências e criando nos destinatários da atuação administrativa a ilusão de uma escorreita atividade do poder público, naquilo que Marçal Justen Filho chama de "direito administrativo do espetáculo".[541]

Isso, de sua parte, torna previsível que o processo de avaliação contextual do elemento subjetivo do agente público culmine por reafirmar a degeneração de um padrão ético mínimo na ordem pública. Em favor do agente público ímprobo, com efeito, é comum a invocação à recorrência de determinada ilegalidade ou da necessidade do cometimento desta para o benefício da coletividade, como se isso pudesse elidir seu dolo ou culpa grave.

A análise das relações sociais de poder entretidas pelo gestor público como pressuposto para a improbidade administrativa é acolhida pela jurisprudência.[542] Entende-se, contudo, que tal análise deve se fazer no contexto da "abertura do sistema à realidade[543]", dentro da premissa, reforçada pelas recentes modificações da LINDB, dos órgãos de controle considerarem "os obstáculos e as dificuldades reais do gestor",[544] bem como as "circunstâncias fáticas que houverem imposto, limitado ou condicionado a ação do agente"[545] no processo de atribuição subjetiva da conduta.[546] A consideração de tais aspectos deve ser reforçada no âmbito da improbidade administrativa, tendo em vista tratar-se de instância que, a despeito de conter tipos abertos, tem cominadas as sanções mais gravosas no direito administrativo sancionador. Como salienta Vivian Maria Pereira Ferreira, "apenas compreendendo o que faz o gestor público é possível traçar parâmetros de avaliação que sejam compatíveis com a racionalidade efetivamente empregada no seu agir".[547]

Avaliar a realidade do gestor público acusado de improbidade implica reconhecer, por exemplo, que a estrutura organizacional de um

---

[541] JUSTEN FILHO, Marçal. O direito administrativo do espetáculo. *Fórum Administrativo Direito Público FA*, Belo Horizonte, ano 9, n. 100, jun. 2009. Disponível em: <http://www.bidforum.com.br/bid/PDI0006.aspx?pdiCntd=57927>. Acesso em: 16/03/2017.

[542] A título de exemplo, o STJ já decidiu que "em sociedade fortemente marcada pela exclusão social, a qual favorece o clientelismo político, não é imoral, a ponto de configurar-se ato de improbidade, a distribuição de passagens de ônibus a pessoas carentes" (REsp 403.599/PR, Rel. Ministra Eliana Calmon, Segunda Turma, julgado em 03/04/2003, DJ 12/05/2003, p. 274).

[543] Expressão de NEISSER, Fernando Gaspar, op. cit., p. 245.

[544] Artigo 22, *caput*, da LINDB.

[545] Artigo 22, § 1º, da LINDB.

[546] Nesse sentido, em comentário ao artigo 22 da LINDB, Edilson Pereira Nobre Júnior salienta que é "inegável a influência quanto a análise da presença do elemento subjetivo, pois, certamente, o grau de dificuldades pelas quais esteja a passar o órgão ou ente público é idôneo, em tese, a afastar o dolo ou culpa grave (NOBRE JÚNIOR, Edilson Pereira. *As normas de direito público na Lei de Introdução ao Direito Brasileiro*: paradigmas para a interpretação e aplicação do direito administrativo. São Paulo: Contracorrente, 2019, p. 85).

[547] FERREIRA, Vivian Maria Pereira, op. cit., p. 26.

órgão público de uma pequena cidade do interior é diferente daquela de uma capital estadual e que isso tem repercussão quando se trata de inquirir a real possibilidade do gestor público prevenir e enfrentar eventuais ilicitudes cometidas dentro de tal estrutura. Da mesma forma, torna imperioso que o controle judicial da conduta seja efetuado sob as lentes do gestor público, no que tange às suas possibilidades reais de ação – o que se aplica, por exemplo, nas comuns situações em que há uma urgência em uma situação administrativa, em cuja solução é cometida alguma irregularidade.[548]

A avaliação da cultura administrativa como parâmetro para a imputação subjetiva da improbidade administrativa, ao exigir uma ponderação da realidade em que operadas as decisões administrativas, não pode desvirtuar para o acolhimento da negativa de culpa ou dolo em condutas manifestamente ilícitas apenas por serem potencialmente oriundas de uma relação informal e continuada. O realismo que se pugna é apenas qualificador de uma decisão controladora, e não autônomo, inviabilizando que argumentos "exógenos" ao direito possam, por si sós, impedir a justa punição a condutas ilícitas.[549] Como salienta Fábio Medina Osório:

> A institucionalização de práticas corruptas endêmicas não altera a sua configuração. Uma corrupção disseminada, arraigada, que contamine toda uma instituição, não deixará de ser considerada como tal em razão dessas dimensões agigantadas.[550]

Dentro do movimento atual de adaptação de uma cultura organizacional às novas diretrizes de governança pública,[551] não há mais trânsito à comum alegação de ausência de dolo ou culpa pela inserção do agir do agente em uma cultura perniciosa consolidada. O sentido do parâmetro da cultura administrativa no processo de imputação subjetiva da improbidade administrativa passa pela atenção à realidade fática vivenciada pelo agente público, e não pela chancela de um agir imoral e conscientemente ilegal, ainda que difundido em tal realidade.

---

[548] Caso comum envolvendo a realização de obras públicas urgentes, no bojo das quais são cometidas irregularidades em processos licitatórios.

[549] TOSTA, André Ribeiro. op. cit., p. 23.

[550] OSÓRIO, Fábio Medina, op. cit., p. R-B 7.14.

[551] NOHARA, Irene. *Governança pública e gestão de riscos*. op. cit., p. 337.

Conclusões

1. Há uma tendência atual, tanto na seara civil quanto na penal, de aproximação dos limites do dolo e da culpa, seja pela normativização do elemento volitivo dolo, quer pela tentativa de objetivização do dever de cuidado inerente culpa. Na dogmática civil tal tendência será fragilizada, de início, pela dissociação apenas do dolo (*dolus malus*) como elemento causador de vício da vontade, voltando a se pronunciar, contudo, no que tange às consequências do comportamento no âmbito da responsabilidade civil: ambos ensejam igual dever de indenizar, havendo uma possível distinção entre os graus de culpa (levíssima, leve e grave) e entre a culpa levíssima/leve e o dolo no que tange ao valor da indenização, à luz da proporcionalidade. Na dogmática penal, área em que a matéria encontrou maior desenvolvimento doutrinário, o percurso do dolo até o finalismo e a normativização dos seus elementos, proposta por teorias cognitivas e de teor processual, relevam a necessidade de demonstração empírica do elemento subjetivo, tendo em vista a ambiguidade do *querer*. No que tange à culpa, a tentativa de objetivização de seus elementos, a partir de parâmetros como o "homem médio", não esmaeceu a confusa distinção entre dolo eventual e culpa consciente, a qual, para as teorias cognitivas, se limita a uma distinção gradual. Tanto no dolo quanto na culpa penal, portanto, o relevante passa a ser a demonstração empírica (e probatória) de um perigo qualificado, cujo domínio firma o dolo e cuja mera representação firma a culpa consciente.

2. A CF/1988 inaugurou um inovador sistema de tutela do bem jurídico probidade administrativa, conferindo um tratamento centralizado ao ato de improbidade em seu artigo 37, § 4°. As peculiaridades de tal instituto constitucional levantam o questionamento acerca da sua natureza jurídica. A despeito da divergência, entende-se que a sanção da improbidade administrativa, em que pese aplicada pelo Poder Judiciário, pode ser assimilada ao regime sancionatório administrativo. Trata-se, portanto, de instituto inserido no direito administrativo sancionador.

3. Uma vez assentada a inserção dogmática da improbidade administrativa, a exigência de culpabilidade do agente como requisito para a incidência da punição deve ser sobrelevada. Trata-se, afinal, de instituto lindeiro ao penal – seara na qual o princípio da culpabilidade decorre imediatamente do texto constitucional –, possuindo, pela gravidade das suas sanções, a natureza de *ultima ratio* do sistema administrativo punitivo. É inviável, portanto, a fixação de responsabilidade objetiva por improbidade administrativa, devendo serem perscrutados dolo e culpa do agente.

4. A Lei nº 8.429/92 é a lei de caráter geral que concretiza o comando constitucional impositivo de sanção à improbidade administrativa, definindo seus sujeitos ativos e passivos de forma propositalmente ampla. Tal lei fixa quatro espécies de improbidade administrativa: por enriquecimento ilícito (art. 9º), por prejuízo ao erário (art. 10) – a qual exige um concreto desfalque do patrimônio público –, o heterodoxo tipo da improbidade pela concessão ou aplicação indevida de benefício financeiro ou tributário (art. 10-A) e a improbidade por violação a princípios da Administração Pública (art. 11) – cuja incidência exige a prévia possibilidade de concretização dos princípios no processo de aplicação/interpretação.

5. Dentro da Lei nº 8.429/92, a imputação do dolo e da culpa deve partir de uma gramática criminal, em aplicação analógica do artigo 18, inciso I, do CP: em regra a conduta deve ser dolosa (artigos 9º, 10-A e 11), admitindo-se, em caso de ressalva expressa (como a do artigo 10, *caput*, da lei), a imputação a título de culpa, de modo uniforme entre *caput* e respectivos incisos.

6. Em que pese o artigo 37, § 4º, da CF/1988 não ter previsto expressamente um tipo de improbidade culposo, tal dispositivo não adentrou no mérito do elemento subjetivo da conduta, viabilizando que o legislador ordinário o definisse. A Lei nº 8.429/92, portanto, é constitucional ao prever a forma culposa de improbidade em seu artigo 10, o que se reforça pela constatação de que a desonestidade do agente, a justificar a punição pela prática de improbidade, vai além dos casos em que há manifesta intenção ilícita, incluindo o descaso com a coisa pública (casos extremos de culpa).

7. Se é próxima do direito penal quanto à exigência, em regra, de dolo, a improbidade administrativa possui especificidades, próprias do direito administrativo sancionador, no que tange à tipicidade. Diante do mandado constitucional genérico (art. 37, § 4º, da CF/1988), viu-se o legislador ordinário compelido a fixar tipos afetados à proteção de alguns aspectos da probidade, inserindo em tais espécies normas sancionadoras em branco e com textura aberta. Tal estrutura normativa,

destinada a viabilizar a mobilidade do sistema e adaptação das normas imputativas a novas situações de fato, apresenta um considerável risco: a insegurança jurídica, possibilitando a ampliação desmesurada do poder punitivo estatal. Isso ensejou a criação, pela doutrina e jurisprudência, de limites materiais à improbidade administrativa, além da obrigatória definição de um elemento subjetivo (dolo e culpa) como elementos para a contenção do poder punitivo.

8. O dolo do agente público encontra novos contornos em face da própria redefinição dos parâmetros da sua atuação. Hoje a Administração Pública encontra-se em expansão, que se revela nos novos limites do que é administrar e da própria lei ensejadora da sua atuação. O agente público possui maior liberdade, à qual correspondem maiores responsabilidades, avultando o dever de bem administrar, e, por consequência, maior controle judicial. A assunção de maiores responsabilidades no contexto da obrigatória vinculação a resultados em uma sociedade complexa, a outorga constitucional de um amplo espaço para a concretização do direito e a estrutura burocrática, tecnicista e descentralizada da Administração Pública atual tornam difícil a investigação do elemento anímico do administrador, sobretudo se assimilado à moda penal, com a exigência de conhecimento e vontade direcionada à prática ilícita.

9. O exame da jurisprudência do STJ, em casos de improbidade por enriquecimento ilícito (aquisição de bens em valor desproporcional pelo agente público) e por violação a princípios da Administração Pública (aquisição de bens em valor desproporcional, contratação sem concurso público, acumulação ilegal de cargos públicos, publicidade como promoção pessoal, nepotismo, omissão no dever de prestar contas e os casos de "simples" ilegalidades cometidas) demonstra a artificialidade da distinção entre dolo genérico e específico do agente, a qual é utilizada para justificar a aplicação de conteúdos diversos ao dolo exigido do agente público. Há uma tendência nas decisões mais recentes do STJ, contudo, de considerar presente o dolo em face de ações ou omissões cuja ilicitude o agente, pela posição ocupada, não poderia desconhecer, o chamado *dolus ex re*, o qual apenas é excepcionado em casos de violação a dispositivos de lei não reconduzidos imediatamente a algum dispositivo constitucional, sem prejuízo ao erário ou enriquecimento ilícito (a chamada "simples" ilegalidade ou mera irregularidade).

10. Na improbidade administrativa o dolo pressupõe a má-fé do agente, devendo ter este conhecimento da ilicitude do seu agir. O dolo ímprobo é um *dolus malus*, similar neste particular ao dolo civil, o que é uma decorrência da maior abertura dos respectivos tipos. Há que se atentar, contudo, para a evidência da ilicitude a partir da qual se

pode inferir o dolo do agente. Neste particular, a jurisprudência do STJ, não sem oscilações, se subdivide: tratando-se de uma violação de menor censurabilidade (a mencionada "simples" ilegalidade), exige--se uma evidência máxima do conhecimento da ilicitude pelo agente, culminando com a prova de um propósito desonesto; tratando-se, contudo, de uma violação direta a uma regra essencial ao regime jurídico constitucional da Administração Pública, a evidência do conhecimento da ilicitude é indiciada da presumida ciência, por parte do agente, do conteúdo da norma desobedecida. Há, nesse caso, uma aproximação ao dolo eventual, enfraquecendo-se a exigência probatória do aspecto psíquico do agente a quem se atribui a prática de conduta subsumida à improbidade administrativa.

11. A ênfase que é dada ao elemento intelectual do agente público (o conhecimento dos riscos da sua atividade) e o pressuposto de que deve ter ele ciência das normas essenciais a que sujeito tornam possível a adoção de uma compreensão processualizada do dolo na improbidade administrativa. Isso viabiliza que se extraiam parâmetros da prova processual, os quais, de acordo com a jurisprudência majoritária do STJ, partem de uma divisão: condutas especialmente aptas a um resultado ímprobo e condutas remotamente aptas a tal resultado. Enquanto as primeiras exigem prova (ainda que indiciária) de parte da acusação de que o acusado tinha, ou devia ter, ciência dos riscos da sua atuação, as segundas implicam maior exigência probatória à acusação, a qual deve comprovar o propósito deliberado de violar a norma.

12. A culpa, a autorizar o enquadramento da improbidade administrativa por prejuízo ao erário (art. 10 da Lei n° 8.429/92), é a culpa grave. A complexidade das relações entre Administração Pública e cidadão e a circunstância de boa parte das decisões tomadas pelos agentes públicos serem políticas torna inviável a transposição de um paradigma de culpa simples para a improbidade administrativa. Em vez do paradigma da consciência da culpa, deve ser dada atenção à sua gravidade. A culpa grave ímproba trata-se de uma culpa intensificada, que exige uma ação particularmente perigosa em relação ao bem jurídico erário.

13. Do exame sumário de alguns julgados do STJ, do TRF4 e do TJ/RS, verifica-se uma aparente convergência à tese de que a mera homologação de licitação com licitude frustrada não implica culpa grave necessária ao enquadramento da improbidade administrativa; para tanto, faz-se necessário o apontamento de elementos de fato que permitam caracterizar uma omissão em dever de cuidado elementar do agente público. Quanto à possibilidade de se imputar responsabilidade por improbidade administrativa ao Procurador que exara parecer responsável por subsidiar ato administrativo causador de prejuízo ao

erário, afora as hipóteses claras de fraude/dolo, há uma identificação da culpa grave do agente com a ideia de "erro grosseiro" do responsável pela confecção do parecer. A despeito do veto ao § 1º do artigo 28 da LINDB, a ser introduzido pelo Projeto de Lei nº 7.448/2017 tal dispositivo serve como norte interpretativo, ao dispor que uma interpretação razoável, fundada em doutrina e jurisprudência, mesmo que não pacificada e posteriormente não aceita pelos órgãos de controle, não pode ser qualificada como erro grosseiro.

14. A jurisprudência do TCU, já há algum tempo, se vale de uma métrica, a do "administrador médio" para apurar o critério de atuação esperado do agente público. A grande dificuldade no seguimento de tal parâmetro reside na circunstância de ser difícil determinar um efetivo modelo-padrão. A figura do "administrador médio" acaba sendo inferida de um juízo subjetivo do julgador, não raro desconsiderando as peculiaridades do caso e gerando soluções próximas à responsabilização objetiva.

15. Em que pese a difundida tese de que a lei de improbidade não pune o administrador inábil, mas sim o desonesto, são reiterados os casos de responsabilização por improbidade administrativa de agentes públicos inábeis – que descumprem, de modo não intencional, um dever de cuidado elementar à função exercida. A inabilidade do agente público, quando levada a um extremo, pressupõe a desonestidade no trato da coisa pública; e esse extremo, onde converge a improbidade e a inabilidade, é a culpa grave do agente. A Lei nº 8.429/92, portanto, pode sancionar a má gestão pública, ou gestão temerária, contanto que presente o elemento subjetivo culpa grave.

16. A Lei nº 13.655/2018 introduziu o artigo 28 na LINDB, dispondo que "o agente público responderá pessoalmente por suas decisões ou opiniões técnicas em caso de dolo ou erro grosseiro". Tal dispositivo apenas condensa interpretação que já havia sido feita pelo STJ ao exigir dolo ou culpa grave para a improbidade administrativa, equiparando, dessa forma, a culpa grave ao erro grosseiro. Tratando-se de um conceito jurídico indeterminado, o "erro grosseiro" deve consistir na inobservância dos mais singelos deveres objetivos de cuidado, vinculando-se a um agir com desprezo à coisa pública. Apenas pode ser tachado de erro grosseiro para fins de incidência das gravosas sanções da improbidade administrativa aquele que, de modo claro, ofende a um padrão mínimo de diligência do agente, sendo, nessa condição, próxima ao dolo eventual.

17. A partir da defesa de uma concepção processualizada de dolo ímprobo e de uma concepção de culpa ímproba como próxima à culpa grave/erro grosseiro e lindeira ao dolo eventual, é possível a fixação de

alguns parâmetros, extraídos de determinadas situações de fato, que indiciam a presença ou não de dolo ou erro grosseiro do agente público. A condensação de algumas de tais situações – em que recorrentemente se faz um juízo de inferência de uma situação subjetiva – tem o condão de garantir maior previsibilidade em tal juízo atributivo. E uma maior previsibilidade, indicada em um padrão consistente de uma forma de interpretação das normas que imputam a prática de improbidade administrativa, redunda em maior segurança jurídica.

18. Dentre os parâmetros para a constatação do dolo e da culpa grave do agente merecem destaque: a) a formalização e motivação dos atos administrativos praticados (quanto maior a formalização e mais suficiente a motivação, menor a probabilidade do cometimento de conduta com culpa/dolo); b) a existência e o cumprimento de programas de integridade no âmbito da Administração Pública; c) a existência e o cumprimento de determinação do TCU ou recomendação do Ministério Público; d) a existência de parecer jurídico ou lei respaldando o agir do administrador público; e) a observância de *standards*, normas e critérios técnicos e científicos; f) a cultura administrativa em que inserido o agente público, em análise que deve ser feita no contexto da "abertura do sistema à realidade" e não como chancela para condutas manifestamente ilícitas apenas por serem potencialmente oriundas de uma relação informal e continuada.

Referências

AGRA, Walber de Moura. *Comentários sobre a Lei de Improbidade Administrativa*. Belo Horizonte: Fórum, 2017.

ALBERTI, Enoch. *El derecho por princípios*: algunas precauciones necessárias (debate sobre El Derecho dúctil, de Gustavo Zagrebelsky). Disponível em: <https://dialnet.unirioja.es / ejemplar/14285>. Acesso em: 24/10/2017.

ALENCAR, Carlos Higino Ribeiro de; GICO JR, Ivo. Corrupção e Judiciário: A (in)eficácia do sistema judicial no combate à corrupção. *Revista Direito GV*, vol. 13, jan./jun. 2011, p. 75-98.

ALESSI, Renato. *Diritto amministrativo*. Milano: Giuffrè, 1949.

ALVARENGA, Aristides Junqueira. Reflexões sobre a improbidade administrativa no direito brasileiro. In: BUENO, Cássio Scarpinella; PORTO FILHO, Pedro Paulo de Resende (orgs.). *Improbidade Administrativa*: Questões polêmicas e atuais. São Paulo: Malheiros, 2001.

ALVES, Rogério Pacheco. *Zona de luminosidade dos agentes públicos*: Estudos sobre improbidade administrativa em homenagem ao professor J. J. Calmon de Passos. 2. ed. Salvador: Jupodivm, 2017, p. 137-158.

ARAÚJO, Thiago C.; FERREIRA JR, Fernando; VORONOFF, Alice. *Delimitação de 'erro grosseiro' na jurisprudência do TCU*. Disponível em: <https://www.jota.info/paywall?redirect_to=//www.jota.info/opiniao-e-analise/colunas/tribuna-da-advocacia-publica/delimitacao-do-conceito-de-erro-grosseiro-na-jurisprudencia-do-tcu-15042019>. Acesso em: 15/04/2019.

ARÊDES, Sirlene. *Responsabilização do agente público*: individualização da sanção por ato de improbidade administrativa. Belo Horizonte: Fórum, 2012.

ASSOCIAÇÃO DOS MEMBROS DOS TRIBUNAIS DE CONTAS DO BRASIL (ATRICON). *Nota Técnica nº 01/2018*. Disponível em: <http://www.atricon.org.br/wp-content/uploads/2017/03/Nota-Tecnica-01-2018-PL-7448-2017Atricon-Audicon.pdf>. Acesso em: 13/09/2019.

ÁVILA, Humberto. Moralidade, razoabilidade e eficiência na atividade administrativa. *Revista Eletrônica de Direito do Estado*, Salvador, Instituto de Direito Público da Bahia, n. 4, out./nov./dez. 2005. Disponível em: <http://www.direitodoestado.com.br>. Acesso em: 06/11/2019.

——. Repensando o princípio da supremacia do interesse público sobre o particular. *Revista Eletrônica sobre a Reforma do Estado (RERE)*, Salvador, Instituto Brasileiro de Direito Público, n. 11, set./out./nov. 2007. Disponível em: <http://www.direitodoestado. com.br/rere.asp>. Acesso em: 23/09/2019.

——. *Segurança jurídica*: entre permanência, mudança e realização no direito tributário. 2. ed. São Paulo: Malheiros, 2012.

——. *Teoria dos princípios*: da definição à aplicação dos princípios jurídicos. 20. ed. São Paulo: Malheiros, 2021.

ÁVILA, Thiago André Pierobom de; MARTINS, Teofábio Pereira. A recomendação ministerial como possível instrumento de delimitação do dolo da improbidade administrativa. *Boletim Científico ESMPU*, Brasília, ano 16, p. 139-173, jan./jun. 2017.

BAHENA, Kele Cristiani Diogo. O princípio da moralidade administrativa e seu controle pela lei de improbidade. Curitiba: Juruá, 2010.

BANDEIRA, Paula Greco. A evolução do conceito de culpa e o artigo 944 do Código Civil. *Revista da EMERJ*, vol. 11, n. 42, 2008, p. 227-249.

BANDEIRA DE MELLO, Celso Antônio. *Curso de Direito Administrativo*. 17. ed. São Paulo: Malheiros, 2004.

——. *Discricionariedade e controle judicial*. 2. ed. São Paulo: Malheiros, 1998.

BARBOSA, Lívia Neves de Holanda. Cultura administrativa: uma nova perspectiva das relações entre antropologia e administração. *RAE – Revista de Administração de Empresas*, vol. 36, n. 4, out./dez. 1996, p. 6-19. Disponível em: <http://www.fgv.br/rae/ artigos/revista-rae-vol-36-num-4-ano-1996-nid-46437/>. Acesso em: 21/10/2019.

BARBOSA, Rui. *Obras Completas de Rui Barbosa*. vol. XX 1893, Tomo V – Trabalhos Jurídicos. Rio de Janeiro: Ministério da Educação e Cultura, 1958.

BARROS, Rodrigo Janot de; AMORIM JÚNIOR, Sílvio Roberto Oliveira de. O cabimento da tentativa e a aplicação do princípio da insignificância no âmbito do ato de improbidade administrativa. In: MARQUES, M.C. (coord). *Improbidade administrativa*: Temas atuais e controvertidos. Rio de Janeiro: Forense, 2017.

BECHARA, Ana Elisa Liberatore S. Corrupção, crise política e direito penal: as lições que o Brasil precisa aprender. *Boletim IBCCRIM*, ano 25, n. 290, jan. 2017, p. 5-7.

BERTONCINI, Mateus. *Ato de improbidade administrativa*: 15 anos da Lei 8.429/92. São Paulo: Revista dos Tribunais, 2007.

——. *Direito fundamental à probidade administrativa*: Estudos sobre improbidade administrativa em homenagem ao Professor J. J. Calmon de Passos. 2. ed. Salvador: Juspodivm, 2017, p. 33-47.

BEZNOS, Clóvis. Aspectos da improbidade administrativa. *Interesse Público – IP*, Belo Horizonte, ano 17, n. 93, p. 53-65, set./out. 2015.

BEVILÁQUA, Clóvis. *Teoria Geral do Direito Civil*. Campinas: Red Livro, 2001.

BEZERRA FILHO, Aluizio. *Processo de improbidade administrativa anotado e comentado*. 2. ed. Salvador: Juspodivm, 2019.

BINENBOJM, Gustavo; CYRINO, André. O art. 28 da LINDB: a cláusula geral do erro administrativo. *Revista de Direito Administrativo*, Rio de Janeiro, Edição Especial: Direito Público na Lei de Introdução às Normas de Direito Brasileiro – LINDB (Lei nº 13.655/2018), p. 203-224, nov. 2018.

——. *Uma teoria do direito administrativo*: direitos fundamentais, democracia e constitucionalização. 3. ed., Rio de Janeiro: Renovar, 2014.

BITENCOURT, Caroline Müller; LEAL, Rogério Gesta. Consequencialismo das decisões e os valores jurídicos abstratos a partir da Lei 13.655/18: uma análise crítica sob a perspectiva da (in)segurança jurídica. In: MAFFINI, Rafael; RAMOS, Rafael (coord.). *Nova LINDB: consequencialismo, deferência judicial, motivação e responsabilidade do gestor público*. Rio de Janeiro: Lumen Juris, 2020, p. 93-122.

BITTENCOURT, Cezar Roberto. *Tratado de Direito Penal*: Parte Geral. 20. ed. São Paulo: Saraiva, 2014.

BORGES, Ronaldo Souza. *A prova pela presunção na formação do convencimento judicial*. Belo Horizonte: D'Plácido, 2016.

BLACKBURN, Simon. *Dicionário Oxford de Filosofia*. Rio de Janeiro: Zahar, 2014.

BRASIL, Luciano de Faria. *A recomendação no âmbito do inquérito civil*: breves notas sobre o instituto. Disponível em: <https://www.amprs.com.br/public/arquivos/revista_artigo /arquivo_1273861356.pdf>. Acesso em: 02/10/2019.

BROSSARD, Paulo. *Impeachment*: aspectos da responsabilidade política do Presidente da República. 3. ed. ampliada, 1992.

BRUNO, Aníbal. *Direito Penal*: Parte Geral. Tomo I. 3. ed. Rio de Janeiro: Forense, 1978.

CABRAL, Antônio do Passo. Questões processuais no julgamento do Mensalão: valoração da prova indiciária e preclusão para o juiz de matérias de ordem pública. *Revista dos Tribunais*, vol. 933/2013, p. 131, Jul. 2013.

CABRAL, Rodrigo Leite Ferreira. O elemento subjetivo no ato de improbidade administrativa. *Revista Justiça e Sistema Criminal*, vol. 9, n. 16, p. 247-268, jan./jun. 2017, p. 249-254.

——. O elemento volitivo do dolo: uma contribuição da filosofia da linguagem de Wittgenstein e da teoria da ação significativa. In: *Dolo e Direito Penal*: Modernas Tendências. BUSATTO, Paulo César (coord.). São Paulo: Atlas, 2014.

CANOTILHO, José Joaquim Gomes. *Direito constitucional*. 6. ed. revista. Coimbra: Livraria Almedina, 1993.

CAPEZ, Fernando. *Improbidade Administrativa*: Limites Constitucionais. 2. ed. São Paulo: Saraiva, 2015.

CARVALHO FILHO, José dos Santos; ALMEIDA, Fernando Dias Menezes de. *Tratado de Direito Administrativo*: Controle da Administração Pública e Responsabilidade Civil do Estado. DI PIETRO, Maria Sylva Zanella (coord). Vol. 7, 1. ed. em ebook baseada na 1. ed. impressa. São Paulo, RT, 2015.

CARPES, Artur. O direito fundamental ao processo justo: notas sobre o modelo de constatação nos processos envolvendo as ações de improbidade administrativa. In: *Improbidade administrativa*: aspectos processuais da Lei nº 8.429/92. LUCON, Paulo; COSTA, Eduardo José da Fonseca; COSTA, Guilherme Recena (coordenadores). São Paulo: Atlas, 2013, p. 44-60.

CARVALHO FILHO, José dos Santos. *Elemento subjetivo na nova categoria de atos de improbidade*. Disponível em: <https://genjuridico.jusbrasil.com.br/artigos/424042934/ elemento-subjetivo-na-nova-categoria-de-atos-de-improbidade>. Acesso em: 09/05/2019.

CASABONA, Carlos Maria Romeo. Sobre a estrutura monista do dolo: uma visão crítica. *Revista de Ciências Penais*, vol. 3/2005, jul./dez. 2005.

CASTELLA, Gabriel Morettini e; SAIKALI, Lucas Bossoni. Improbidade administrativa e a Lei Complementar n. 157/2016: aspectos polêmicos e suas nuances práticas. *Revista Eurolatinoamericana de Derecho Administrativo*, Santa Fe, vol. 4, n. 1, p. 23-40, ene./jun. 2017.

CAVALIERI FILHO, Sérgio. *Programa de Responsabilidade Civil*. 5. ed., São Paulo: Malheiros, 2005.

CERVEIRA, Fernanda Pessoa. *Fundamentos do Poder Administrativo Sancionador*: o exame da culpabilidade na infração administrativa. Dissertação (Mestrado em Direito) – Faculdade de Direito, Universidade Federal do Rio Grande do Sul, 2005.

CIRNE LIMA, Ruy. *Princípios de Direito Administrativo*. 7. ed., revista e reelaborada por PASQUALINI, Paulo Alberto. São Paulo: Malheiros, 2007.

CHIRONI, G.P. *La colpa nel diritto civile odierno*: colpa extracontrattuale. Vol. I, 2. ed., Turim, 1903, n. 11.

COELHO, Inocêncio Mártires. Racionalidade hermenêutica: acertos e equívocos. In: MARTINS, Ives Gandra da Silva (coord.). *As Vertentes do Direito Constitucional Contemporâneo*: estudos em homenagem a Manoel Gonçalves Ferreira Filho. Rio de Janeiro: América Jurídica, 2002.

COSTA, José Armando da. *Contorno Jurídico da Improbidade Administrativa*. Brasília: Brasília Jurídica, 2000.

——. *Direito Administrativo Disciplinar*. 2. ed. São Paulo: Método, 2009.

COSTA, Pedro Jorge. *Dolo Penal e sua Prova*. São Paulo: Atlas, 2015.

COSTA, Susana Henriques da. O papel dos Tribunais Superiores no debate jurídico sobre a Improbidade Administrativa. In: GALOTTI, Isabel; DANTAS, Bruno; FREIRE, Alexandre; GAJARDONI, Fernando da Fonseca; MEDINA, José Miguel Garcia (coord.). *O papel da jurisprudência no STJ*. 1. ed. em e-book baseada na 1. ed. impressa. São Paulo: RT, 2014.

COUTO E SILVA, Almiro do. Poder discricionário no direito administrativo brasileiro. In: *Conceitos Fundamentais do Direito no Estado Constitucional*. São Paulo: Malheiros, 2015.

——. Princípios da legalidade da Administração Pública e da segurança jurídica no Estado de Direito contemporâneo. In: *Conceitos Fundamentais do Direito no Estado Constitucional*. São Paulo: Malheiros, 2015.

CRETELLA JÚNIOR, José. A prova no "desvio de poder". *Revista de Direito Administrativo*, n. 230, out./dez. 2002, p. 197-216.

CRUZ, Alcir Moreno da; BORGES, Mauro. *O artigo 28 da LINDB e a questão do erro grosseiro*. Disponível em: <https://www.conjur.com.br/2018-mai-14/opiniao-artigo-28-lindb-questao-erro-grosseiro>. Acesso em: 15/09/2019.

CUNHA, Bruno Santos. A responsabilização do advogado de Estado perante os Tribunais de Contas pela emissão de pareceres jurídicos. *RDA – Revista de Direito Administrativo*, Rio de Janeiro, v. 256, p. 23-46, jan./abr. 2011.

D'AVILA, Fábio Roberto. *Crime Culposo e a Teoria da Imputação Objetiva*. São Paulo: RT, 2001.

DECOMAIN, Pedro Roberto. *Improbidade administrativa*. 2. ed. São Paulo: Dialética, 2014.

——. *Improbidade administrativa e agentes políticos*: Estudos sobre improbidade administrativa em homenagem ao professor J. J. Calmon de Passos. 2. ed. Salvador: Juspodivm, 2017, p. 73-101.

DELGADO, José. Improbidade administrativa: algumas controvérsias doutrinárias e jurisprudenciais sobre a lei de improbidade administrativa. In: *Improbidade administrativa*: questões polêmicas e atuais. BUENO, Cássio Scarpinella; PORTO FILHO, Pedro Paulo de Rezende (coord.), 2. ed. São Paulo: Malheiros, 2003.

DERZI, Misabel. *Direito Tributário, Direito Penal e Tipo*. 2. ed. São Paulo: RT, 2008.

DIAS, Jorge de Figueiredo. *O Problema da Consciência da Ilicitude em Direito Penal*. 5. ed. Coimbra: Coimbra, 2000.

DIAS, José de Aguiar. *Da Responsabilidade Civil*. Vol. I, 5. ed. Rio de Janeiro: Forense, 1973.

DINAMARCO, Pedro da Silva. Requisitos para a procedência das ações de improbidade administrativa. In: BUENO, Cássio Scarpinella; PORTO FILHO, Pedro Paulo de Resende (coord). *Improbidade Administrativa*: Questões Polêmicas e Atuais. São Paulo: Malheiros, 2001.

DIONISIO, Pedro de Hollanda. O erro no direito administrativo: conceito, espécies e consequências jurídicas. In: MAFFINI, Rafael; RAMOS, Rafael (coord.). *Nova LINDB: consequencialismo, deferência judicial, motivação e responsabilidade do gestor público*. Rio de Janeiro: Lumen Juris, 2020, p. 223-244.

DI PIETRO, Maria Sylvia Zanella. *Direito Administrativo*. 21. ed. São Paulo: Atlas, 2008.

——. *Tratado de Direito Administrativo*. Vol. 1. São Paulo: Revista dos Tribunais, 2015.

DOTTI, Marinês Restelatto. A responsabilidade do gestor público decorrente da atuação da fiscalização do contrato e do acatamento de opiniões técnicas emitidas nos processos de contratação. In: MAFFINI, Rafael; RAMOS, Rafael (coord.). *Nova LINDB: consequencialismo, deferência judicial, motivação e responsabilidade do gestor público*. Rio de Janeiro: Lumen Juris, 2020, p. 245-260.

DOTTI, René Ariel. *Curso de Direito Penal*: Parte Geral. 1. ed. em ebook baseada na 5. ed. Impressa. São Paulo: RT, 2014.

ERTIMI, Basem Elmukhtar; SAE, Mohamed Ali. The impact of corruption on some aspects of the economy. *International Journal of Economic and Finance*, Vol. 5, n. 8, jul. 2013, p. 1-8.

FAGUNDES, Miguel Seabra. *O Controle dos Atos Administrativos pelo Poder Judiciário*. 7. ed. Rio de Janeiro: Forense, 2005.

FARIA, Luzardo; BIANCHI, Bruno Guimarães. Improbidade administrativa e dano ao erário presumido por dispensa indevida de licitação: uma crítica à jurisprudência do Superior Tribunal de Justiça. *A&C – R. de Dir. Adm. Const.*, Belo Horizonte, ano 18, n. 73, p. 163-187, jul./set. 2018. DOI: 10.21056/aec.v18i73.1012.

FAZZIO JUNIOR, Waldo. *Improbidade Administrativa*: Doutrina, Legislação e Jurisprudência. 2. ed. São Paulo: Atlas, 2014.

FERRAZ, Luciano. *Alteração da LINDB revoga parcialmente Lei de Improbidade Administrativa*. Disponível em: <https://www.conjur.com.br/2018-mai-10/interesse-publico-alteracao-lindb-revoga-parcialmente-lei-improbidade>. Acesso em: 29/11/2018.

——. *Alteração na LINDB e seus reflexos sobre a responsabilidade dos agentes públicos*. Disponível em: <https://www.conjur.com.br/2018-nov-29/interesse-publico-lindb-questao-erro-grosseiro-decisao-tcu>. Acesso em: 29/11/2018.

FERRAJOLI, Luigi. *Direito e Razão*: Teoria do Garantismo Penal. 2. ed. São Paulo: Revista dos Tribunais, 2006.

FERRAZ JÚNIOR, Tércio Sampaio. *Ética administrativa num país em desenvolvimento*. Disponível em: <http://www.pge.sp.gov.br/centrodeestudos/revistaspge/revista2/artigo12.htm>. Acesso em: 21/10/2019.

FERREIRA, Vivian Maria Pereira. O dolo da improbidade administrativa: uma busca racional pelo elemento subjetivo na violação aos princípios da Administração Pública. *Revista Direito GV*, v. 15, n. 3, set./dez. 2019, e1937. doi: <http://dx.doi.org/10.1590/2317-6172201937>.

FIGUEIREDO, Isabela Giglio. *Improbidade Administrativa*: Dolo e Culpa. São Paulo: Quartier Latin, 2010.

FIGUEIREDO, Marcelo. *Probidade Administrativa*: Comentários à Lei nº 8.429/92 e Legislação Complementar. São Paulo: Malheiros, 2000.

FILGUEIRAS, Fernando de Barros. Notas críticas sobre o conceito de corrupção – um debate com juristas, sociólogos e economistas. *Revista de Informação Legislativa*, v. 41, n. 164, p. 125-148, out./dez. 2004.

FORIGO, Camila Rodrigues. Controle da corrupção na Administração Pública: uma perspectiva através da *compliance*. *Revista Brasileira de Ciências Criminais*, vol. 153/2019, p. 17-40, mar. 2019.

FRAGOSO, Heleno Cláudio. *Lições de Direito Penal*. 15. ed. revista e atualizada por Fernando Fragoso. Rio de Janeiro: Forense, 1995.

FREITAS, Juarez. *Direito Fundamental à Boa Administração Pública*. 3. ed. São Paulo: Malheiros, 2014.

——. *O Controle dos Atos Administrativos e os Princípios Fundamentais*. 5. ed. São Paulo: Malheiros, 2013.

——. Repensando a natureza da relação jurídico-administrativa e os limites principiológicos à anulação dos atos administrativos. In: *Estudos de Direito Administrativo*. 2. ed. São Paulo: Malheiros, 1997.

FURTADO, Lucas Rocha. *As Raízes da Corrupção no Brasil*: Estudo de Casos e Lições para o Futuro. Belo Horizonte: Fórum, 2015.

GAJARDONI, Fernando da Fonseca; CRUZ, Luana Pedrosa de Figueiredo; CERQUEIRA, Luís Otávio Sequeira de; GOMES JÚNIOR, Luiz Manoel; FAVRETO, Rogério. *Comentários à Lei de Improbidade Administrativa*. 1. ed. em e-book baseada na 3. ed. Impressa. São Paulo: Revista dos Tribunais, 2014.

GARCÍA DE ENTERRÍA, Eduardo. El problema jurídico de las sanciones administrativas. *Revista Española de Derecho Administrativo*, n. 10, 1976, p. 399-430.

――. *La Lucha Contra Las Inmunidades del Poder en el Derecho Administrativo*: Poderes Discrecionales, Poderes de Gobierno, Poderes Normativos. 3. ed. Madrid: Editorial Civitas, 1983.

――. *Revolución Francesa y Administración Contemporânea*. 4. ed. Madrid: Editorial Civitas, 1994.

――. Reflexiones sobre la Ley y los Principios Generales del Derecho. 2. ed. Madrid: Cuadernos Civitas, 1996.

GARCIA, Emerson; ALVES, Rogério Pacheco. *Improbidade Administrativa*. 7. ed. São Paulo: Saraiva, 2013.

GARCIA, Mônica Nicida. *Responsabilidade do Agente Público*. 2. ed. Belo Horizonte: Fórum, 2007.

GIACOMUZZI, José Guilherme. *A Moralidade Administrativa e a Boa-fé da Administração Pública*: O Conteúdo Dogmático da Moralidade Administrativa. 2. ed. São Paulo: Malheiros, 2013.

GIORGI, Giorgio. Teoria delle obbligazioni nel diritto moderno italiano. Turim, UTET, 1927, vol. IX.

GOMES, Enéias Xavier. *Dolo Sem Vontade Psicológica*: Perspectivas de Aplicação no Brasil. Belo Horizonte: D'Plácido, 2017.

GONÇALVES, Luiz da Cunha. Tratado de Direito Civil em Comentário ao Código Civil Português. Vol. XII, Coimbra: Coimbra, 1937.

GRAU, Eros Roberto. *Por que tenho medo dos juízes (a interpretação/aplicação do direito e os princípios)*. 6. ed. refundida do Ensaio sobre a interpretação/aplicação do direito. São Paulo: Malheiros, 2013.

GRECO, Luís. Dolo sem vontade. In: SILVA DIAS et al (coords.). *Liber Amicorum de José de Sousa e Brito*. Coimbra: Almedina, 2009, p. 885-905.

――. Introdução à dogmática funcionalista do delito: em comemoração aos trinta anos de "Política Criminal e Sistema Jurídico-Penal" de Roxin. *Revista Brasileira de Ciências Criminais*, vol. 32/2000, out./dez. 2000.

――. *Um Panorama da Teoria da Imputação Objetiva*. 1. ed. em ebook baseada na 4. ed. impressa. São Paulo: RT, 2014.

GRÉGOIRE, Roger. *La Fonction Publique*. Paris: Librairie Armand Colin, 1954.

GUASTINI, Ricardo. I principi costituzionale in quanto fonte di perplessità. In: GUASTINI, R., *Nuovi Studi Sull'interpretazione*, Roma, Aracne, 2008, pp. 119-144.

HAACK, Susan. *Evidence Matters*: Science, Proof and Truth in Law. New York: Cambridge University Press, 2014.

HAEBERLIN, Mártin. Comentários ao art. 22 da LINDB. In: DUQUE, Marcelo Schenck; RAMOS, Rafael (coord.). *Segurança Jurídica na Aplicação do Direito Público*: Comentários à Lei 13.655/2018. Salvador: Juspodivm, 2019.

HARGER, Marcelo. A utilização de conceitos de direito criminal para a interpretação da lei de improbidade. *Interesse Público*, Belo Horizonte, ano 12, n. 61, maio/jun. 2010. Disponível em: <http://bidforum.com.br/bid/PDI0006.aspx?pdiCntd=67670>. Acesso em: 05/11/2018.

HART, H.L.A. *O Conceito de Direito*. São Paulo: Martins Fontes, 2012.

HASSEMER, Winfried. Los elementos característicos del dolo. Trad. de María del Mar Díaz Pita. In: *Anuário de Derecho Penal y Ciências Penales*. Madrid: Centro de Publicaciones del Ministerio de Justicia, 1990, p. 909-932.

HEINEN, Juliano. Comentários ao art. 28 da LINDB. In: DUQUE, Marcelo Schenck; RAMOS, Rafael (coord.). *Segurança jurídica na aplicação do direito público*: Comentários à Lei 13.655/2018. Salvador: Juspodivm, 2019.

――. *Curso de Direito Administrativo*. Salvador: Editora Juspodivm, 2020.

——. Impossibilidade de responsabilização dos advogados públicos no exercício da função consultiva. *A & C – Revista de Direito Administrativo & Constitucional*. Belo Horizonte, ano 14, n. 57, p. 167-192, jul./set. 2014

HOLMES, Stephen; SUNSTEIN, Cass R. *The cost of rights*: why liberty depends on taxes. New York: W.W. Norton, 2000.

HORTA, Raul Machado. Improbidade e corrupção. *Revista de Direito Administrativo*. Rio de Janeiro, 236, p. 121-128, abr./jun. 2004.

HUNGRIA, Nelson. *Comentários ao Código Penal*: Decreto-Lei n. 2.848, de 7 de dezembro de 1940. Volume I, Tomo II. 5. ed. Rio de Janeiro: Forense, 1978.

JAKOBS, Gunther. *Derecho penal*: parte general, fundamentos y teoria de la imputación. Tradução de Joaquin Cuello Contreras e José Luís Serrano Gonzáles de Murillo. Madrid: Marcial Pons, 1997.

JESUS, Damásio Evangelista de. Ação penal sem crime. *Revista do Tribunal Regional Federal da 1ª Região*, Brasília, v. 13, n. 11, p. 14-15, nov. 2001.

——. *Direito Penal*: Parte Geral. 24. ed. São Paulo: Saraiva, 2001.

JORDÃO, Eduardo. *Controle judicial de uma administração pública complexa*: a experiência estrangeira na adaptação da intensidade do controle. São Paulo: Malheiros, 2016.

JORIO, Israel Domingos. O conceito de culpa e a estrutura bipartida dos tipos penais culposos. *Revista Brasileira de Ciências Criminais*, vol. 69/2007, nov./dez. 2007, p. 11-45.

JUSTEN FILHO, Marçal. *Comentários à lei de licitações e contratos administrativos*. 14. ed. São Paulo: Dialética, 2010.

——. *Curso de Direito Administrativo*. São Paulo: Saraiva, 2005.

——. O direito administrativo do espetáculo. *Fórum Administrativo Direito Público FA*, Belo Horizonte, ano 9, n. 100, jun. 2009. Disponível em: <http://www.bidforum.com.br/bid/PDI0006.aspx?pdiCntd=57927>. Acesso em: 16/03/2017.

KNIJNIK, Danilo. *A Prova nos Juízos Cível, Penal e Tributário*. Rio de Janeiro: Forense, 2007.

——. Os *standards* de convencimento judicial: paradigmas para o seu possível controle. *Revista Forense*, volume 353, jan./fev. 2001, p. 15-52.

LANGSETH, Petter; MICHAEL, Bryane. Are bribe payments in Tanzania "grease" or "grit"? *Crime, Law and Social Change*. Vol. 29, p. 197-208, 1993.

LARENZ, Karl. *Metodologia da Ciência do Direito*. 3. ed. Lisboa: Fundação Calouste Gulbenkian, 1997.

LEAL, Rogério Gesta. Imbricações necessárias entre moralidade administrativa e probidade administrativa. *A & C Revista de Direito Administrativo e Constitucional*, Belo Horizonte, ano 14, n. 55, p. 87-107, jan./mar. 2014.

LETELIER, Raúl. Garantias penales y sanciones administrativas. *Política Criminal*, vol. 12, n. 24 (diciembre 2017), Art. 1, p 622-689.

LIMA JÚNIOR, José César Naves de. O gradualismo eficacial do *dolus malus* na improbidade administrativa. *Carta Forense*, edição n. 110, julho de 2012. Disponível em: <http://www.cartaforense.com.br/conteudo/artigos/o-gradualismo-eficacial-do-dolus-malus-na-improbidade-administrativa/8842>. Acesso em: 06/11/2019.

LOEWENSTEIN, Karl. *Teoria de La Constitución*. 2. ed. Barcelona: Ariel, 1979.

LUCCHESI, Guilherme Brenner. *Punindo a culpa como dolo*: o uso da cegueira deliberada no Brasil. São Paulo: Marcial Pons, 2018.

LUISI, Luiz. *O tipo penal, a teoria finalista e a nova legislação penal*. Porto Alegre: Sérgio Fabris, 1987.

——. *Princípios Constitucionais Penais*. 2. ed. Porto Alegre: Sérgio Antônio Fabris, 2003.

LUZ, Denise. *Direito administrativo sancionador judicializado*: improbidade administrativa e o devido processo – aproximações e distanciamentos do direito penal. Curitiba: Juruá, 2014.

——. *O ilícito de improbidade administrativa por violação ao princípio da moralidade administrativa*: definindo contornos de garantia da ordem jurídica. Disponível em: <http://www.publicadireito.com.br/artigos/?cod=1a88cb4147bc347b>. Acesso em: 30/04/2019.

MACCORMICK, Neil. *Argumentação Jurídica e Teoria do Direito*. 2. ed. São Paulo: Martins Fontes, 2009.

MAFFINI, Rafael. *Elementos de direito administrativo*: atualizado até a lei 13.303/2016 – Estatuto das Estatais. Porto Alegre: Livraria do Advogado, 2016.

——. É inadmissível a responsabilidade objetiva na aplicação da Lei 8.429/1992, exigindo-se a presença de dolo nos casos dos arts. 9º e 11 (que coíbem o enriquecimento ilícito e o atentado aos princípios administrativos, respectivamente) e ao menos de culpa nos termos do art. 10, que censura os atos de improbidade por danos ao Erário. In: DI PIETRO, Maria Sylvia Zanella; NOHARA, Irene Patrícia (coord.). *Teses jurídicas dos Tribunais Superiores*, volume II. São Paulo: Revista dos Tribunais, 2017.

——. LINDB, Covid-19 e sanções administrativas aplicáveis a agentes públicos. In: MAFFINI, Rafael; RAMOS, Rafael (coord.). *Nova LINDB: consequencialismo, deferência judicial, motivação e responsabilidade do gestor público*. Rio de Janeiro: Lumen Juris, 2020, p. 193.

——. *Princípio da Proteção Substancial da Confiança no Direito Brasileiro*. Porto Alegre: Verbo Jurídico, 2006.

MAFFINI, Rafael; CARVALHO, Guilherme. *MP 966: Vacina indevida ou precaução normativa?* Disponível em <https://www.conjur.com.br/2020-mai-18/mp-966-vacina-indevida-ou-precaucao-normativa>, acesso em 03/08/2020.

MAFFINI, Rafael; HEINEN, Juliano. Análise acerca da aplicação da Lei de Introdução às Normas do Direito Brasileiro (na redação dada pela Lei nº 13.655/2018) no que concerne à interpretação de normas de direito público: operações interpretativas e princípios gerais de direito administrativo. *Revista de Direito Administrativo*, Rio de Janeiro, v. 277, n. 3, p. 247-278, set./dez. 2018.

MAGALHÃES, Tereza Ancona Lopez. A presunção no direito, especialmente no direito civil. *Doutrinas Essenciais de Direito Civil*, vol. 5, p. 1323 – 1345, out.2010.

MAIA FILHO, Napoleão Nunes. *Erro grosseiro*. Disponível em: <https://diariodonordeste.verdesmares.com.br/editorias/opiniao/erro-grosseiro-1.1066428>. Acesso em: 31/07/2019.

MALATESTA, Nicola Framarino dei. *A Lógica das Provas em Matéria Criminal*. Tradução de Paolo Capitano. Campinas: Bookseller, 2004.

MARINANGELO, Isabel. A incoerência da previsão de ato de improbidade administrativa na modalidade culposa e a consequente inconstitucionalidade do art. 10 da Lei 8.429/1992. *Revista do Instituto dos Advogados de São Paulo*, vol. 26/2010, p. 261-280, jul./dez. 2010.

MARQUES NETO, Floriano de Azevedo; FREITAS, Rafael Véras de. *O artigo 28 da nova LINDB*: um regime jurídico para o administrador honesto. Disponível em: <https://www.conjur.com.br/2018-mai-25/opiniao-lindb-regime-juridico-administrador-honesto>. Acesso em: 17/02/2019.

MARTINS, Fernando Rodrigues. *Controle do patrimônio público*: comentários à lei de improbidade administrativa. 4. ed. São Paulo: Revista dos Tribunais, 2010.

——. Improbidade administrativa à luz da hermenêutica constitucional. *Revista de Direito Constitucional e Internacional*, vol. 69/2009, p. 110/146, out./dez. 2009.

MARTINS JÚNIOR, Wallace Paiva. Enriquecimento ilícito de agentes públicos: Evolução patrimonial desproporcional à renda ou patrimônio – Lei federal 8.429/92. *Revista dos Tribunais*, vol. 755/1998, p. 94 – 112, set.1998.

——. *Probidade Administrativa*. 4. ed. São Paulo: Saraiva, 2009.

——. Publicidade oficial: moralidade e impessoalidade. *Revista dos Tribunais*, vol. 705/1994, p. 82-88, jul. 1994.

MATTOS, Mauro Roberto Gomes de. *O limite da improbidade administrativa*: o direito dos administrados dentro da Lei nº 8.429/92. 3. ed. Rio de Janeiro: América Jurídica, 2006.

MAURER, Hartmut. Garantia de continuidade e proteção à confiança. In: MAURER, Hartmut. *Contributos para o direito do Estado*. Luís Afonso Heck (tradutor). Porto Alegre: Livraria do Advogado, 2007, p. 59-145.

MAZEAUD, Henri; MAZEAUD, Leon. *Traité théorique et pratique de la responsabilité civile délictuelle et contractuelle*, Vol. I, 4. éd. refondue, Paris: Êditions Montchrestien, 1947.

MAZZILLI, Hugo Nigro. *A defesa dos interesses difusos em juízo*: meio ambiente, consumidor, patrimônio cultural, patrimônio público e outros interesses. 19. ed. São Paulo: Saraiva, 2006.

MEDAUAR, Odete. *O Direito Administrativo em Evolução*. 3. ed. Brasília: Gazeta Jurídica, 2017.

MEDINA, José Miguel Garcia de; GUIMARÃES, Rafael de Oliveira. O ônus da prova na ação de improbidade administrativa. *Doutrinas Essenciais de Direito Administrativo*, vol. 7, p. 1015 – 1027, nov. 2012, DTR\2008\739.

MEIRELLES, Hely Lopes. *Direito Administrativo Brasileiro*. 26. ed. São Paulo: Malheiros, 2001.

MELLO, Marcos Bernardes de. *Teoria do Fato Jurídico*: Plano da Validade. 4. ed. São Paulo: Saraiva, 2000.

MELLO, Rafael Munhoz de. Sanção administrativa e princípio da culpabilidade. *A & C Revista de Direito Administrativo e Constitucional*, Belo Horizonte, ano 5, n. 22, out./de. 2005, p. 28-32.

MENDES, Gilmar Ferreira; COELHO, Inocêncio Mártires; BRANCO, Paulo Gustavo Gonet. *Curso de Direito Constitucional*. 3. ed. São Paulo: Saraiva, 2008.

MIRABETE, Julio Fabbrini. *Manual de Direito Penal*. 19. ed. São Paulo: Atlas, 2003.

MIRANDA, Jorge. *Manual de Direito Constitucional*. Tomo V. Coimbra: Coimbra, 1997.

MIRANDA, Pontes de. *Tratado de Direito Privado*: Parte Geral. Tomo II, 3. ed. Rio de Janeiro: Borsói, 1970.

MIR PUIG, Santiago. *Introdución a las bases del derecho penal*. 2. ed. Montevideo-Buenos Aires: Julio Cesar Faira, 2002.

——. Sobre lo objetivo y lo subjetivo en lo injusto. In: *Anuario de derecho penal y ciências penales*, ISSN 0210-3001, Tomo 41, 3/1988, p. 661-684.

MITIDIERO, Daniel. *Precedentes*: da Persuasão à Vinculação. 2. ed. São Paulo: Revista dos Tribunais, 2017.

MORAES, Germana de Oliveira. *Controle Jurisdicional da Administração Pública*. 2. ed. São Paulo: Dialética, 2004.

MOREIRA, João Batista Gomes. *Direito administrativo*: da rigidez autoritária à flexibilidade democrática. Belo Horizonte: Fórum, 2005.

MOREIRA NETO, Diogo de Figueiredo. Moralidade administrativa: do conceito à efetivação. *Revista de Direito Administrativo*, volume 190, Rio de Janeiro, out./dez. 1992, p. 1-44.

——. *Mutações do Direito Administrativo*. Rio de Janeiro: Renovar, 2001.

MOREIRA PINTO, Francisco Bilac. *Enriquecimento ilícito no exercício de cargos públicos*. Rio de Janeiro: Forense, 1960.

NASCIMENTO, Juliana. Panorama internacional e brasileiro da governança, riscos, controles internos e *compliance* no setor público. In: *Compliance, gestão de riscos e combate à corrupção*: integridade para o desenvolvimento. Belo Horizonte: Fórum, 2018.

NEISSER, Fernando Gaspar. *Dolo e culpa na corrupção política*: improbidade e imputação subjetiva. Belo Horizonte: Fórum, 2019.

NEIVA, José Antônio Lisboa. *Improbidade administrativa*: Legislação comentada artigo por artigo. 3. ed. Niterói: Impetus, 2012.

NEVES, Daniel Amorim Assumpção; OLIVEIRA, Rafael Carvalho Rezende. *Manual de improbidade administrativa*: direito material e processual. 2. ed. São Paulo: Método, 2014.

NIETO, Alejandro. *Derecho Administrativo Sancionador*. Tercera edición ampliada. Madrid: Tecnos, 2002.

NINO, Carlos Santiago. *Introdução à Análise do Direito*. Tradução de Elza Maria Gasparotto. São Paulo: Martins Fontes, 2010.

NOBRE JÚNIOR, Edilson Pereira. *As normas de direito público na Lei de Introdução ao Direito Brasileiro*: paradigmas para a interpretação e aplicação do direito administrativo. São Paulo: Contracorrente, 2019.

——. Improbidade administrativa: alguns aspectos controvertidos. *Revista de Direito Administrativo*. Rio de Janeiro, 235, p. 61-91, jan./mar. 2004.

NOHARA, Irene Patrícia. Governança pública e gestão de riscos: transformações no direito administrativo. In: PAULA, Marco Aurélio Borges de; CASTRO, Rodrigo Pironti Aguirre de. (coord.) *Compliance, gestão de riscos e combate à corrupção*: integridade para o desenvolvimento. Belo Horizonte: Fórum, 2018.

NORONHA, E. Magalhães. *Direito Penal*. Vol. 1, 37. ed. São Paulo: Saraiva, 2003.

NORONHA, Fernando. Responsabilidade civil: uma tentativa de ressistematização – responsabilidade civil em sentido estrito e responsabilidade negocial; responsabilidade subjetiva e objetiva; responsabilidade subjetiva comum ou normal, e restrita a dolo e culpa grave; responsabilidade objetiva normal e agravada. *Doutrinas Essenciais de Direito Civil*, vol. 1, out./2011, p. 145-195.

OLIVEIRA, Alexandre Albagli. A tormentosa abordagem do elemento subjetivo nos atos de improbidade administrativa. In: *Estudos sobre improbidade administrativa em homenagem ao Prof. J.J. Calmon de Passos*. OLIVEIRA, Alexandre Albagli; CHAVES, Cristiano; GHIGNONE, Luciano (orgs.). Rio de Janeiro: Lúmen Juris, 2010.

OLIVEIRA, Almerinda Alves de. Nepotismo na Administração Pública brasileira: panorama histórico e associação à corrupção. *Revista da Controladoria Geral da União*, Brasília 9(14), p. 511-533, jan/jul. 2017.

OLIVEIRA, José Roberto Pimenta. *Improbidade Administrativa e sua Autonomia Constitucional*. Belo Horizonte: Fórum, 2009.

OLIVEIRA, Rafael Carvalho Rezende. *Breves considerações sobre o novo ato de improbidade incluso na Lei 8.429/92*. Disponível em: <https://www.conjur.com.br/2017-fev-19/breve-analise-ato-improbidade-incluso-lei-84291992>. Acesso em: 29/04/2019.

OLIVEIRA, Suzana Fairbanks Schnitzlein. A evolução patrimonial do agente público em desproporcionalidade aos seus rendimentos: uma presunção de enriquecimento ilícito – exegese do inciso VII do art. 9º da Lei n. 8.429/1992. In: *Questões práticas sobre improbidade administrativa*. DOBROWOLSKI, Samantha Chantal (coord.). Brasília: ESMPU, 2011, p.76-81.

ORTIZ, Carlos Alberto. *Improbidade Administrativa*. Cadernos de Direito Constitucional e Eleitoral. São Paulo: Imprensa Oficial do Estado, v. 28.

OSÓRIO, Fábio Medina. Conceito e tipologia dos atos de improbidade administrativa. *Revista de Doutrina da 4ª Região*. Porto Alegre, n. 50, out. 2012, p. 1-27. Disponível em: <http://www.revistadoutrina.trf4.jus.br/artigos/edicao050/Fabio_Osorio.html>. Acesso em: 13/05/2019.

——. *Direito Administrativo Sancionador*. 2. ed. em e-book baseada na 6. ed. impressa. São Paulo: Thomson Reuters Brasil, 2019.

——. *Teoria da Improbidade Administrativa*: Má gestão Pública, Corrupção, Ineficiência. 1. ed. em e-book baseada na 4. ed. impressa. São Paulo: Thomson Reuters Brasil, 2019.

OTERO, Paulo. *Legalidade e Administração Pública*: o Sentido da Vinculação Administrativa à Juridicidade. Coimbra: Almedina, 2003.

PALMA, Juliana Bonacorsi de. *A proposta da lei de segurança jurídica na gestão e do controle públicos e as pesquisas acadêmicas*. Disponível em: <http://www.sbdp.org.br/wp/ wp-content/uploads/2019/06/LINDB.pdf>. Acesso em: 04/11/2019.

——. *Quem é o "administrador médio" do TCU?* Disponível em: <https://www.jota.info/paywall?redirect_to=//www.jota.info/opiniao-e-analise/colunas/controle-publico/quem-e-o-administrador-medio-do-tcu-22082018>. Acesso em: 29/11/2018.

CASTAÑON, José Manuel Paredes. Problemas metodológicos en la prueba del dolo. *Anuário de Filosofía del Derecho*, n. 18, p. 67-93, 2001.

PAZZAGLINI FILHO, Marino. *Lei de Improbidade Administrativa Comentada*. São Paulo: Atlas, 2007.

PEREIRA, Caio Mário da Silva. *Instituições de Direito Civil*. Vol. II, 29. ed. revista e atualizada por Guilherme Calmon Nogueira Gama. Rio de Janeiro: Forense, 2017.

PEREIRA, Flávio Henrique Unes. *Improbidade administrativa e dolo genérico*: o risco de ser gestor público. Disponível em: <https://www.jota.info/opiniao-e-analise/artigos/ improbidade-administrativa-e-o-dolo-generico-10082015>. Acesso em: 03/06/2019.

PEREIRA JÚNIOR, Jessé Torres; DOTTI, Marinês Restelatto. *Da responsabilidade dos agentes públicos e privados nos processos administrativos de licitação e contratação*. São Paulo: NDJ, 2012.

PORTO FILHO, Pedro Paulo de Rezende. *Improbidade administrativa*: requisitos para a tipicidade. *Revista Interesse Público*, n. 11, 2001, p. 81-86.

PRADO, Francisco Octávio de Almeida. *Improbidade administrativa*. São Paulo: Malheiros, 2001.

PRADO, Luiz Regis. *Comentários ao Código Penal*: Jurisprudência, conexões lógicas com os vários ramos do direito. 3. ed. em ebook baseada na 11. ed. impressa, São Paulo: RT, 2017.

——. *Curso de Direito Penal Brasileiro*. Volume I. 4. ed. São Paulo: RT, 2004.

PRADO, Rodrigo Leite. Dos crimes: aspectos subjetivos. In: CARLI, Carla Veríssimo de (org). *Lavagem de dinheiro*: prevenção e controle penal. Porto Alegre: Verbo Jurídico, 2011.

PROLA JÚNIOR, Carlos Humberto; TABAK, Benjamin Miranda; AGUIAR, Júlio César de. *Gestão pública temerária como hipótese de improbidade administrativa*: possibilidade e efeitos na prevenção e no combate à corrupção. Brasília, Senado Federal, Núcleo de Estudos e Pesquisas da Consultoria Legislativa, 2015.

PUFENDORF, Samuel. *Elementorum Jurisprudentiae Universalis Libri Duo*. Tradução de William Abbott Oldfather. Oxford: Claredon Press, 1931.

PUPPE, Ingeborg. *A Distinção entre Dolo e Culpa*. Tradução, introdução e notas de Luís Greco. Barueri, SP: Manole, 2004, p. 31-36.

——. Dolo eventual e culpa consciente. *Revista Brasileira de Ciências Criminais*, vol. 58/2006, jan./fev. 2006.

QUEIROZ, Paulo. *Dolo*. Disponível em: <http://www.pauloqueiroz.net/dolo/>. Acesso em: 22/04/2019.

RAGUÉS I VALLÈS, Ramon. Consideraciones sobre la prueba del dolo. *Revista Brasileira de Ciências Criminais*, São Paulo, ano 15, v. 69, nov./dez. 2007.

REALE JR, Miguel. *Teoria do Delito*. 2. ed. São Paulo: Revista dos Tribunais, 2000.

RIZZARDO, Arnaldo. *Ação Civil Pública e Ação de Improbidade Administrativa*. 3. ed. Rio de Janeiro: Forense, 2014.

ROCHA, Carmen Lúcia Antunes. *Princípios Constitucionais da Administração Pública*. Belo Horizonte: Del Rey, 1994.

ROSSETO, Patrícia Carraro. O combate à corrupção pública e a criminalização do enriquecimento ilícito na ordem normativa brasileira. In: *Doutrinas Essenciais de Direito Penal Econômico e da Empresa*, vol. 4, p. 915-979, Jul. 2011.

ROXIN, Claus. *A Proteção de Bens Jurídicos como Função do Direito Penal*. Organização e tradução de André Luís Callegari e Nereu José Giacomolli. 2. ed. Porto Alegre: Livraria do Advogado, 2018.

——. *Derecho Penal*. Tomo I. Tradución de la 2ª edición alemana y notas de PEÑA, Diego Manuel Luzón; CONLLEDO, Miguel Díaz y García; REMESAL, Javier de Vicente. Madrid: Civitas, 1997.

SAFI, Dalton Abranches. Aplicação analógica de normas penais na Lei de Improbidade Administrativa (Lei nº 8.492/92). *Revista Brasileira de Estudos da Função Pública – RBEFP*. Belo Horizonte, ano 5, n. 15, p. 61-82, set.dez./2016.

SALES, Sheila Jorge Selim de. Anotações sobre o estudo da recklesness da doutrina penal italiana: por uma terceira forma de imputação subjetiva? *Revista Brasileira de Ciências Criminais*, vol. 137/2017, nov. 2017, p. 125-149.

SANTANA, Selma Pereira de. *A Culpa Temerária*: contributo para uma construção do direito penal brasileiro. São Paulo: Revista dos Tribunais, 2005.

SANTOS, Carlos Frederico Brito dos. *A deslealdade às instituições como improbidade administrativa por violação de princípios*: Estudos sobre improbidade administrativa em homenagem ao professor J.J. Calmon de Passos. 2. ed. Salvador: Juspodivm, 2017, p. 189-199.

SANTOS, José Anacleto Abduch; BERTONCINI, Mateus; CUSTÓDIO FILHO, Ubirajara. *Comentários à Lei 12.846/2013*: Lei Anticorrupção. 2. ed. em ebook baseada na 2. ed. impressa. São Paulo: RT, 2015.

SARLET, Ingo Wolfgang. *A eficácia dos direitos fundamentais*: uma teoria geral dos direitos fundamentais na perspectiva constitucional. 12. ed. Porto Alegre: Livraria do Advogado, 2015.

SCHAUER, Frederick. *Playing by the rules*: a philosopical examination of rule-based decision-making in law and in life. Oxford: Claredon Press, 2002.

SCHILLING, Flávia. Corrupção, crime organizado e democracia. *Revista Brasileira de Ciências Criminais*, ano 09, n. 36, out./dez., 2001, p. 401-409.

SCHRAMM, Fernanda. *Mudanças na Lei de Improbidade Administrativa pela Lei Complementar nº 157/2016*: Espécie de "Improbidade Legislativa" Restrita ao Imposto sobre Serviços (ISS). Disponível em: <http://www.direitodoestado.com.br/colunistas/fernanda-schramm>. Acesso em: 29/04/2019.

SILVA, Ângelo Roberto Ilha da. *Curso de Direito Penal*: Parte Geral. Porto Alegre: Livraria do Advogado, 2020.

SILVA, Jorge Luís Terra da. *O princípio da eficiência como fator transformador*. Dissertação (Mestrado em Direito) – Universidade Federal do Rio Grande do Sul, Porto Alegre, 2006.

SILVA, José Afonso da. *Curso de Direito Constitucional Positivo*. 24. ed. São Paulo: Malheiros, 2005.

SILVA, Ovídio Baptista da. Da função à estrutura. In: STRECK, Lenio Luiz; DE MORAIS, José Luis Bolzan (Org). *Constituição, Sistemas Sociais e Hermenêutica*. Porto Alegre: Livraria do Advogado, 2009.

SILVEIRA, Renato de Mello Jorge. A teoria do delito e o enigma do dolo eventual: considerações sobre a aparente nova resposta italiana. *Revista Brasileira de Ciências Criminais*, vol. 121/2016, jul./ago. 2016.

SIMÃO, Calil. *Lei de improbidade administrativa comentada*: Estudo em comemoração aos 20 anos da Lei de improbidade administrativa. Leme: G.H. Mizuno, 2012.

SOLER, Sebastian. *Derecho Penal Argentino*. Tomo II. Buenos Aires: Tipografia Argentina, 1951.

SOUSA, Antônio Francisco de. *Conceitos Indeterminados no Direito Administrativo*. Coimbra: Livraria Almedina, 1994.

SOUZA, Eduardo Nepomuceno de. Elemento subjetivo nas ações de improbidade administrativa. *Revista de Doutrina da 4ª Região*. Porto Alegre, n. 50, out. 2012. Disponível em: <http://www.revistadoutrina.trf4.jus.br/artigos/edicao050/Eduardo_Sousa.html>. Acesso em: 15/10/2018.

SOUTO, Marcos Juruena Villela. Agências reguladoras. *Revista de Direito Administrativo*, n. 276, abr./jun. 1999, p. 125-162.

SOUZA, Luis Henrique Boselli de. A doutrina brasileira do *habeas corpus* e a origem do mandado de segurança: Análise doutrinária de anais do Senado e da jurisprudência histórica do Supremo Tribunal Federal. *Revista de Informação Legislativa*. Brasília, ano 45, n. 177 jan./mar. 2008, p. 75-82.

SPITCOVSKY, Celso. *Improbidade Administrativa*. São Paulo: Método, 2009.

STEIN, Friedrich. *El conocimiento privado del juez*: investigaciones sobre derecho probatório en ambos procesos. Traducción y notas de André de la Oliva Santos. Reimpresión de la segunda edición. Santa Fé de Bogotá: Temis S.A. 1999.

SUNDFELD, Carlos Ari; MARQUES NETO, Floriano de Azevedo. Uma nova lei para aumentar a qualidade jurídica das decisões públicas e de seu controle. In: SUNDFELD, Carlos Ari (org.). *Contratações públicas e seu controle*. São Paulo: Malheiros, 2013.

TÁCITO, Caio. *Direito Administrativo*. São Paulo: Saraiva, 1975.

TARTUCE, Flávio. *Direito Civil*. Volume 2, 10. ed. São Paulo: Método, 2015.

TARUFFO, Michele. *A motivação da sentença civil*. Tradução de Daniel Mitidiero, Rafael Abreu, Vitor de Paula Ramos. São Paulo: Marcial Pons, 2015.

———. Senso comum, experiência e ciência no raciocínio do juiz. *Revista da Escola Paulista da Magistratura*, v. 2, n. 2, p. 171-204, jul./ dez. 2001.

TAVARES, André Ramos. O tratamento da Lei Inconstitucional pelo Poder Executivo. *Boletim do Legislativo*, v. 40, p. 460-468, 2008.

TAVARES, Juarez. Espécies de dolo e outros elementos subjetivos do tipo. *Revista da Faculdade de Direito UFPR*. ISSN: 0104-3315 (impresso) 2236-7284 (eletrônico), p. 110. Disponível em: <https://revistas.ufpr.br/direito/article/view/7199>. Acesso em: 10/04/2019.

———. *Teoria do crime culposo*. 3. ed. Rio de Janeiro: Lumen Juris, 2009.

TEIXIDOR, Duvi. En torno a la imputación subjetiva de comportamento. *Revista de la Facultad de Derecho – Universidad de la República – Uruguay*, (30), 09/02/2014, p. 291-307, p. 296.

TEPEDINO, Gustavo. A evolução da responsabilidade civil no direito brasileiro e suas controvérsias na atividade estatal. *Temas de Direito Civil*. 4. ed. Rio de Janeiro: Renovar, 2008, p. 201-227.

TOLEDO, Francisco de Assis. *Princípios Básicos de Direito Penal*. 5. ed. São Paulo: Saraiva, 1994.

TOSTA, André Ribeiro. Realismo e LINDB: amor à primeira vista? In: MAFFINI, Rafael; RAMOS, Rafael (coord.). *Nova LINDB: consequencialismo, deferência judicial, motivação e responsabilidade do gestor público*. Rio de Janeiro: Lumen Juris, 2020, p. 5-31.

TOURINHO, Rita. *Discricionariedade administrativa*: ação de improbidade e controle principiológico. 2. ed. Curitiba: Juruá, 2009.

VALLE, Vanice Regina Lírio do; SANTOS, Marcelo Pereira dos. Governança e compliance na administração direta: ampliando as fronteiras do controle democrático. *A&C – Revista de Direito Administrativo & Constitucional*, Belo Horizonte, ano 19, n. 75, p. 161-177, jan./mar. 2019.

VANONI, Leonardo Boffil. Presunção de probidade administrativa: da fundamentalidade às repercussões probatórias. In: *A proteção judicial da probidade pública e da sustentabilidade*. SARLET, Ingo; LUDWIG, Roberto José (org.). Porto Alegre: Livraria do Advogado, 2017, p. 134-147.

VIANA, Eduardo. *Dolo como Compromisso Cognitivo*. São Paulo: Marcial Pons, 2017.

VITTA, Heraldo Garcia. *A Sanção no Direito Administrativo*. São Paulo: Malheiros, 2003.

VON ALEMANN, Ulrich. The Unknown depths os political theory: the case for a multidimensional concept of corruption. *Crime, law and social change*, v. 42, aug. 2004, p. 25-34.

WELZEL, Hans. *Direito Penal*. Tradução de Dr. Afonso Celso Rezende. Campinas: Romana, 2003.

ZAFFARONI, Eugenio Raúl; PIERANGELI, José Henrique. *Manual de Direito Penal Brasileiro*: Parte Geral. 2. ed. em ebook baseada na 12. ed. impressa. São Paulo: RT, 2018.

ZANOBINI, Guido. *Corso di diritto amministrativo*. Volume primo, principi generali. Quinta edizione. Milano: Giuffrè, 1947.

ZAVASCKI, Teori. *Processo Coletivo*: tutela de direitos coletivos e tutela coletiva de direitos. São Paulo: Revista dos Tribunais, 2006.

ZIMMER JR, Aloísio. *Corrupção e improbidade administrativa*: cenários de risco e a responsabilização dos agentes públicos municipais. São Paulo: Thompson Reuters Brasil, 2018.